舰船阻力与推进

主　编　刘志华
副主编　袭　鹏　叶金铭
主　审　王　威

国防工業出版社
·北京·

内 容 简 介

本书介绍了舰船阻力性能与舰船推进性能的基本概念、原理和应用。本书主要阐述了舰船快速性的意义及其与舰船阻力性能和推进性能的关联、舰船阻力的类型和相似律、各类阻力的成因与特点、船模阻力试验及实船阻力预报、螺旋桨的几何形状、螺旋桨水动力性能原理和螺旋桨模型敞水试验方法、舰船推进过程中船体与螺旋桨的相互影响和推进效率分析、螺旋桨空泡现象及其影响、舰船快速性预报和螺旋桨图谱设计等内容。

本书可作为高等院校船舶工程类专业的教材，也可供从事舰船论证、设计、建造、维修等方面工作的工程技术人员或者科研人员参考使用。

图书在版编目（CIP）数据

舰船阻力与推进 / 刘志华主编. -- 北京 : 国防工业出版社, 2025. 6. -- ISBN 978-7-118-13638-8

Ⅰ. U661.3

中国国家版本馆 CIP 数据核字第 2025QN4677 号

※

国防工業出版社 出版发行

（北京市海淀区紫竹院南路 23 号　邮政编码 100048）

北京虎彩文化传播有限公司印刷

新华书店经售

*

开本 787×1092　1/16　**印张** 13　**字数** 296 千字

2025 年 6 月第 1 版第 1 次印刷　**印数** 1—1000 册　**定价** 78.00 元

国防书店：(010)88540777　　书店传真：(010)88540776

发行业务：(010)88540717　　发行传真：(010)88540762

前　言

舰船的阻力性能和推进性能与舰船的快速性直接相关，是相关专业人员在从事舰船论证、设计、建造、使用、维修等工作中需要密切关注的问题，所以“舰船阻力与推进”课程一直是舰船工程本科专业的核心主干课程。

进入21世纪以来，国内外海军舰船装备的发展日新月异，军队院校舰船与海洋工程专业人才培养模式和人才培养目标发生了很大的变化，为了适应新的形势，更好地为专业人才培养服务，作者结合十余年来从事舰船阻力与推进领域教学和研究的心得体会编写了本书，以供“舰船阻力与推进”课程教学使用。舰船阻力与推进的知识内容既包括人们在长期从事舰船设计建造过程中的实践经验总结，也包括流体动力学基本原理应用到海洋上航行舰船这个具体对象所得到的规律呈现。本书在编写过程中，以学习者为中心，力求为学习者构建清晰的舰船阻力与推进知识体系，从理论和实践紧密结合的角度阐述概念和原理。

本书第一章讲述了舰船快速性的概念、影响舰船快速性的要素及舰船阻力的分类与舰船阻力的相似律；第二章详细讲解了舰船各种阻力成分的成因、特点和计算方法；第三章介绍了舰船缩尺船模静水阻力拖曳试验的方法和船模与实船阻力换算；第四章讲述了船型对阻力的影响；第五章讲述了舰船的主要推进器——螺旋桨的几何形状；第六章重点阐述了螺旋桨水动力基本理论、螺旋桨敞水性能和螺旋桨模型敞水试验的方法；第七章分析了舰船推进过程中船体与螺旋桨的相互影响，并讲解了船后螺旋桨受力的计算和主机功率传递的过程及相关的效率；第八章讲述了螺旋桨空泡现象产生的原因、判定方法和空泡对螺旋桨性能的影响；第九章综合了船体阻力性能、螺旋桨水动力性能、船体与螺旋桨相互干扰等方面的知识，阐述了舰船快速性计算分析的方法和螺旋桨图谱设计过程，并介绍了实船推进性能预报；第十章介绍了典型的特种推进器。

本书由刘志华、袭鹏、叶金铭编写，全书由刘志华统稿。本书在编写过程中得到了海军工程大学舰船与海洋学院舰船性能教研室全体同志的大力支持和热情帮助，编者深表感谢！

由于编者的学识水平有限，经验不足，书中难免存在疏漏与不足之处，欢迎同行专家和广大读者提出宝贵的意见。

编者

2024年11月

前言

[illegible]

目　　录

第一章　舰船快速性概述及舰船阻力分类

第一节　舰船快速性的概念

什么是舰船的快速性？图 1-1-1 展示了一艘舰船劈波斩浪、在海面上高速驰骋的景象，这个景象就是舰船的快速性给人们最直观的感受，人们往往直观地将舰船快速性与舰船所能达到的最大航速联系起来。

图 1-1-1　高速航行的舰船

舰船在海洋上航行时，不可避免会受到海水与空气对舰船运动的阻碍，这种阻碍表现为舰船阻力，要使舰船维持以一定的速度航行，舰船上必须有能够产生推力的设备，这种设备是舰船推进器，而推进器工作消耗的能量又由舰船的主机来供给。所以舰船快速性涵盖舰船阻力和舰船推进两部分的内容，对舰船快速性的理解也可以分别从舰船阻力和舰船推进的角度进行。从舰船阻力的角度来讲，一定排水量的舰船，在既定的主机功率条件下能达到的最大航速越大，则快速性越好，因为在此情况下舰船的最大航速越大意味着舰船的阻力性能越好；从舰船推进的角度来讲，对于既定的舰船，达到一定航速所需要的主机功率越小，则快速性越好，因为在此情况下舰船消耗的主机功率越小意味着舰船的推进效率越高（图 1-1-2）。

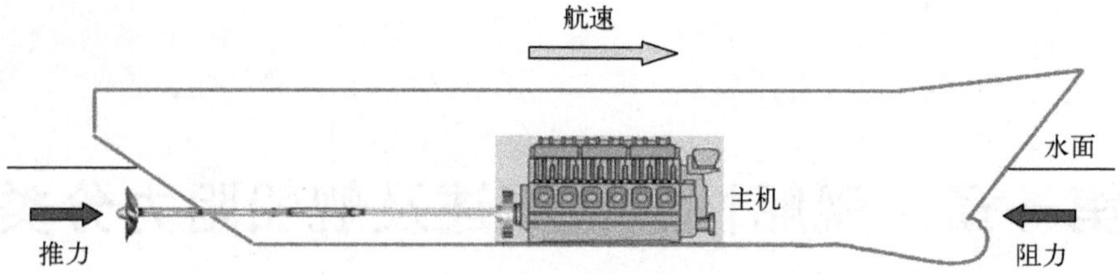

图 1-1-2　舰船航行中的船体阻力与推进器推力

一般地，决定一艘舰船快速性的因素主要有舰船的阻力、主机的输出功率和舰船推进器水动力效率三个方面。

从受力的角度看，舰船航行遭受到阻碍舰船运动的阻力，为了克服舰船的运动阻力，舰船推进器就要产生推力，而推进器又是由舰船主机带动工作的，因此舰船航行过程中存在力的传递与平衡关系；从能量的角度看，舰船航行呈现出巨大的向前运动能量，这种能量从根源上是舰船主机供给的，但舰船主机最初提供的是旋转能量，而舰船推进器恰好起到将主机输出的旋转能量转化为舰船前进运动能量的作用，因此舰船航行过程中也存在能量的转化与平衡关系。无论是力的传递与平衡还是能量的转化与平衡，其平衡状态受舰船航速影响较大，船体的阻力、主机的输出功率、推进器的水动力在舰船前进的过程中构成了相互联系、相互影响的有机整体。

为了使船前进，主机要输出功率，一般可称为轴功率，用符号 P_s 表示，这个轴功率经过传递最终转化为舰船前进需要的有效功率，用符号 P_E 表示（图 1-1-3），有效功率 P_E 直接与舰船的航速和该航速下舰船的阻力相关，即

$$P_E = R \cdot V_s \tag{1-1-1}$$

式中：V_s 为舰船的航速；R 为舰船的阻力。若按照国际制标准单位，航速 V_s 的单位采用米/秒（m/s），舰船阻力的单位采用牛顿（N），则有效功率的单位为瓦特（W）。在实际使用中，舰船的航速主要用节（kn）表示，其换算关系是：1kn=0.5144m/s。

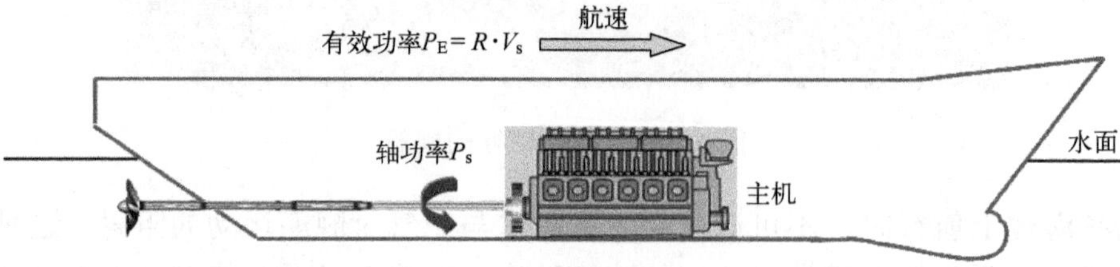

图 1-1-3　舰船航行中的船体需要的有效功率与主机轴功率

舰船前进过程中，推进主机的输出功率为轴功率 P_s，但舰船前进需要的有效功率为 P_E，二者的比值称为推进系数，用 $P.C.$ 表示，即

$$P.C. = P_E / P_s \tag{1-1-2}$$

$P.C.$ 反映的是舰船前进需要的有效功与推进主机所做总功的比值，是一个效率的概念，很显然，$P.C.$ 不可能大于 1，且 $P.C.$ 越大越好。

航空母舰、驱逐舰、护卫舰、导弹快艇、综合补给舰等不同类型的舰船，有不同的

使命任务、不同的外形设计、不同的排水体积，需要分别配置合适的主机和推进器，并且使它们处于良好的匹配状态，能高效率地推船前进，从而满足不同的快速性要求。

简要列举几种不同舰艇的主尺度和航速数据如下（需要注意的是所给数据为近似数值）。

“乔治·华盛顿”号核动力航空母舰：满载排水量约 104200t，总长约 332.8m，水线长约 317m，甲板最大宽度约 76.8m，水线宽约 40.8m，最大航速超过 30kn，推进功率约 194MW（图 1-1-4）。

图 1-1-4 美国“乔治·华盛顿”号核动力航空母舰

英国 45 型驱逐舰：满载排水量约 8700t，总长约 152.4m，型宽约 21.2m，吃水约 5.7m，最大航速超过 32kn，推进功率约 40MW（图 1-1-5）。

图 1-1-5 英国 45 型驱逐舰

美国 LCS-1“自由”号滨海战斗舰：满载排水量约 3500t，总长约 115m，宽度约 17.5m，吃水约 3.9m，最大航速约 47kn，推进功率约 72MW（图 1-1-6）。

图 1-1-6 美国 LCS-1“自由”号滨海战斗舰

美国萨克拉门托级综合补给舰：满载排水量约 53000t，总长约 242.3m，宽度约 32.6m，吃水约 11.9m，最大航速约 26kn，推进功率约 75MW（图 1-1-7）。

图 1-1-7 美国萨克拉门托级综合补给舰

德国 214 型潜艇：水下排水量约 1860t，艇长约 65m，艇宽约 6.3m，水下航速约 20kn，水面航速约 12kn（图 1-1-8）。

图 1-1-8 德国 214 型潜艇

俄罗斯“北风之神”战略导弹核潜艇：水下排水量约 24000t，艇长约 170m，艇宽约 13.5m，水下航速约 30kn，水面航速约 15kn（图 1-1-9）。

图 1-1-9　俄罗斯“北风之神”战略导弹核潜艇

瑞典盾牌级导弹快艇：满载排水量约 274t，总长约 47.5m，宽度约 14.3m，吃水约 1.0m，静水最大航速约 60kn，三级海况最大航速为 45kn（图 1-1-10）。

图 1-1-10　瑞典盾牌级导弹快艇

本书对于舰船快速性的研究，主要是从舰船航行原理的角度来探讨舰船的阻力性能和推进器的水动力性能，而不涉及主机的工作原理。

第二节　舰船阻力的分类

一、舰船阻力的成分

在实际流体中运动的物体会受到阻力，这是自然界中最普遍的一种现象。一般的排水型舰船，在海洋上航行时，会受到空气和水的阻力，但是由于水的密度远远大于空气，所以船体的水阻力占绝大部分。船体的水阻力可分为裸船体阻力和附体阻力。附体指的是舭龙骨、轴支架、轴包套、舵等突出在裸船体之外的部件。一般地，附体阻力占船体总阻力的10%左右，可见，舰船阻力中占主要的是裸船体阻力。

裸船体阻力是舰船阻力性能研究的主要对象，一是因为裸船体阻力是舰船总阻力的绝对主要成分；二是因为空气阻力与舰船上层建筑的布置密切相关（图 1-2-1），而与裸船体线型关系不大；附体阻力受附体数量、尺寸、形状影响较大，并且在一种裸船体上可以根据实际需要布置不同数量、尺寸、形状的附体，将裸船体阻力划分出来作为舰船阻力性能研究的主要对象有助于弄清阻力的产生机理和变化规律，并指导船体线型设计（图 1-2-2）。

图 1-2-1 舰船及其上层建筑

图 1-2-2 舰船及其附体

其实，从舰船的实际航行情况来看，舰船的运动阻力还可以分为静深水航行阻力、波浪增阻、浅水航行阻力、等速直航运动阻力、变速直航运动阻力和非直线航行运动阻力等，本书首先详细地讨论等速直航舰船静深水裸船体的阻力，并以之为主体和基础，然后讨论附体阻力、空气阻力、波浪增阻等，而舰船变速直航运动阻力和非直线航行运动阻力属于舰船操纵运动中水动力学研究的范畴，在本节中并不加以讨论。

二、裸船体阻力的成分

舰船在海洋上航行会对周围流体介质产生扰动，比如对空气与海水界面的扰动形成了兴波现象。由于黏性的作用船体运动时会带动船体表面的一薄层水运动形成黏性边界层，在运动船体的后部区域还会出现漩涡与尾流等，这些现象的出现都会导致阻力。船体运动时的水阻力是水对船体浸湿表面的力作用的结果。船体的水阻力根据形成原因的不同，可以分为摩擦阻力、黏压阻力和兴波阻力三种类型。舰船阻力的成分见图 1-2-3。

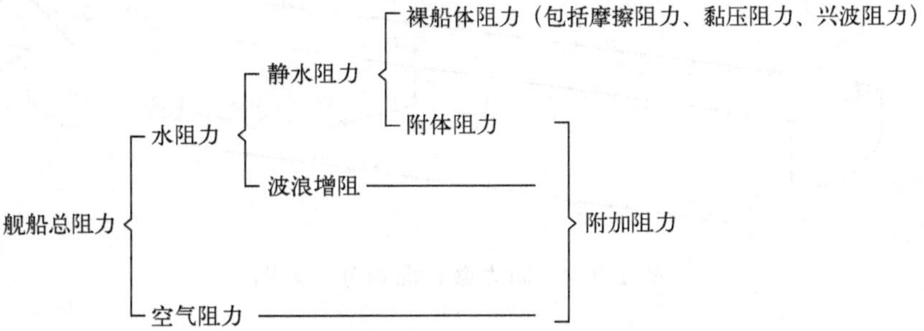

图 1-2-3 舰船阻力的成分

（1）摩擦阻力。船体摩擦阻力来自水的黏性，由于水是有黏性的，所以当船体与水发生相对运动时，会受到水的迟滞力作用，这种迟滞力在微观上体现为水流微团对船体表面的切应力，切应力在船体运动方向上投影并沿整个船体浸湿表面积分，就得到了船体总的摩擦阻力。摩擦阻力一般用符号 R_{f} 表示。

（2）黏压阻力。黏压阻力也称形状阻力，形成的根本原因也是水的黏性。水的黏性导致船体表面受到的切向力最终合成称为船体的摩擦阻力，同样是由于水的黏性，船体在运动时，尾部流动受到影响，导致船体表面受到的法向力（也就是压力）首尾不能平衡，法向力在船体运动方向上投影，并沿整个船体浸湿表面积分，就得到了船体总的黏压阻力。黏压阻力一般用符号 R_{pv} 表示。

（3）兴波阻力。舰船在水面航行时，对水表面造成扰动，这种扰动在重力和惯性力的作用下形成了兴波现象。从能量的角度来讲，兴波的波能消耗了船前进的能量，从受力的角度来讲，船体周围兴波改变了船体周围的压力场，由这种压力场变化导致的船体阻力称为兴波阻力。兴波阻力一般用符号 R_{w} 表示。

这三种阻力成分，若从形成原因上看，摩擦阻力 R_{f} 和黏压阻力 R_{pv} 都是由水的黏性引起的，可以合称为黏性阻力，用符号 R_{v} 表示，有

$$R_{\mathrm{f}} + R_{pv} = R_{\mathrm{v}} \tag{1-2-1}$$

若从作用方式上看，摩擦阻力 R_{f} 是沿船体表面的切向力在运动方向上投影的积分，黏压阻力和兴波阻力是垂直于船体表面的法向力（压力）在运动方向上投影的积分，体现的是船体前后的压力差，所以黏压阻力和兴波阻力可以合称为压差阻力，用符号 R_p 表

示，有

$$R_{pv} + R_{w} = R_{p} \tag{1-2-2}$$

水流顺船体表面经过微面积 dS 时，水对该微面积的摩擦切应力为 τ ，法线方向压强为 p ，由于船体左右对称，所以直航运动时，水流摩擦切应力 τ 和法线方向压强 p 沿整个船体浸湿表面的积分不会产生沿船体横向的力，而只有在船体中纵剖面（中线面）内的力，这个力可以分解成垂直于舰船航行方向（垂直于水平面）的抬升力 P 和沿舰船航行方向的阻力 R_{t} 。R_{t} 积分表达式：

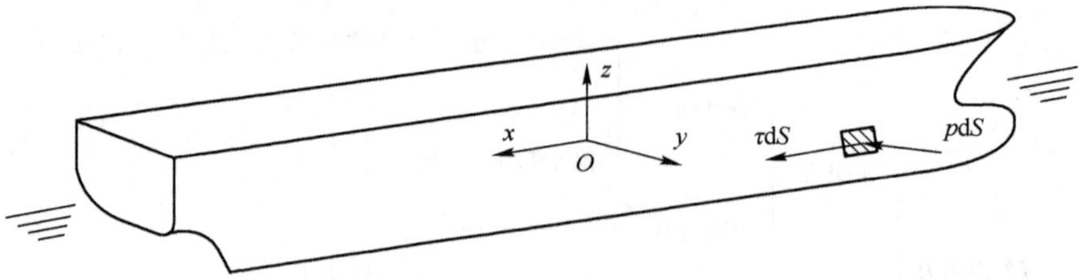

图 1-2-4　阻力微表面积分示意图

$$R_{t} = \int_{S} \tau \cos(\tau, x) \mathrm{d}S + \int_{S} p\cos(p, x) \mathrm{d}S \tag{1-2-3}$$

式中：S 为整个船体浸湿表面积。总阻力 R_{t} 的第一项积分表达式反映的是水流对船体表面摩擦切应力导致的阻力，即摩擦阻力 R_{f}；第二项积分表达式反映的是水流对船体表面法向压力导致的阻力，即压差阻力 R_{p}（图 1-2-4、图 1-2-5）。可见

$$R_{t} = R_{f} + R_{p} = R_{f} + R_{pv} + R_{w} \tag{1-2-4}$$

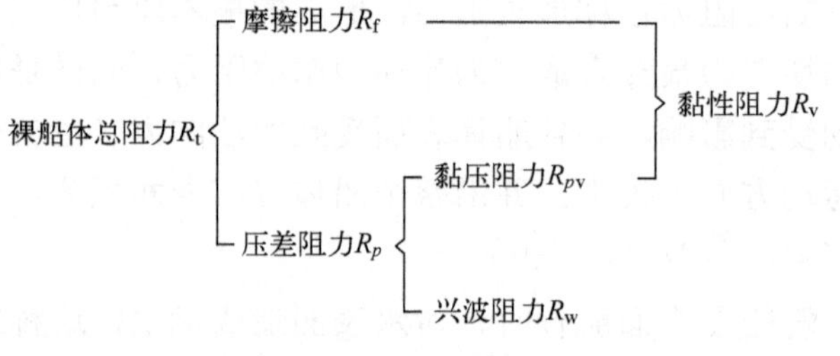

图 1-2-5　裸船体总阻力的划分

三、各阻力成分随航速的变化

舰船的摩擦阻力、黏压阻力、兴波阻力占总阻力的比重受舰船航速的影响很大，对于一般的排水型舰船而言，在低速时摩擦阻力占的比重最大，随着速度的增加，兴波阻力占比迅速增大，在高速时会超过摩擦阻力，黏压阻力一般所占的比重较小。

从阻力性能研究的角度，所谓高速船、中速船、低速船并不是根据舰船航行速度数值的高低划分的，而是根据将航速无因次化后得到的傅汝德数（Froude number）的范围来划分的。傅汝德数 Fr 的计算公式为

$$Fr = \frac{V_s}{\sqrt{gL}} \tag{1-2-5}$$

式中：V_s 为舰船航速（m/s）；g 为重力加速度，取 9.81m/s^2；L 为特征长度（一般取船水线长）（m）。

各类舰艇傅汝德数范围和对应的各阻力成分所占比重大致分布如表 1-2-1 所列。

表 1-2-1　各类舰艇不同阻力成分所占比重的情况

单位：%

各阻力成分		舰船种类					
		水面舰艇			潜艇		运输船
		各种辅助舰艇	扫雷舰等中速舰艇	驱逐舰等高速舰艇	水面航行状态	水下航行状态	典型油槽船散装货船
裸船体阻力 R_t	摩擦阻力 R_f	70	55	35	60	90	70
	黏压阻力 R_{pv}	10	10	10	10	10	25
	兴波阻力 R_w	20	35	55	30	无	5
附体阻力		10～20	10～15	10～15	10	30～50或更多	10～15
空气阻力		<2	约 2	2～4	不可计	无	2～4

需要注意的是，对于水下航行的潜艇（图 1-2-6），对速度的无因次化表达一般不采用傅汝德数，这是因为傅汝德数在本质上是重力的相似准数，反映的是兴波相似，而潜艇在水下航行状态是没有兴波阻力的。并且，由于潜艇是主艇体和指挥台围壳、尾翼、舵等多个附体组成的水下航行体，大尺度的附体众多导致附体阻力的比重很大。

图 1-2-6　水下航行的潜艇

从阻力随航速的变化关系上看，近似的有，摩擦阻力约正比于航速的 1.83 次方，黏压阻力约正比于航速的 2 次方，兴波阻力约正比于航速的 4～6 次方，有

$$R_f \propto V_s^{1.83}$$

$$R_{pv} \propto V_s^2$$

$$R_w \propto V_s^{4\sim6}$$

某护卫舰裸船体阻力各成分随航速的变化如图 1-2-7 所示。

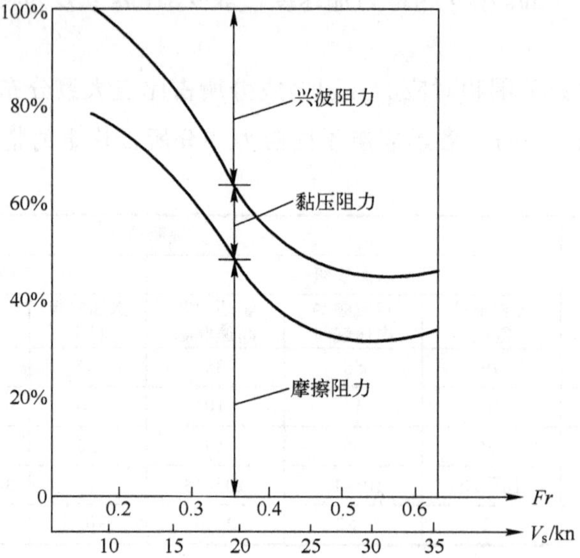

图 1-2-7　某护卫舰裸船体阻力各成分随航速的变化

第三节　舰船阻力的相似律

一、傅汝德对于舰船阻力相似律的探索

如何确定舰船在不同航速下的阻力以及达到一定航速所需要的有效功率？这个问题一直到 19 世纪中叶以后威廉·傅汝德（William Froude）才给出了比较准确的答案。在此以前，人们也尝试采用船模试验来确定舰船的阻力，但是由于不清楚舰船阻力的作用规律，为了确定一艘舰船的阻力经常需要做大量的阻力测量试验，并且所得到的结果应用到实船上时经常是错误的。傅汝德仔细研究了大量的船模阻力试验测量结果，认为舰船阻力中有两种阻力成分，一种是由船体与水的摩擦而导致的摩擦阻力，另一种是由船体兴波而导致的兴波阻力（后人将这两种阻力修正为摩擦阻力和剩余阻力，并且这两种阻力成分分别服从不同的相似律）。

傅汝德基于自己的发现，于 1868 年 4 月 24 日向英国海军有关部门提出了建造用于船模快速性试验和舰船阻力预报的专业拖曳水池的计划，并于 1870 年建造了世界上第一座船模拖曳水池。傅汝德在拖曳水池的基础上进行了船模拖曳系统和阻力测量仪的设计制作。1872 年 3 月开展了首次船模阻力试验。

傅汝德首次科学地探究了舰船阻力的相似律，首次提出了有效的舰船阻力预报方法，建造了船模拖曳水池，并将其建立的舰船阻力研究的理论和试验体系向全世界推广。傅汝德对舰船阻力研究领域的贡献获得高度认可，被业界尊称为“舰船阻力研究之父”。

傅汝德对于阻力试验相似律的探索是从直观的船模兴波图像开始的。他发现，几何相似、尺度大小不同的船模，要想获得相同的兴波图像，大尺度的船模速度要高，小尺度的船模速度要低。这种船模速度 V 与尺度 L 的关系为

$$\frac{V}{\sqrt{L}}=C \tag{1-3-1}$$

或者说，当尺度分别为 L_1、L_2 的两条几何相似船模，速度分别为 V_1、V_2 时，当满足

$$\frac{V_1}{\sqrt{L_1}}=\frac{V_2}{\sqrt{L_2}} \tag{1-3-2}$$

时两条船模的兴波图像就是相同的。

因此，他认为，如果两条船模的阻力也满足“$\frac{V}{\sqrt{L}}$”相似律，则对应的 V 下，两条船模单位排水量阻力应该相等。但是傅汝德对比了船模与实船阻力测量的结果发现（图 1-3-1），尽管船模与实船单位排水量阻力 $\frac{R}{\Delta}$ 随 $\frac{V}{\sqrt{L}}$ 变化曲线的形状有相似性，但在数值上有明显的差距。

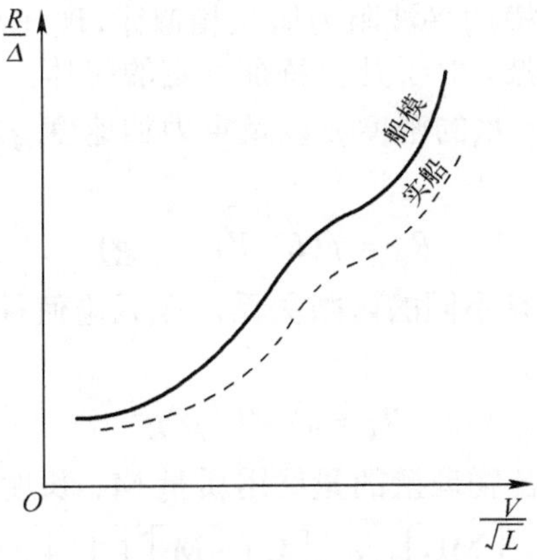

图 1-3-1　实船与船模单位排水量阻力的变化

所以，傅汝德认为舰船的阻力成分有两种：一种是与船体兴波相关的兴波阻力，兴波阻力服从相似律；第二种阻力成分不服从相似律。傅汝德进一步将第二种阻力描述成与水的黏性相关的摩擦阻力，并提出将两种阻力成分分别单独计算然后再相加的舰船阻力处理方法。

对于兴波阻力，由于几何相似船模的兴波阻力满足相似律，那么对于 $\frac{V}{\sqrt{L}}$ 相等的船模和实船，在不考虑水密度的差异情况下，船模和实船单位排水量的兴波阻力是相等的，如果能够得到船模的兴波阻力就可以预报 $\frac{V}{\sqrt{L}}$ 相等条件下对应航速的实船兴波阻力。怎

样将船模的兴波阻力从测量得到的船模总阻力中分离出来呢？根据傅汝德认为的总阻力由兴波阻力和摩擦阻力（后人将其修正为剩余阻力和摩擦阻力）两部分组成的观点，显然兴波阻力 R_w、摩擦阻力 R_f 和总阻力 R_t 的关系为

$$R_w = R_t - R_f \tag{1-3-3}$$

因此，现在的重点是如何确定不服从相似律的摩擦阻力 R_f。傅汝德为了寻找计算摩擦阻力的方法，开展了一系列不同长度全浸水平板的阻力测量试验，根据试验测量结果拟合得到了摩擦阻力的计算公式：

$$R_f = f \cdot S \cdot V^n \tag{1-3-4}$$

式中：V 为拖曳速度；指数 n 取 1.825；S 为浸湿表面积；f 为随船模长度和表面粗糙度变化的系数，基本的变化规律是船模长度越大则 f 数值越小，船模表面越粗糙则 f 越大。

傅汝德开创的对于舰船阻力的研究方法，提出将阻力划分为两部分分别进行的思路，奠定了现代舰船阻力研究的基础，由于傅汝德当时将舰船阻力划分为兴波阻力和摩擦阻力，忽视了黏压阻力，后人将其修正为剩余阻力和摩擦阻力，即将黏压阻力和兴波阻力合成为剩余阻力。傅汝德提出几何相似船模的兴波阻力服从相似律是准确的，但是囿于当时黏性流体力学研究还不充分的实际情况，摩擦阻力计算公式并不准确。

二、傅汝德相似定律

傅汝德发现几何相似船模的兴波阻力服从相似律，现在从量纲分析的角度进行证明。

船体的兴波是一种重力波，对于几何特征一定的船体，影响其兴波阻力 R_w 的物理量是船体尺度 L、船体航速 V、水的密度 ρ 以及重力加速度 g，兴波阻力 R_w 是关于这四个物理量的函数，即

$$R_w = f(L,\ V,\ \rho,\ g) \tag{1-3-5}$$

不同几何特征的船体具有不同的函数关系，但无论何种关系一定都是关于这四个物理量的函数。令

$$R_w = k \cdot L^a V^b \rho^c g^d \tag{1-3-6}$$

根据量纲分析方法，将式中各物理量的量纲用质量 M、长度 L 和时间 T 进行表达，则有

$$\left[\frac{\mathrm{ML}}{\mathrm{T}^2}\right] = \mathrm{L}^a \cdot \left[\frac{\mathrm{L}}{\mathrm{T}}\right]^b \left[\frac{\mathrm{M}}{\mathrm{L}^3}\right]^c \left[\frac{\mathrm{L}}{\mathrm{T}^2}\right]^d \tag{1-3-7}$$

由基本量纲的指数，可建立方程组

$$\begin{cases} 1 = c \\ 1 = a + b - 3c + d \\ -2 = -b - 2d \end{cases} \tag{1-3-8}$$

解得

$$\begin{cases} a = 2 + d \\ b = 2 - 2d \\ c = 1 \end{cases} \tag{1-3-9}$$

代入兴波阻力 R_w 的表达式可得

$$R_{\mathrm{w}} = k \cdot L^{2+d} V^{2-2d} \rho g^{d} \tag{1-3-10}$$

等式两边同时除以 $\rho V^2 L^2$，有

$$\frac{R_{\mathrm{w}}}{\rho V^2 L^2} = k \cdot \left(\frac{V}{\sqrt{gL}} \right)^{-2d} \tag{1-3-11}$$

式中：$\frac{V}{\sqrt{gL}}$ 为傅汝德数 Fr；$\frac{R_{\mathrm{w}}}{\rho V^2 L^2}$ 是兴波阻力 R_{w} 的无因次化表达式，通常写成 $\frac{R_{\mathrm{w}}}{\frac{1}{2}\rho L^2 S}$，称为兴波阻力系数；$S$ 为舰船的浸湿面积，与 L^2 量纲相同。有兴波阻力系数 C_{w}：

$$C_{\mathrm{w}} = \frac{R_{\mathrm{w}}}{\frac{1}{2}\rho V^2 S} \tag{1-3-12}$$

根据式（1-3-11）可知，几何相似、尺度不同的实船与船模，当满足实船的傅汝德数与船模的傅汝德数相等时，实船与船模的兴波阻力系数相等，此为傅汝德相似定律。

设实船的船长 L_{s}、船宽 B_{s}、吃水 T_{s}，排水体积 ∇_{s}，航速 V_{s}，实船航行水域的海水密度 ρ_{s}；相似船模的船长 L_{m}、船宽 B_{m}、吃水 T_{m}，排水体积 ∇_{m}，船模速度 V_{m}，船模试验水池的水密度 ρ_{m}，则实船的傅汝德数 $Fr_{\mathrm{s}} = \frac{V_{\mathrm{s}}}{\sqrt{gL_{\mathrm{s}}}}$，船模的傅汝德数 $Fr_{\mathrm{m}} = \frac{V_{\mathrm{m}}}{\sqrt{gL_{\mathrm{m}}}}$。当 $Fr_{\mathrm{s}} = Fr_{\mathrm{m}}$ 时，实船的兴波阻力系数 $C_{\mathrm{w_s}}$ 与船模的兴波阻力系数 $C_{\mathrm{w_m}}$ 相等。

根据实船傅汝德数与船模傅汝德数相等得

$$\frac{V_{\mathrm{s}}}{\sqrt{gL_{\mathrm{s}}}} = \frac{V_{\mathrm{m}}}{\sqrt{gL_{\mathrm{m}}}} \tag{1-3-13}$$

其中

$$V_{\mathrm{m}} = \sqrt{\frac{L_{\mathrm{m}}}{L_{\mathrm{s}}}} \cdot V_{\mathrm{s}} \tag{1-3-14}$$

式（1-3-14）表明，对于与实船相似的缩尺船模而言，船模在速度为 $V_{\mathrm{m}} = \sqrt{\frac{L_{\mathrm{m}}}{L_{\mathrm{s}}}} \cdot V_{\mathrm{s}}$ 时的兴波阻力系数 $C_{\mathrm{w_s}}$ 与实船在对应速度 V_{s} 时的兴波阻力系数相等。

实船的兴波阻力为

$$R_{\mathrm{w_s}} = \frac{1}{2}\rho_{\mathrm{s}} V_{\mathrm{s}}^2 S_{\mathrm{s}} C_{\mathrm{w_s}} \tag{1-3-15}$$

相似船模的兴波阻力为

$$R_{\mathrm{w_m}} = \frac{1}{2}\rho_{\mathrm{m}} V_{\mathrm{m}}^2 S_{\mathrm{m}} C_{\mathrm{w_m}} \tag{1-3-16}$$

例：实船的速度为 37kn，长度为 120m，在水池中开展相似船模的阻力拖曳试验，船模比例尺为实船的 1/30，要求船模与实船满足傅汝德相似，船模在水池中的速度应为多少？

解：要求船模与实船满足傅汝德相似，则实船与船模的傅汝德数相等。

设实船的傅汝德数为 Fr_{s}，船模的傅汝德数为 Fr_{m}，表达式为 $Fr_{\mathrm{s}}=\dfrac{V_{\mathrm{s}}}{\sqrt{gL_{\mathrm{s}}}}$，$Fr_{\mathrm{m}}=\dfrac{V_{\mathrm{m}}}{\sqrt{gL_{\mathrm{m}}}}$，又因为 $Fr_{\mathrm{s}}=Fr_{\mathrm{m}}$，所以有

$$\frac{V_{\mathrm{s}}}{\sqrt{gL_{\mathrm{s}}}}=\frac{V_{\mathrm{m}}}{\sqrt{gL_{\mathrm{m}}}} \tag{1-3-17}$$

$$V_{\mathrm{m}}=\sqrt{\frac{L_{\mathrm{m}}}{L_{\mathrm{s}}}}\cdot V_{\mathrm{s}}=\sqrt{\frac{1}{30}}\times 37 \tag{1-3-18}$$

计算可得

$$V_{\mathrm{m}}=6.76\mathrm{kn}$$

三、雷诺相似定律

几何特征一定的舰船，仅就其黏性阻力 R_{v} 而言，与之相关的物理量是船体尺度 L、船体航速 V、水的密度 ρ 以及黏度（用运动黏性系数 ν 表达），而不计重力和兴波的影响，可将黏性阻力写成如下表达式：

$$R_{\mathrm{v}}=k\cdot L^{a}V^{b}\rho^{c}\nu^{d} \tag{1-3-19}$$

根据量纲分析方法，将式中各物理量的量纲用质量 M、长度 L 和时间 T 进行表达，则有

$$\left[\frac{\mathrm{ML}}{\mathrm{T}^2}\right]=\mathrm{L}^{a}\cdot\left[\frac{\mathrm{L}}{\mathrm{T}}\right]^{b}\left[\frac{\mathrm{M}}{\mathrm{L}^2}\right]^{c}\left[\frac{\mathrm{L}^2}{\mathrm{T}}\right]^{d} \tag{1-3-20}$$

由基本量纲的指数，可建立方程组

$$\begin{cases}1=c\\1=a+b-3c+2d\\-2=-b-d\end{cases} \tag{1-3-21}$$

解得

$$\begin{cases}a=2-d\\b=2-d\\c=1\end{cases} \tag{1-3-22}$$

代入黏性阻力 R_{v} 的表达式可得

$$R_{\mathrm{v}}=k\cdot L^{2-d}V^{2-d}\rho\nu^{d} \tag{1-3-23}$$

等式两边同时除以 ρV^2L^2，有

$$\frac{R_{\mathrm{v}}}{\rho V^2L^2}=k\cdot(Re)^{-d} \tag{1-3-24}$$

式中：Re 为雷诺数；$\dfrac{R_{\mathrm{v}}}{\rho V^2L^2}$ 为黏性阻力 R_{v} 的无因次化表达式，通常写成 $\dfrac{R_{\mathrm{v}}}{\frac{1}{2}\rho V^2S}$，称为黏性阻力系数，用 C_{v} 表示；S 为舰船的浸湿面积，与 L^2 量纲相同。有黏性阻力系数 C_{v}：

$$C_{\mathrm{V}}=\frac{R_{\mathrm{V}}}{\frac{1}{2}\rho V^{2}S} \tag{1-3-25}$$

根据表达式可知，几何相似、尺度不同的实船与船模，当满足实船的雷诺数与船模的雷诺数相等时，实船与船模的黏性阻力系数相等，此为雷诺相似定律。

设实船的船长 L_{s}、船宽 B_{s}、吃水 T_{s}，排水体积 ∇_{s}，航速 V_{s}，实船航行水域的海水密度 ρ_{s}、海水的运动黏性系数 ν_{s}；相似船模的船长 L_{m}、船宽 B_{m}、吃水 T_{m}，排水体积 ∇_{m}，船模速度 V_{m}，船模试验水池的水密度 ρ_{m}，水的运动黏性系数 ν_{m}，则实船的雷诺数 $Re_{\mathrm{s}}=\frac{V_{\mathrm{s}}L_{\mathrm{s}}}{\nu_{\mathrm{s}}}$，船模的雷诺数 $Re_{\mathrm{m}}=\frac{V_{\mathrm{m}}L_{\mathrm{m}}}{\nu_{\mathrm{m}}}$。当 $Re_{\mathrm{s}}=Re_{\mathrm{m}}$ 时，实船的黏性阻力系数 $C_{\mathrm{V_s}}$ 与船模的黏性阻力系数 $C_{\mathrm{V_m}}$ 相等。

要满足实船的雷诺数 Re_{s} 与船模的雷诺数 Re_{m} 相等，则有

$$\frac{V_{\mathrm{s}}L_{\mathrm{s}}}{\nu_{\mathrm{s}}}=\frac{V_{\mathrm{m}}L_{\mathrm{m}}}{\nu_{\mathrm{m}}} \tag{1-3-26}$$

$$V_{\mathrm{m}}=\frac{\nu_{\mathrm{m}}\cdot L_{\mathrm{s}}}{\nu_{\mathrm{s}}\cdot L_{\mathrm{m}}}\cdot V_{\mathrm{s}} \tag{1-3-27}$$

由于海水与淡水的运动黏性系数差别很小，所以有

$$V_{\mathrm{m}}\approx\frac{L_{\mathrm{s}}}{L_{\mathrm{m}}}\cdot V_{\mathrm{s}} \tag{1-3-28}$$

此时实船的黏性阻力为

$$R_{\mathrm{V_s}}=\frac{1}{2}\rho_{\mathrm{s}}V_{\mathrm{s}}^{2}S_{\mathrm{s}}C_{\mathrm{V_s}} \tag{1-3-29}$$

相似船模的黏性阻力为

$$R_{\mathrm{V_m}}=\frac{1}{2}\rho_{\mathrm{m}}V_{\mathrm{m}}^{2}S_{\mathrm{m}}C_{\mathrm{V_m}} \tag{1-3-30}$$

$$C_{\mathrm{V_s}}=C_{\mathrm{V_m}} \tag{1-3-31}$$

但是，在缩尺船模进行水池拖曳阻力试验的过程中，要使船模的航速满足 $V_{\mathrm{m}}=\frac{L_{\mathrm{s}}}{L_{\mathrm{m}}}\cdot V_{\mathrm{s}}$ 是困难的。

例：实船的速度为 37kn，长度为 120m，在水池中开展相似船模的阻力拖曳试验，船模比例尺为实船的 1/30，要求船模与实船满足雷诺相似，船模在水池中的速度应为多少？（假设温度为 15℃）

解：要求船模与实船满足雷诺相似，则实船与船模的雷诺数相等。

设实船的雷诺数为 Re_{s}，船模的雷诺数为 Re_{m}，表达式为 $Re_{\mathrm{s}}=\frac{V_{\mathrm{s}}L_{\mathrm{s}}}{\nu_{\mathrm{s}}}$，$Re_{\mathrm{m}}=\frac{V_{\mathrm{m}}L_{\mathrm{m}}}{\nu_{\mathrm{m}}}$。

查表可知，15℃时，淡水的运动黏性系数为 $1.139\times10^{-6}(\mathrm{m}^2/\mathrm{s})$，海水的运动黏性系数为 $1.1883\times10^{-6}(\mathrm{m}^2/\mathrm{s})$。

因为要求 $Re_{\mathrm{s}}=Re_{\mathrm{m}}$，所以有

$$\frac{V_{\mathrm{s}}L_{\mathrm{s}}}{\nu_{\mathrm{s}}}=\frac{V_{\mathrm{m}}L_{\mathrm{m}}}{\nu_{\mathrm{m}}}$$

计算可得：

$$V_{\mathrm{m}}=\frac{\nu_{\mathrm{m}}L_{\mathrm{s}}}{\nu_{\mathrm{s}}L_{\mathrm{m}}}\cdot V_{\mathrm{s}}=\frac{1.139\times10^{-6}}{1.1883\times10^{-6}}\times30\times37$$
$$=1063.9(\mathrm{kn})$$

可见，缩尺船模要达到与实船雷诺数相等，其拖曳速度要求极高，所以在一般情况下，试验水池中开展相似船模的阻力拖曳试验都难以满足实船与船模的雷诺相似定律条件。

四、全相似定律

对于航行中的舰船而言，其遭受的阻力既有与重力和兴波相关的兴波阻力，又有与黏性相关的黏性阻力。几何特征一定的舰船，与其总阻力相关的物理量有船体尺度 L、船体航速 V、水的密度 ρ、黏度（用运动黏性系数 ν 表达）以及重力加速度 g，将总阻力写成如下表达式：

$$R=k\cdot L^{a}V^{b}\rho^{c}\nu^{d}g^{e} \tag{1-3-32}$$

同样经过量纲分析可得

$$R=\rho L^{2}V^{2}\cdot f(Re,\ Fr) \tag{1-3-33}$$

可见，几何相似、尺度不同的实船与船模，当能同时满足实船的雷诺数与船模的雷诺数相等且实船的傅汝德数与船模的傅汝德数相等时，实船与船模的总阻力系数相等，此为全相似定律。

设实船的船长 L_{s}、船宽 B_{s}、吃水 T_{s}，排水体积 ∇_{s}，航速 V_{s}，实船航行水域的海水密度 ρ_{s}、海水的运动黏性系数 ν_{s}；相似船模的船长 L_{m}、船宽 B_{m}、吃水 T_{m}，排水体积 ∇_{m}，船模速度 V_{m}，船模试验水池的水密度 ρ_{m}，水的运动黏性系数 ν_{m}，则实船的雷诺数 $Re_{\mathrm{s}}=\dfrac{V_{\mathrm{s}}L_{\mathrm{s}}}{\nu_{\mathrm{s}}}$，船模的雷诺数 $Re_{\mathrm{m}}=\dfrac{V_{\mathrm{m}}L_{\mathrm{m}}}{\nu_{\mathrm{m}}}$，实船的傅汝德数 $Fr_{\mathrm{s}}=\dfrac{V_{\mathrm{s}}}{\sqrt{gL_{\mathrm{s}}}}$，船模的傅汝德数 $Fr_{\mathrm{m}}=\dfrac{V_{\mathrm{m}}}{\sqrt{gL_{\mathrm{m}}}}$。

当 $Re_{\mathrm{s}}=Re_{\mathrm{m}}$ 时，实船的黏性阻力系数 $C_{\mathrm{V_s}}$ 与船模的黏性阻力系数 $C_{\mathrm{V_m}}$ 相等。当 $Fr_{\mathrm{s}}=Fr_{\mathrm{m}}$ 时，实船的兴波阻力系数 $C_{\mathrm{w_s}}$ 与船模的兴波阻力系数 $C_{\mathrm{w_m}}$ 相等。

根据 $Re_{\mathrm{s}}=Re_{\mathrm{m}}$ 并且 $Fr_{\mathrm{s}}=Fr_{\mathrm{m}}$ 可得

$$\begin{cases}\dfrac{V_{\mathrm{s}}L_{\mathrm{s}}}{\nu_{\mathrm{s}}}=\dfrac{V_{\mathrm{m}}L_{\mathrm{m}}}{\nu_{\mathrm{m}}}\\[2ex]\dfrac{V_{\mathrm{s}}}{\sqrt{gL_{\mathrm{s}}}}=\dfrac{V_{\mathrm{m}}}{\sqrt{gL_{\mathrm{m}}}}\end{cases} \tag{1-3-34}$$

进一步可得

$$\begin{cases}\dfrac{L_{\mathrm{m}}}{L_{\mathrm{s}}}=\left(\dfrac{\nu_{\mathrm{m}}}{\nu_{\mathrm{s}}}\right)^{\frac{2}{3}}\\ \dfrac{V_{\mathrm{m}}}{V_{\mathrm{s}}}=\left(\dfrac{\nu_{\mathrm{m}}}{\nu_{\mathrm{s}}}\right)^{\frac{1}{3}}\end{cases} \tag{1-3-35}$$

例：实船的速度为 37kn，长度为 120m，在水池中开展相似船模的阻力拖曳试验，要求船模与实船满足全相似条件，船模的尺度为多少？在水池中的速度应为多少？（假设温度为 15℃）

解：要求船模与实船满足全相似条件，则要求船模与实船同时满足傅汝德数和雷诺数对应相等。由查表可知，15℃时，淡水的运动黏性系数为 $1.139\times10^{-6}(\mathrm{m}^2/\mathrm{s})$，海水的运动黏性系数为 $1.1883\times10^{-6}(\mathrm{m}^2/\mathrm{s})$。要求：

$$Fr_{\mathrm{s}}=\frac{V_{\mathrm{s}}}{\sqrt{gL_{\mathrm{s}}}}=Fr_{\mathrm{m}}=\frac{V_{\mathrm{m}}}{\sqrt{gL_{\mathrm{m}}}} \tag{1-3-36}$$

$$Re_{\mathrm{s}}=\frac{V_{\mathrm{s}}L_{\mathrm{s}}}{\nu_{\mathrm{s}}}=Re_{\mathrm{m}}=\frac{V_{\mathrm{m}}L_{\mathrm{m}}}{\nu_{\mathrm{m}}} \tag{1-3-37}$$

得

$$\frac{V_{\mathrm{m}}}{V_{\mathrm{s}}}=\left(\frac{\nu_{\mathrm{m}}}{\nu_{\mathrm{s}}}\right)^{\frac{1}{3}} \tag{1-3-38}$$

$$V_{\mathrm{m}}=36.5\mathrm{kn}$$

同时有

$$\frac{L_{\mathrm{m}}}{L_{\mathrm{s}}}=\left(\frac{\nu_{\mathrm{m}}}{\nu_{\mathrm{s}}}\right)^{\frac{2}{3}} \tag{1-3-39}$$

得

$$L_{\mathrm{m}}=116.7\mathrm{m}$$

即船模在水池中的速度为 $V_{\mathrm{m}}=36.5\mathrm{kn}$，船模尺度 $L_{\mathrm{m}}=116.7\mathrm{m}$，此时船模尺度太大，速度太高，且都与实船相当，无法在现有的实验水池中开展拖曳试验。所以，一般情况下，试验水池中开展相似船模的阻力拖曳试验难以满足全相似条件和雷诺相似条件，而较容易满足傅汝德相似条件。

第四节　舰船快速性的研究方法

船舶作为水上运载工具具有悠久的历史，因此人们关注“船舶阻力”和“船舶推进”的历史也同样悠久，但是人们将其作为有一定体系的专门学科领域进行专门研究只有 100 多年的历史。

由于舰船是依托水这种流体介质漂浮和航行的，舰船的阻力性能、推进器水动力性能主要反映的是船体、推进器与水介质的相互作用规律，所以对舰船阻力与舰船推进器水动力学的研究是以流体力学为基础的。

舰船在海洋上航行，船体会受到阻力，舰船的推进器需要产生推力抵抗船体阻力，从而使舰船达到一定的航速。可见，舰船阻力与舰船推进是耦合地、矛盾地存在于舰船快速性中的，对舰船快速性的研究应该是将舰船阻力与舰船推进综合起来研究，但是基于研究的方便性和可行性考虑，目前对于舰船快速性的研究，还是先分别研究孤立船体的阻力性能、孤立推进器的水动力性能，然后研究推进器安装在船上工作时二者的相互干扰，这种研究思路虽然是对船体-推进器耦合水动力性能的一种割裂，但是实践表明迄今一直能够满足工程应用的要求，所以得到了广大研究者的一致认可。

目前，无论是对舰船阻力性能的研究，还是对舰船推进器水动力性能，以及对船体-推进器相互干扰的研究，其研究方法都可以分为理论方法、数值计算方法和试验方法。

（1）理论方法。

理论方法对于舰船兴波阻力和推进器推力扭矩等的求解具有很大的方便性，在以最小兴波阻力为目标的舰船船型优化和舰船螺旋桨设计等方面有很强的应用优势，但在准确计算黏性影响、显示船体和推进器流场中的精细结构方面存在明显的欠缺。

（2）数值计算方法。

数值计算方法是以求解描述流体运动和受力的普适性方程——Navier-Stockes 方程为基础，结合船体、推进器的边界条件和实际工况，对船体、推进器周围的三维流场域中各点的速度、压力等物理量进行全场计算，从而不仅可以得到作用在船体、推进器上各项总的水动力，还能够获得流场中任何位置的流场细节。在求解 Navier-Stockes 方程的过程中，针对不同的问题，有的需要结合自由面模型模拟水气界面兴波，有的需要结合高精度湍流模型计算流场细节的非定常发展演化，有的需要结合刚体运动模型反映船体在水动力作用下的自由运动，等等。随着计算机软硬件技术的发展和船舶流体力学数值计算方法、计算模型的进步，各种界面友好、使用方便的流体力学数值计算软件被开发出来，为舰船阻力性能、舰船推进器水动力性能研究提供了功能强大的专业工具，使数值计算方法在舰船快速性研究中的应用越来越广泛。目前，数值计算方法的不足主要表现在两个方面：第一个方面的不足是计算结果准确性需要被确认。现在即使一些大型的专业软件，尽管自动化程度已经很高，但是在运用专业软件进行舰船阻力、推进器水动力和流场模拟计算时，仍然需要大量的人工干预，特别是在前处理方式、计算模型选取上不同的人有不同的认识，或者同一人对于不同的计算问题也需要依据自己的主观判断对计算进行必需的干预，这些非标准的但又必不可少的人工干预会对计算结果产生影响，因此在采用数值计算方法研究具体的舰船快速性问题时必须首先对计算结果的精度进行确认。第二个方面的不足是目前的数值计算方法主要用于计算预报而难以直接进行设计。即在给定船体外形、给定推进器形状条件下能够很方便地计算得到其在一定工况下的水动力特性，但是要直接自动基于最小阻力目标进行船型优化，或者基于船体航速要求进行推进器设计目前还比较困难。

（3）试验方法。

无论是从历史来看还是从现在来看，船模试验或者在理论指导下的船模试验对舰船快速性的设计、评估、预报都起了极其重要的作用，也是舰船快速性研究中不可或缺的方法手段，从重要性上讲，船模试验设施的条件水平可以很好地反映舰船水动力学研究的能力水平。在舰船快速性研究的范畴中，主要的试验包括船模静水阻力拖曳试验、推进器水动力性能试验、推进器空泡与噪声测量试验、船模自航试验等，主要的试验设施有拖曳水池、空泡水洞，并结合相应的测力天平、动力仪、自航仪等设备。运用试验方法研究舰船的快速性的优势在于：关于舰船快速性的船模试验方法经过百余年的实践应用检验，已形成了受业界认可的标准规范，在标准规范的指导下获得的试验结果直观可靠，准确度高，是评价舰船快速性设计与优化结果的主要手段，也可以作为检验理论研究和数值计算结果的依据。其不足之处：一是试验需要依托专门的试验设施设备进行；二是从试验模型设计加工、试验准备到试验完成需要投入较多的人力、物力和时间；三是试验模型的尺寸有限，与实际舰船和推进器尺度相差巨大，也无法满足全相似条件，存在尺度效应，导致模型试验结果无法直接应用到实船上。

可见，用于舰船快速性研究的理论方法、数值计算方法、模型试验方法都有各自的特点优势，也有其缺点与不足，在舰船快速性研究的进程中，这三种方法互为补充，相互促进，共同提高，不断促进舰船快速性的研究持续向前发展。

思 考 题

1．影响舰船快速性的主要因素有哪些？

2．推进器的功能是什么？

3．裸船体的静水阻力可以分为哪几类？

4．船模阻力试验中，重力相似的意义是什么？

5．某驱逐舰水线长为152m，设计速度为32kn，按该船制作水线长为4m的船模进行阻力试验，假定船池拖车最大拖速为8m/s，试验水温 $t_m = t_s = 15℃$，试求：

（1）满足重力相似条件的船模速度；

（2）满足黏性相似条件的船模速度；

（3）满足全相似条件的船模长度；

（4）根据以上计算结果说明三种相似条件能否实现。

6．某补给舰的水线长为108m，航速为20kn，试计算缩尺比分别为20、30、40时的船模长度及相当速度。若水温为15℃，试计算实船与模型的雷诺数。

7．设实船与船模的傅汝德数相等，缩尺比 α=40，求二者的雷诺数之间的比值。

8．设某实船的速度为23kn，其对应的船模尺度比为25，若在船模试验时已保证两者的傅汝德数均为0.3，求实船和船模的雷诺数（令运动黏性系数 $\nu = 1.057\times10^{-6}m^2/s$）。

第二章　舰船阻力成因与计算

第一节　摩 擦 阻 力

一、流体的黏性与边界层

黏性是实际流体的基本属性之一。人们从自然界的许多现象中很早就对流体的黏性有直观的认识，牛顿设计了在流体中两块平板的相对运动试验（图 2-1-1），用来测量物体表面的流体黏性切应力与流体速度在物体表面法向上梯度的关系，得到切应力τ与流体速度梯度的关系式为

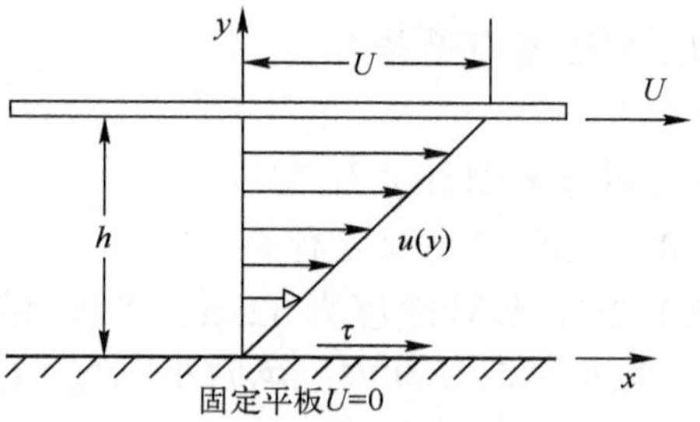

图 2-1-1　流体黏性切应力测量试验

$$\tau = \mu \cdot \frac{\partial u(y)}{\partial y} \qquad (2\text{-}1\text{-}1)$$

式中：τ为切应力，单位是牛/米^2（$\mathrm{N/m^2}$）；μ为流体的动力黏性系数，单位是牛·秒/米^2（$\mathrm{N\cdot s/m^2}$）；$u(y)$为流体沿x轴方向上的运动速度（m/s）；y为平板的法线方向；$\frac{\partial u(y)}{\partial y}$为流体运动速度在平板法线方向上的变化率（$\mathrm{s^{-1}}$）。

若切应力的计算公式中动力黏性系数μ不随流体速度梯度的大小而变化，则这种流体称为牛顿流体。舰船航行接触的空气和水（包括海水、淡水）这两种流体介质都属于牛顿流体的范畴。

1904 年，普朗特提出了在黏性流体中运动物体表面边界层的概念，认为流体的黏性主要体现在离物体与流体接触表面不远的一薄层之内，在薄层之外，黏性的影响可以忽略，此薄层为边界层。

平板边界层：当来流以一定的速度 U_0 流经沿流向布置的平板时，在平板表面，受黏性的影响，流体的速度为零，沿平板的法线流速逐渐增大，直至到达某一距离 δ 处的流速与来流速度相等，此处可以认为是平板法向上黏性影响结束的位置，以此位置为分界线，在分界线以内的区域为边界层区域，必须考虑黏性的影响，在分界线以外的区域为外部势流区，可以忽略黏性的影响。δ 称为边界层的厚度（图 2-1-2）。

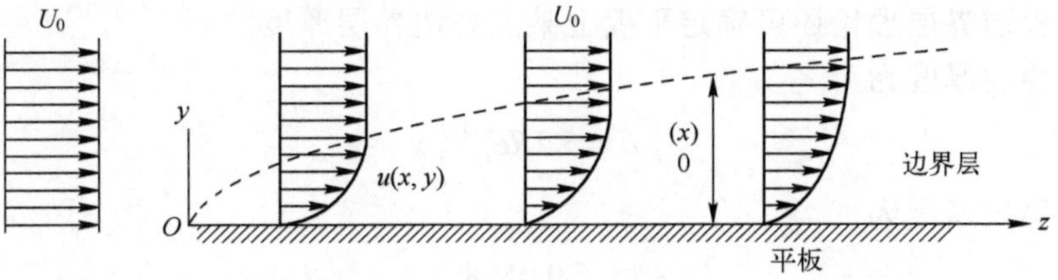

图 2-1-2　平板边界层

由于严格按“流速达到来流速度 U_0”的位置来确定边界层的厚度可能很大，所以一般都是按“流速达到 99%的来流速度 U_0”的位置确定边界层的厚度。在平板表面沿流向不同的位置，边界层的厚度不同，边界层内的流动状态也可能不同。

在平板的前端部，边界层内的流体呈现出分层流动的状态，边界层厚度沿流动方向增长较慢，此阶段为层流边界层；而经过一段距离后，边界层内的流体质点不再是规则的分层流动，而是相互掺杂相互碰撞，虽然整体上还是沿流动方向运动，但存在各方向上不规则的扰动，且边界层厚度沿流动方向增长较快，此阶段为湍流边界层。在从层流边界层到湍流边界层之间存在一段过渡区，有的称为转捩区（图 2-1-3）。

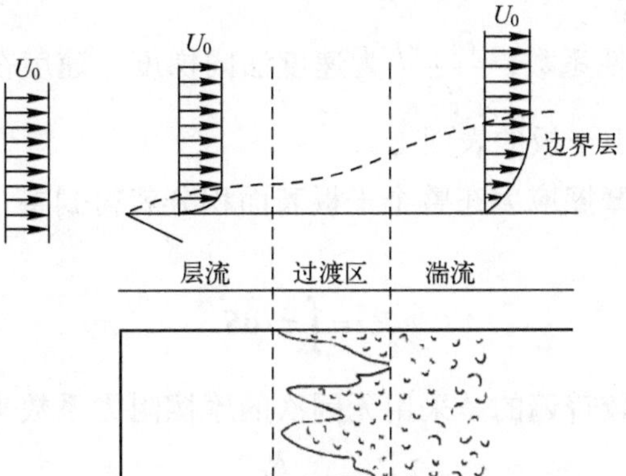

图 2-1-3　边界层流态的转变

平板上某点处边界层的流态主要由该点处的局部雷诺数决定。局部雷诺数的表达式为

$$Re_x = \frac{U_0 x}{\nu} \tag{2-1-2}$$

式中：U_0 为前方无干扰的来流速度（m/s）；x 为某点至平板前端点的距离（m）；ν 为流

体的运动黏性系数（m^2/s）。

经研究表明，边界层内流态与局部雷诺数的对应关系为

层流状态：$Re_x<(3.5\sim5.0)\times10^5$

转捩状态：$(3.5\sim5.0)\times10^5<Re_x<3.0\times10^6$

湍流状态：$Re_x>3.0\times10^6$

根据平板边界层理论还可确定平板上某点处边界层厚度。

层流边界层厚度为

$$\delta=5.2Re_x^{(-1/2)}x \tag{2-1-3}$$

湍流边界层厚度为

$$\delta=\frac{0.0598}{\lg Re_x-3.107}\cdot x \tag{2-1-4}$$

可见，当来流速度一定时，平板上离前端点越远的位置边界层的厚度越大；当平板上某点离前端点的位置一定时，来流速度越大该点处的边界层厚度越小。

二、平板摩擦阻力

根据平板边界层理论，流体流过平板表面时，由于黏性的作用，在平板表面与流体接触区域中会形成边界层，边界层内从底部沿平板法向向外流体速度从零逐渐增加。根据牛顿内摩擦定律，平板表面受到的局部摩擦切应力为

$$\tau=\mu\cdot\left.\frac{\partial u(y)}{\partial y}\right|_{y=0} \tag{2-1-5}$$

式中：μ 为流体动力黏性系数；$\frac{\partial u(y)}{\partial y}$ 为速度法向梯度（速度在平板表面法向上的变化率），下标 $y=0$ 表示位于平板的表面上。

将平板每处的局部摩擦应力在整个平板表面积分就得到整个平板所受到的总的摩擦阻力 R_{f}，即

$$R_{\mathrm{f}}=\int_{\mathrm{s}}\tau\cdot\mathrm{d}S \tag{2-1-6}$$

在工程应用上，比较普遍的是采用无因次的摩擦阻力系数来计算摩擦阻力，即

$$C_{\mathrm{f}}=\frac{R_{\mathrm{f}}}{\frac{1}{2}\rho U_0^2S} \tag{2-1-7}$$

式中：C_{f} 为摩擦阻力系数；ρ 为流体的密度（kg/m^3）；U_0 为前方无干扰来流速度（m/s）；R_{f} 为摩擦阻力（N）；S 为平板与流体接触的表面积（m^2）。

根据式（2-1-7）可得摩擦阻力的表达式为

$$R_{\mathrm{f}}=\frac{1}{2}\rho U_0^2SC_{\mathrm{f}} \tag{2-1-8}$$

以一长度为 a 宽度为 b 的沿来流方向放置的平板为例，按式（2-1-6）计算摩擦阻力

为 $R_f=\int_0^a \tau \mathrm{d}x\cdot b$，代入式（2-1-7）可得

$$C_f=\frac{\int_0^a \tau \mathrm{d}x\cdot b}{\frac{1}{2}\rho U_0^2 a\cdot b}=\frac{1}{a}\int_0^a \frac{\tau}{\frac{1}{2}\rho U_0^2}\mathrm{d}x \tag{2-1-9}$$

令 $C_\tau=\frac{\tau}{\frac{1}{2}\rho U_0^2}$，则有

$$C_f=\frac{1}{a}\int_0^a C_\tau \mathrm{d}x \tag{2-1-10}$$

式中：C_τ 为局部摩擦阻力系数，可见 C_f 是局部摩擦阻力系数在整个平板长度范围内的平均值。

从局部摩擦切应力的表达式可以看出，平板表面的流体法向速度梯度大小决定了局部摩擦切应力的大小。从边界层内流态来看，层流边界层内流体的分层流动比较规则，而湍流边界层内各层流体质点相互掺杂影响，产生动量交换，所以流体速度的分布较层流边界层更丰满。层流边界层内流体速度和湍流边界层内流体速度沿法向的分布如图 2-1-4 所示。

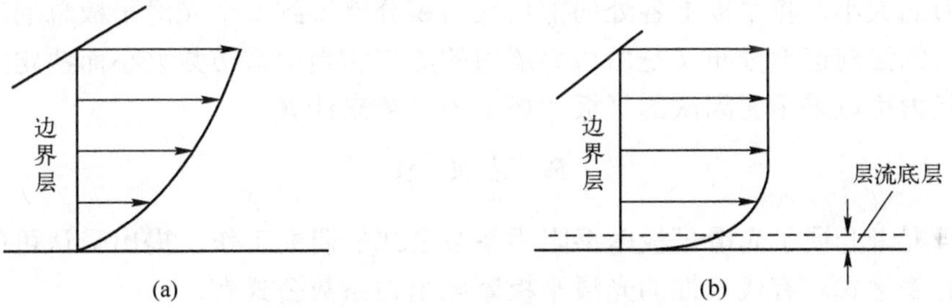

图 2-1-4　层流与湍流边界内速度分布

（a）层流时的速度分布；（b）湍流时的平均速度分布。

可见，在相同的来流条件下，处于湍流边界层中的平板表面速度法向梯度 $\left.\frac{\partial V_x}{\partial y}\right|_{y=0}$ 大于处于层流边界层中的平板表面速度法向梯度，其相应的局部摩擦切应力也大。

在平板边界层内的流态一定时，若保持来流速度不变，随着 x 的增大，局部雷诺数增大，根据边界层厚度计算公式，边界层厚度也增大，使边界层内流体速度沿平板法向分布的丰满程度下降，从而导致法向速度梯度有所减小，局部摩擦切应力 τ 减小，局部摩擦阻力系数 C_τ 也减小。即沿来流布置的平板，无论是在层流边界层范围内还是在湍流边界层范围内，局部摩擦阻力系数 C_τ 都是随 x 的增大而减小的，而平均的摩擦阻力系数 C_f 大于平板末端处的局部摩擦阻力系数。

对于沿来流放置的光滑平板而言，受到的黏性阻力就是平板表面的摩擦阻力，但是对于舰船或潜艇表面这样的有曲率的表面而言，其受黏性阻力的情况更复杂一些。

三、船体摩擦阻力的计算方法

傅汝德最早提出了将舰船的摩擦阻力用同速度同长度同浸湿面积的相当平板摩擦阻力来代替并计算。为了提出摩擦阻力的计算方法，傅汝德在船模拖曳水池中开展了一系列的平板摩擦阻力试验。试验用的平板长度范围为 10～50ft（1ft≈0.30m），平板表面采用多种不同的材料以反映舰船表面涂层和粗糙度的影响。每块平板浸深为 19in（1in≈25.4mm）、厚度为 3/16in，边缘都倒圆角处理。经过系列平板试验，傅汝德提出了摩擦阻力的计算公式：

$$R_{\mathrm{f}} = f \cdot S \cdot V^{1.825} \tag{2-1-11}$$

式中：S 为平板的总面积（m^2），f 为平板的摩擦阻力系数；V 为速度（m/s）。

式（2-1-11）曾经在国际上被广泛采用，可由于此公式最早出现在普朗特提出边界层理论（1904 年）之前，也出现在雷诺提出表征流体黏性影响的雷诺数概念（1883 年）之前，所以此公式没有从平板层流边界层、湍流边界层的本质去分析平板的摩擦阻力。但是傅汝德在试验中考虑了平板表面不同的材料和粗糙度，实践也证明该公式可以看成计及了粗糙度的影响，所以被广泛采用。

普朗特提出边界层理论后，人们才认识到边界层内壁面处法向速度梯度大小决定了局部切应力的大小，将平板上各处局部切应力积分就得到整个光滑平板总的摩擦阻力，而边界层内的法向速度分布又是由边界层内的流态和当地雷诺数大小而决定的。整个平板的摩擦阻力可以采用无因次的平板摩擦阻力系数来计算：

$$R_{\mathrm{f}} = \frac{1}{2}\rho U^2 S C_{\mathrm{f}} \tag{2-1-12}$$

许多研究者开展了光滑平板摩擦阻力系数公式的研究工作，提出受认可的平板摩擦阻力系数的表达式。有代表性的光滑平板摩擦阻力系数公式有：

（1）勃拉齐层流边界层平板摩擦阻力系数公式。

$$C_{\mathrm{f}} = 1.328 Re^{-\frac{1}{2}} \tag{2-1-13}$$

式（2-1-13）适用于平板的边界层为层流边界层状态时平板摩擦阻力系数的计算，其雷诺数范围是 $Re < (3.5 \sim 5.0) \times 10^5$，由于舰船的尺度大、航速高，舰船表面的边界层处于湍流边界层状态，所以并不适用于舰船摩擦阻力系数的计算。

（2）柏兰特-许立汀湍流边界层平板摩擦阻力系数公式。

$$C_{\mathrm{f}} = 0.455 / (\lg Re)^{2.58} \tag{2-1-14}$$

式（2-1-14）适用于平板的边界层为湍流边界层状态时平板摩擦阻力系数的计算，在国际上有比较广泛的应用。

（3）桑海湍流边界层平板摩擦阻力系数公式。

$$\frac{0.242}{\sqrt{C_{\mathrm{f}}}} = \lg(Re \cdot C_{\mathrm{f}}) \tag{2-1-15}$$

式（2-1-15）是根据湍流边界层内速度沿平板法向按对数分布的假设，并结合平板

阻力试验结果而得到的，在$10^6 < Re < 10^9$的范围内，式（2-1-15）可以转化为

$$C_f = \frac{0.4631}{(\lg Re)^{2.6}} \tag{2-1-16}$$

（4）休斯湍流边界层平板摩擦阻力系数公式。

休斯（Hughes）认为在拟合平板摩擦阻力系数计算公式的测量试验中，使用的平板都是宽度有限的三维平板，三维效应会使测量的摩擦阻力系数结果偏大，休斯将试验结果经过修正后得到了适用于计算无限宽度的二维湍流边界层平板摩擦阻力系数公式：

$$C_f = \frac{0.066}{(\lg Re - 2.03)^2} \tag{2-1-17}$$

（5）1957 年国际船模试验池实船-船模换算公式。

上述的湍流平板层摩擦阻力系数公式具有不同的形式，在计算船舶摩擦阻力时计算结果必然存在差异，1957 年召开的国际船模试验池会议（International Towing Tank Conference，ITTC）专门针对船舶摩擦阻力的计算以及缩尺船模到实船阻力换算的问题，提出了船模和实船相当平板摩擦阻力系数的计算公式：

$$C_f = \frac{0.075}{(\lg Re - 2)^2} \tag{2-1-18}$$

此公式的作用主要是用于缩尺船模阻力到实船阻力换算，所以称为 1957 年国际船模试验池实船-船模换算公式，常简称为 ITTC-57 公式。

应用以上五种公式计算得到的不同雷诺数下的平板摩擦阻力系数的计算结果对比如图 2-1-5 所示。

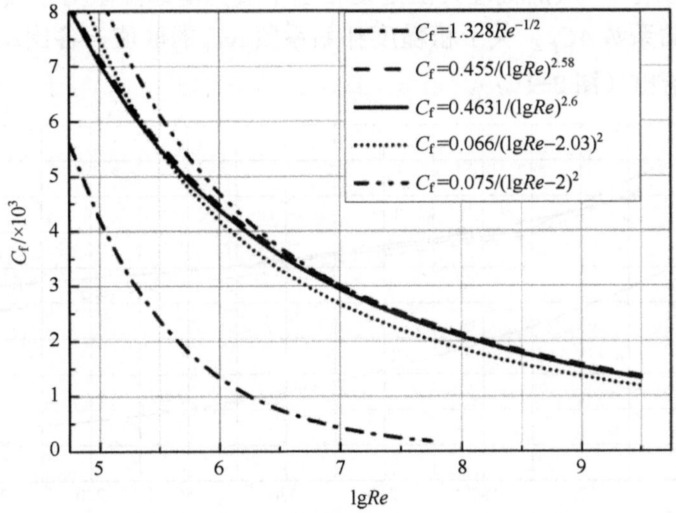

图 2-1-5 各种平板摩擦阻力系数计算公式结果的对比

实际船体的浸湿表面并不是平板，船体表面存在纵向曲率和横向曲率（图 2-1-6），使实际船体的边界层流动和摩擦阻力与同速度、同长度、同浸湿面积的相当平板的摩擦阻力有一定的差异。

图 2-1-6　舰船水下船体曲面

船体表面曲率的存在会导致当地的摩擦阻力系数与同雷诺数的光滑平板上当地摩擦阻力系数不一致，由于全船水下船体表面的横向、纵向曲率变化复杂，要准确计算整个船体曲率对摩擦阻力系数的影响十分困难，而研究表明曲率引起的摩擦阻力系数的变化并不大，所以一般并不对曲率的影响单独计算，而是在船模向实船阻力换算中合并处理（将在第三章第一节中说明）。

四、粗糙度补贴系数

船体漆面不可能绝对光滑，局部有凸起的焊缝，即存在粗糙度。船体表面粗糙度对摩擦阻力系数的影响，一般的处理方法是在相当平板光滑摩擦阻力系数 C_f 的基础上再增加一项粗糙度补贴系数 ΔC_f。关于粗糙度补贴系数 ΔC_f 的取值，各国或各研究单位依据经验或者按习惯给出（图 2-1-7）。

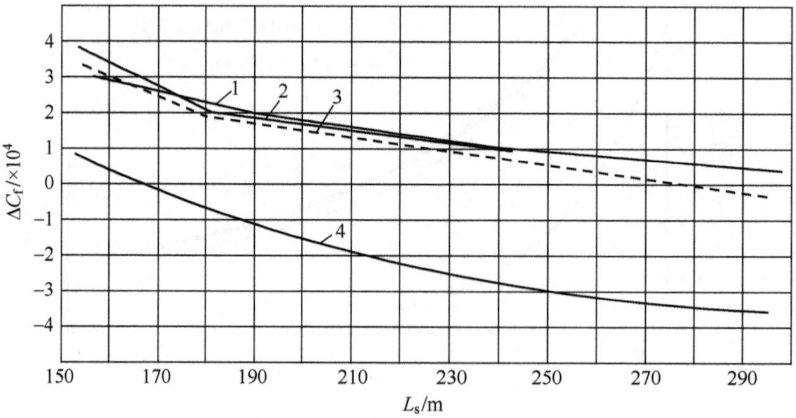

图 2-1-7　不同研究单位对粗糙度补贴系数的取值

1—NPL（英国），C_f 按 ITTC-57 公式；2—SSPA（瑞典），C_f 按桑海公式；
3—荷兰瓦格宁根水池，C_f 按桑海公式；4—日本，C_f 按桑海公式。

我国一般对水面舰船和潜艇水面状态取 $\Delta C_f=0.4\times10^{-3}$；对潜艇水下状态取 $\Delta C_f=0.6\times10^{-3}$，

在计入流水孔影响时，潜艇水面状态取 $\Delta C_f = 0.6\times10^{-3}$、水下状态取 $\Delta C_f = (1.2\sim1.4)\times10^{-3}$。

图 2-1-7 是国外使用的 ΔC_f 随船长的曲线。可以看出，各国使用的 ΔC_f 都不尽相同；并且，随着船长的增加，ΔC_f 逐渐减小，甚至变成负值。原因是：ΔC_f 的数值是各国舰船阻力研究单位通过对船模试验与实船试验大量的数据对比、归纳、拟合得到的经验数据，粗糙度补贴系数在本质上起了“补贴”从船模试验换算实船阻力值过程中误差的作用，这种误差不仅是粗糙度引起的，还包括平板摩擦阻力系数计算的误差、尺度效应带来的误差、其他各种误差等。所以各研究单位采用不同的实船阻力换算方法会有不同的修正补贴系数；并且随着船长的增大，ΔC_f 数值减小，并不意味着粗糙度的影响随船长的增大而减小，而可能说明的是所使用的基于船模试验结果换算得到实船阻力的方法在较大船长情况下获得的实船阻力系数偏高，需要采用较小的 ΔC_f 进行修正才符合实际，这种修正在超长船舶上还可能为负值。可见，ΔC_f 名义上称为粗糙度补贴系数，实质上是“船模-实船阻力换算补贴系数”。

第二节　黏 压 阻 力

一、黏压阻力的成因

黏压阻力是物体在水中运动时的压差阻力，这种阻力也是由水的黏性导致的。法国物理学家、数学家让·勒朗·达朗贝尔于 1752 年发表了《流体阻力的一种新理论》的论文，该论文运用流体动力学理论推导得出这样的结论：物体在大范围的静止或匀速流动的不可压缩、无黏性流体中做等速运动时，它所受到的外力之和为零。此结论为著名的达朗贝尔佯谬。此结论看似与现实中的实际情况相悖，但其实是正确的。因为达朗贝尔佯谬中所指的流体是无黏性的理想流体，物体在静止的理想流体中匀速运动时既不会受到摩擦阻力，也不会受到黏压阻力，而现实中实际流体都是有黏性的，物体在有黏性的流体中运动必然会受到阻力。

1. 绕过流线型物体的流动

当水流绕过流线型物体流动时，其流场可以划分为边界层区域、尾流区域和外部势流区域三个部分（图 2-2-1）。在边界层内，流速由壁面的零值沿壁面法向迅速增加到外部势流的速度值，流体沿壁面法向上的速度梯度很大，与平板边界层一样，物体壁面上也会产生摩擦切应力，切应力在流动方向上的分量沿整个物体表面得到物体总的摩擦阻力。

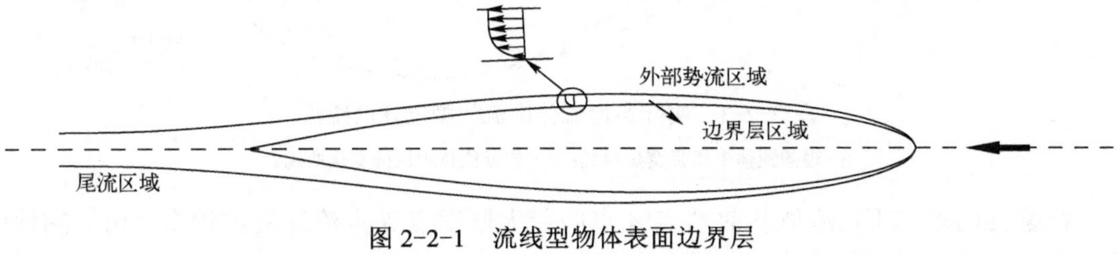

图 2-2-1　流线型物体表面边界层

边界层对流线型物体影响会改变物体表面的压强分布。

当无黏性的理想流体绕过流线型物体时（图 2-2-2），根据流体力学的知识，在物体的最前端 A 点，流体速度为零，压强最大，在从 A 点到最大厚度点 B 点流动的过程中，速度逐渐增大，压强逐渐减小，为顺压强梯度流动；从最大厚度点 B 点向后端 C 点的流动过程中，速度逐渐减小，压强逐渐增大，为逆压强梯度流动，流体在后端 C 点速度刚好减为零，压强与最前端 A 点的压强相等，整个物体表面的相对压强（相对于前方来流无扰动压强的变化量）分布如图 2-2-2 中曲线所示，此时，物体表面各点压力在流动方向上的分量沿整个物体表面积分为零（物体前半部分受到的流体压力是向后的，物体后半部分受到的流体压力是向前的，若是理想无黏性流体，二者大小相等，相互抵消，合压力等于零），因此物体的阻力为零。

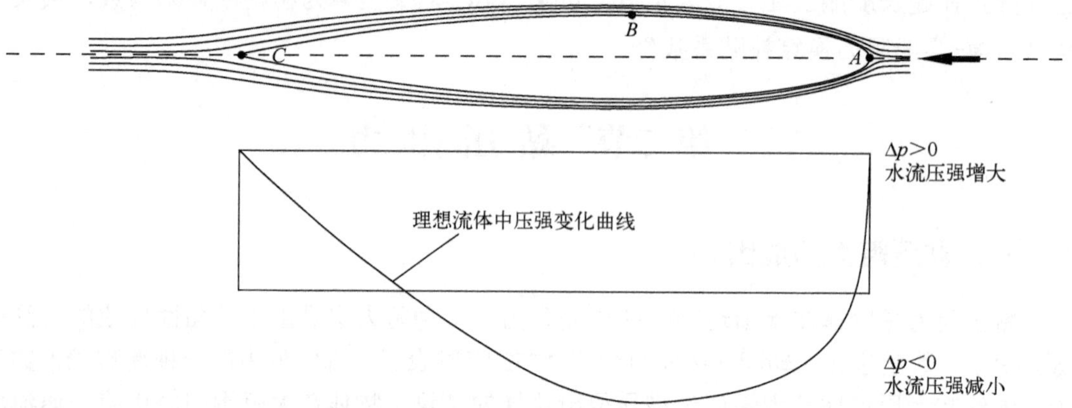

图 2-2-2　理想流体中流线型物体的绕流与压强分布

但是在实际流体中，物体表面会形成边界层，边界层内流体黏性会影响流体的绕流运动（图 2-2-3）。

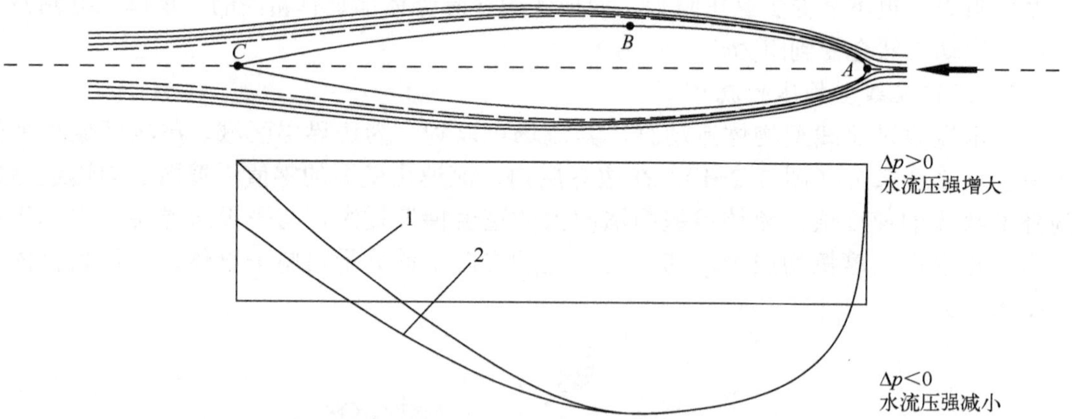

图 2-2-3　实际黏性流体中流线型物体的绕流

1—理想流体中压强变化曲线；2—实际流体中压强变化曲线。

在黏性的影响下，流体从前端点 A 点向最大厚度点 B 点流动的过程中，由于黏性的滞阻作用，消耗了一部分流体的动能，所以在 B 点处流体速度虽然也到达最大值，但其数值比理想无黏性流体情况下的速度值要小；从最大厚度点 B 点向后端 C 点的流动过程中，边界层的厚度不断增大，使得尾部流线被排挤外移，导致尾部势流区速度增大、压强减小，势流区压强会传导到物体表面，整个物体表面的压强分布如图 2-2-3 中曲线 2 所示，此时，物体后半部分受到的向前的流体压力小于物体前半部分受到的向后的流体压力，因此物体上产生了向后的阻力，这种阻力是黏性边界层影响了流体流经物体表面压强的分布而产生的，是由黏性影响导致的压差阻力，称为黏压阻力。

2. 绕过非流线型物体的流动

若物体是非流线型的，流体流过物体表面的流态更为复杂。图 2-2-4 显示了实际黏性流体中非流线型物体的绕流。

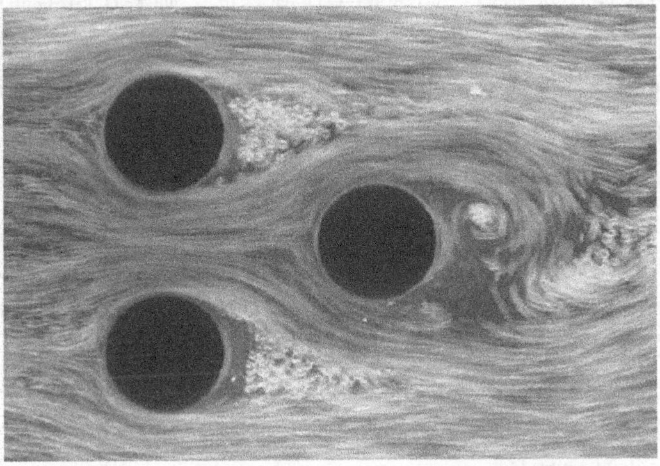

图 2-2-4　实际黏性流体中非流线型物体的绕流

流体从最大厚度点 B 点向后端 D 点的流动过程中，由于圆柱体后部收缩剧烈，压力梯度很大，再加上黏性的滞阻作用，流体速度较快地减小，在圆柱体后端 D 点之前的 C 点就减小到零，由于 C 点后方的压强较 C 点大，在压强差的驱动下，在圆柱体尾部区域产生了回流，迫使黏性边界层在 C 点出现分离现象，脱离了圆柱体表面。边界层分离后圆柱体尾部产生许多不稳定涡系，导致尾部压强下降。并且随着雷诺数的变化，圆柱体绕流的状态和压强的分布也会变化（图 2-2-5）。

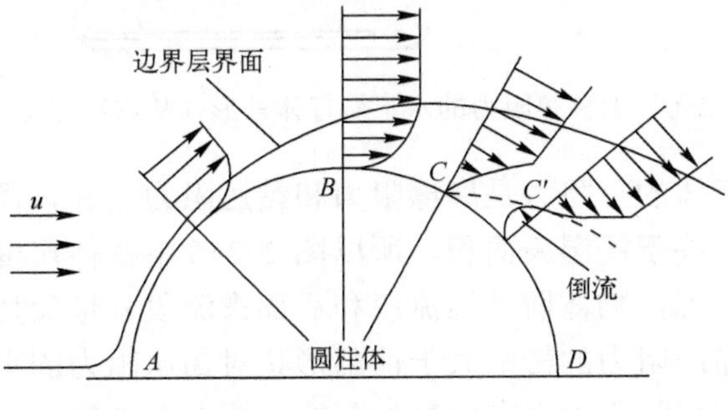

图 2-2-5　圆柱体绕流的分离

对于流线型物体，若尾部不发生边界层分离，尽管有黏压阻力，其数值仍较小；而对于尾部发生边界层分离的非流线型物体，漩涡耗散了大量的能量，黏压阻力明显增加。总而言之，在实际有黏性的流体中运动的物体，由于黏性而产生的阻力有摩擦阻力和黏压阻力两种。摩擦阻力是由于流体黏性产生的表面切向的切应力在运动方向上的分量沿整个物体表面积分而得；黏压阻力是由于黏性影响了物体表面压强的分布，物体表面各处法向的流体压力在运动方向上的分量沿整个物体表面积分而得。水中航行的舰船受到的黏性阻力同样包括摩擦阻力和黏压阻力。由于黏压阻力与船体的形状直接相关，因此黏压阻力也被称为形状阻力。

如果船体外形能设计成良好的流线型，水流在船体后部不发生边界层分离，而只是由于尾部边界层对水流向外排挤，流速增大压强降低，则黏压阻力通常会很小。

有的舰船由于受到布置、装载和主尺度的限制，难以设计成后部不发生边界层分离的流线型，水流在船尾会形成分离漩涡，耗散了水流的能量，使得舰船后部压强显著下降，造成舰船黏压阻力明显增大，因此也将黏压阻力称为漩涡阻力。

二、黏压阻力的特性

通过对黏压阻力成因的分析可以看出，水流流至物体后部的流动分离对黏压阻力有关键的影响，如果流动分离很早出现，则黏压阻力较大；如果流动分离推迟出现甚至不出现，则黏压阻力可以大幅降低。

图 2-2-6 给出了尺寸不同、形状特征不同的七种水下航行体，这七种水下航行体在水流中以同一速度从右向左运动（或者水流以同一速度从左向右流经物体）时，水流作用在物体上的总阻力是相等的。

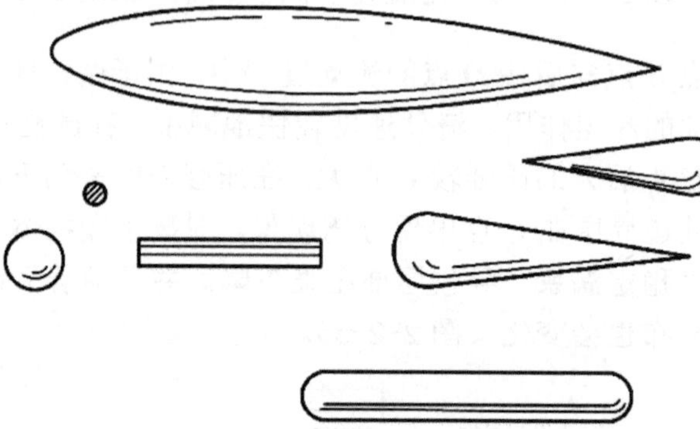

图 2-2-6　七种等阻力的水下航行体外形（从右向左运动）

由于此时水下航行体的总阻力是摩擦阻力和黏压阻力之和，而在水流速度相同时，物体的摩擦阻力主要取决于浸湿表面积，所以图 2-2-6 中物体尺度越小反而黏压阻力越大。进一步分析可以发现，物体前部迎流段和后部去流段外形尖瘦对于减小黏压阻力有利，并且后部形状对黏压阻力的影响大于前部形状对黏压阻力的影响。

物体的长宽比对其形状阻力也有明显的影响。图 2-2-7 给出了七种对称扁柱体的横截面外形特征。

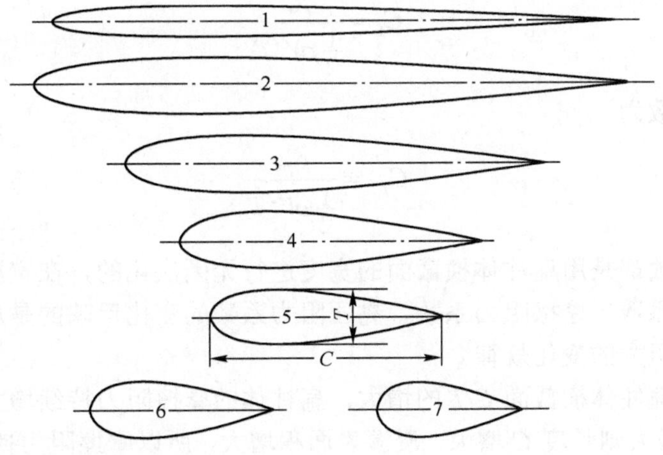

剖面	1	2	3	4	5	6	7
弦长C/in	54.10	57.70	39.70	29.00	22.00	18.35	14.60
T/C	18.1	9.6	6.6	4.7	3.7	3.1	2.5

图 2-2-7　七种对称扁柱体的横截面外形特征

这七种不同横截面外形特征的对称扁柱体在水流中阻力的试验结果如图 2-2-8 所示，该图反映了扁柱体长宽比的变化对其总阻力、摩擦阻力和剩余阻力的影响规律。

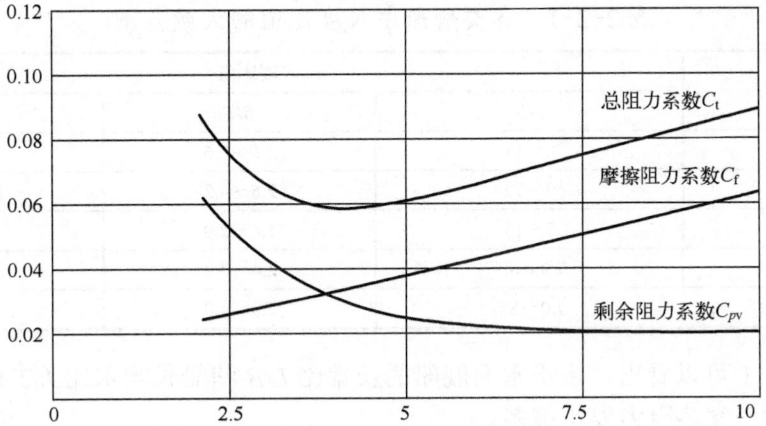

图 2-2-8　扁柱体长宽比变化对阻力的影响

需要注意的是，图 2-2-8 中的总阻力系数为

$$C_t = \frac{R_t}{\frac{1}{2}\rho V^2 T} \qquad (2-2-1)$$

摩擦阻力系数为

$$C_f = \frac{R_f}{\frac{1}{2}\rho V^2 T} \tag{2-2-2}$$

黏压阻力系数为

$$C_{pv} = \frac{R_{pv}}{\frac{1}{2}\rho V^2 T} \tag{2-2-3}$$

三种阻力系数都是用扁柱体横截面的宽度进行无因次化的，在宽度尺寸相同的情况下，这里总阻力系数、摩擦阻力系数、黏压阻力系数的变化反映的是扁柱体的总阻力、摩擦阻力和黏压阻力的变化规律。

可见，随着扁柱体横截面 C/T 的增大，扁柱体的摩擦阻力持续增大（因为在相同的宽度 T 时，C/T 增大则长度 C 增大，浸湿表面积增大，所以摩擦阻力持续增大）；扁柱体的黏压阻力持续减小（因为 C/T 越大扁柱体横截面外形越瘦长）；而扁柱体的总阻力是先减小后增大，大概在 C/T=3.85 时达到最低值。当然，这是对二维物体在水流中运动（雷诺数 $\frac{VL}{\nu} = 4\times10^5$）时的分析结果。而实际的航行体都是三维的，并且舰艇作为海上机动作战平台，必须首先具备足够的作战装备、机械设备、人员、油、水等的容纳能力，以满足使命任务要求，在此基础上追求良好的平台运动性能并在一定程度上进行调节，而不是单纯设计一个阻力最小，但实际装载和容纳能力很差的船型，这就不能称为合格的作战平台了。

水面舰船的船长 L、船宽 B、设计吃水 T 之间的比例关系大致如表 2-2-1 所列。

表 2-2-1　各类舰船主尺度比值的大致范围

舰船类型	尺度比值		
	L/B	B/T	D/T
巡洋舰	8～11	2.6～3.6	1.7～2.0
驱护舰	9～12	2.6～4.2	1.7～2.0
潜艇	7～13	1.4～2.0	—
猎潜艇	7.9～8.5	2.6～3.2	1.6～2.0
扫雷舰	7.0～8.0	2.8～4.0	—

从表 2-2-1 可以看出，由于水面舰船的长宽比 L/B 和船长吃水比 L/T 都很大，所以黏压阻力相对于摩擦阻力要小很多。

对于水下航行的潜艇，主艇体的阻力主要是摩擦阻力和黏压阻力。第二次世界大战后，美国为了降低潜艇水下高航速航行阻力，开展了大规模的潜艇主艇体低阻力线型试验研究，建造了 27 条潜艇模型在大卫·泰勒水池进行系列的阻力拖曳测量试验。基于对大量试验数据的分析，最终确定了水下高速航行潜艇的最佳主艇体线型——水滴型。为了对研究结果进行实艇的验证，美国在 20 世纪 50 年代建造了“大青花鱼”试验潜艇。“大青花鱼”试验潜艇的主尺度为 62.2m×8.2m×5.6m，根据水池试验结果，为了降低水下航行阻力，艇体长宽比不宜较大，取为 7.6，同时不宜采用平行中体，艇体的所有横截面尽量接近圆形。“大青花鱼”潜艇水池试验模型和实艇如图 2-2-9 和图 2-2-10 所示。

图 2-2-9　“大青花鱼”潜艇水池试验模型

图 2-2-10　“大青花鱼”潜艇实艇

三、舰船黏压阻力的确定方法

对于舰船的黏压阻力，由于船体形状复杂，形状特征难以简单描述，并且黏压阻力受后部流动分离的情况影响很大，对流动分离准确计算也十分困难，所以目前还不能像摩擦阻力那样总结出公认的计算公式，但是对于一般的舰船而言，黏压阻力所占比重都不大（见表 2-2-2）。

表 2-2-2 各类舰艇不同阻力成分所占比重的情况

单位：%

各阻力成分		舰船种类					
		水面舰艇			潜艇		运输船
		各种辅助舰艇	扫雷舰等中速舰艇	驱逐舰等高速舰艇	水面航行状态	水下航行状态	典型油槽船散装货船
裸船体阻力（R_L）	摩擦阻力（R_f）	70	55	35	60	90	70
	黏压阻力（R_{pv}）	10	10	10	10	10	25
	兴波阻力（R_w）	20	35	55	30	无	5
附体阻力（$R_{a\rho}/R_L$）		10～20	10～15	10～15	10	30～50 或更多	10～15
空气阻力（R_{aa}/R_L）		<2	约 2	2～4	不可计	无	2～4

休斯为了提出更好的用于预报舰船黏性阻力（包括摩擦阻力和黏压阻力）的方法，曾开展过确定舰船黏压阻力方法的研究。在研究过程中，休斯开展了一系列的平板和平底船阻力测量试验，试验中雷诺数最高达到3×10^8。基于对试验结果的数据分析处理，休斯提出了船舶总阻力系数的计算公式：

$$C_t = C_f|_{AR=\infty} + C_{pv} + C_w \tag{2-2-4}$$

式（2-2-4）中，$C_f|_{AR=\infty}$为二维无曲率且展长无限大平板的摩擦阻力系数，休斯建立$C_f|_{AR=\infty}$的计算公式为

$$C_f|_{AR=\infty} = \frac{0.066}{(\lg Re - 2.03)^2} \tag{2-2-5}$$

该公式的计算结果与 ITTC-57 摩擦阻力系数计算公式接近，其差距是 ITTC-57 摩擦阻力系数计算公式包含了船体表面的三维效应对摩擦阻力的影响，而休斯的摩擦阻力系数计算公式明确为二维无曲率且展长无限大平板的摩擦阻力系数计算公式。图 2-2-11 为休斯公式与 ITTC-57 公式在不同雷诺数下的对比。

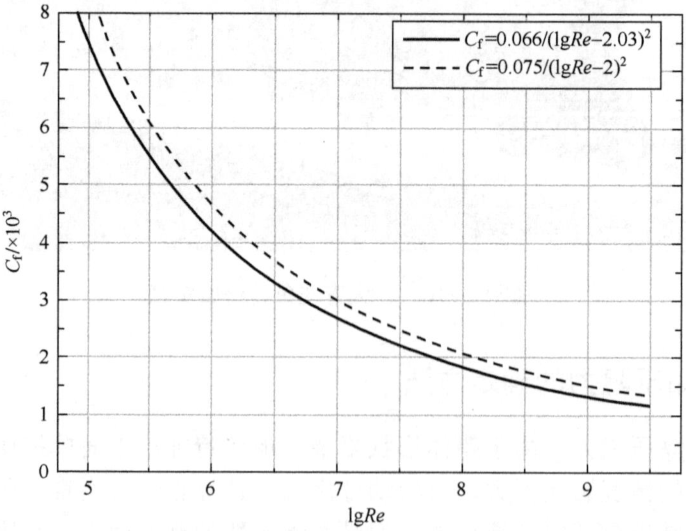

图 2-2-11 休斯公式与 ITTC-57 公式在不同雷诺数下的对比

可见，在全雷诺数范围内，休斯公式计算得到的摩擦阻力系数都比 ITTC–57 公式的计算结果要略低。

黏压阻力系数 C_{pv} 在实质上就是反映实际三维船体表面的黏性阻力（包括摩擦阻力与黏压阻力）与同等特征长度、同等面积、同等速度的二维光滑平板黏性阻力（此时只包含摩擦阻力）的差值，这个差值是由船体三维外形引起的，主要是黏压阻力，还包含船体的曲率对摩擦阻力的影响，但黏压阻力占绝大部分。

需要指出的是，黏压阻力是压差形成的，摩擦阻力是切应力形成的，休斯提出的公式中是用形状阻力描述，应该更准确，因为形状阻力是指由外形特征导致的压差阻力和摩擦阻力的变化量之和，本书为了表达的统一，沿用黏压阻力的称呼。

图 2–2–12 所示为休斯对船模阻力试验数据的处理。休斯认为，舰船的兴波阻力占总阻力的比重随着航速的提高而迅速增加，当船模的速度很低时，如果船模的兴波阻力小到可被忽略，总阻力系数 C_t 就等于摩擦阻力系数加上黏压阻力系数，就如图 2–2–12 中的 A 点对应的总阻力系数的大小用 AC 表示，摩擦阻力系数用 BC 表示，对于一定的船模，速度越低则雷诺数越小，根据摩擦阻力系数计算公式，摩擦阻力系数随着雷诺数的减小而增大，若速度低到兴波阻力可以忽略，则 AB 就表示黏压阻力系数的大小。

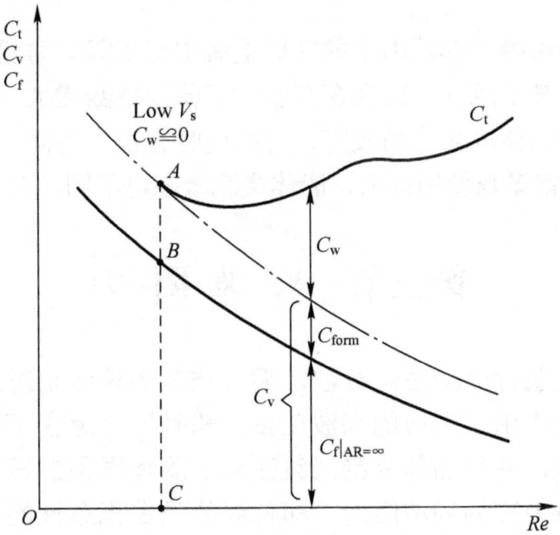

图 2–2–12　船模阻力试验数据的处理

$$\frac{\overline{AC}}{\overline{BC}}=\frac{C_v}{C_f}=\frac{C_f+C_{pv}}{C_f}=1+\frac{C_{pv}}{C_f} \tag{2-2-6}$$

$$K=\frac{C_{pv}}{C_f} \tag{2-2-7}$$

$$\frac{\overline{AC}}{\overline{BC}}=1+k \tag{2-2-8}$$

式中：k 为黏压阻力系数与摩擦阻力系数的比值；$1+k$ 为形状因子。形状因子被认为不随速度而变化，并且实船与缩尺船模的形状因子是相等的。所以，如果能确定舰船的形状因子（1+k），舰船在某一航速下的摩擦阻力系数通过摩擦阻力系数计算公式获得后，就可以很方便地计算出黏压阻力系数 C_{pv} 和黏性阻力系数 C_{v}。

可见，确定黏压阻力系数的关键是先要确定形状因子，如果形状因子（1+k）不随航速的变化而改变，也不随船模尺度大小的变化而改变，而随着速度的降低，舰船的兴波阻力持续减小，那么可以认为：

$$1+k=\lim_{Fr\to 0}\frac{C_{\mathrm{t}}}{C_{\mathrm{f}}} \tag{2-2-9}$$

形状因子（1+k）的确定还可以通过普鲁哈斯卡法进行。普鲁哈斯卡法是针对缩尺船模开展傅汝德数在 0.1～0.2 范围内的船模阻力试验，并计算各速度下船模的摩擦阻力系数，然后将试验结果拟合绘制成 C_{f} 随 Fr 线性变化的直线，在图 2-2-12 上直线的截距就是该船模的形状因子（1+k），也是对应实船的形状因子。

需要注意的是，这种形状因子的确定方法对于方尾舰船和船体上有非顺流向安装附体情况下的实船阻力预报可能会带来误差。因为对于当速度不高时方尾舰船的方尾后部存在流动分离和漩涡，船体上非顺流向安装附体后部也存在漩涡，这类漩涡形成的黏压阻力系数是与舰船的尺度有关系的，所以当用缩尺船模的形状因子替代实船的形状因子时会有误差。

另外，普鲁哈斯卡法确定形状因子的前提是假定形状因子与船模的速度无关，这个前提假设在高航速时也许难以成立。因为在高航速下傅汝德数增大，舰船或船模的航态发生变化，存在船体吃水和船体纵倾角的改变，与低速时有很大不同，并且从雷诺数的角度来看，高航速与低航速的雷诺数差别很大，船体绕流流态也不同，会影响 1+k 的取值。

第三节　兴 波 阻 力

水面舰船在海洋上航行会产生船行波。船行波是船体运动对水表面造成扰动，这种扰动在重力和惯性力的作用下形成的兴波现象。船行波中蕴含了势能和动能，兴波的波能消耗了船前进的能量，并且船体周围兴波改变了船体周围的压力场，导致船体的阻力增大，增大的这部分阻力称为兴波阻力。即使舰船是在无黏性的水和无黏性的空气界面上航行，也会有兴波现象，并产生兴波阻力。

一、关于水波的一般知识

静水面受到扰动就会发生垂向的位移，偏离原静水面，这种位移在重力和回复力的作用下形成往复振荡，这就是可观察的起伏的波面。

这种扰动可以在水面之下产生，也可以在水面之上产生，还可以就处于水面产生。

从微观上看，水波是水面及水面下水质点轨圆运动的综合表现（图 2-3-1）。对于同一波面上的水质点，P_1，P_2，P_3，…，P_i，其轨圆运动的半径是一样的，并且圆心都是在静水面上。

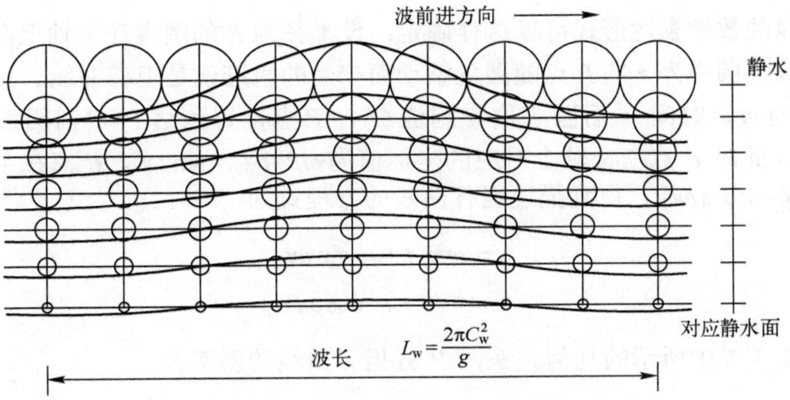

图 2-3-1　水质点的轨圆运动

质量为 dm 的水质点在做轨圆运动时，受到的力分别是重力 dmg 和离心力 d$m\cdot\omega^2 r$，重力 dmg 的大小和方向是不变的，离心力的大小不变，方向取决于水质点在轨圆运动过程中的相位，P_1 至 P_5 均匀地相差 $\pi/4$ 相角。假设水质点不能受切向力的作用，则重力与离心力的合力方向只能垂直于波面。当各个水质点做逆时针轨圆运动时，则到下一时刻，P_1 将从波峰处下来，P_2 会向波峰位置运动，P_3 将向 P_2 所处的相位运动，依次运动，波浪就从左向右传播推进。如图 2-3-3 所示，这种表面波形可以用数学中的坦谷曲线表示，所以称为坦谷波。

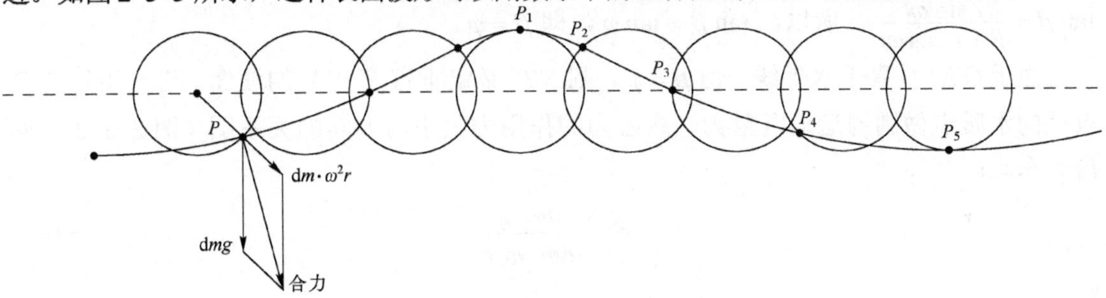

图 2-3-2　水质点做轨圆运动的受力

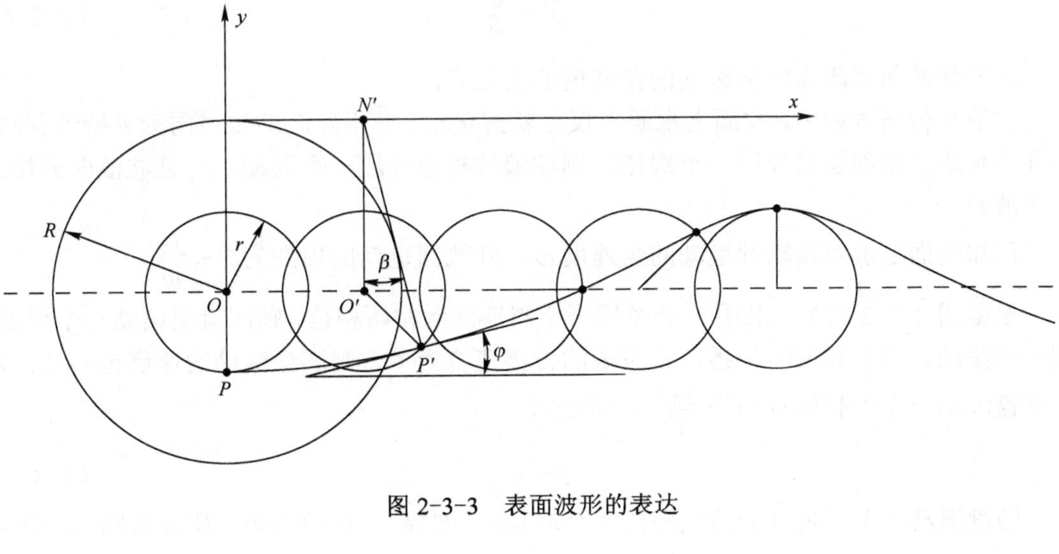

图 2-3-3　表面波形的表达

坦谷曲线的数学表达形式可以这样确定：设半径为 R 的圆盘在 x 轴上向右滚动，在圆盘上距离圆盘圆心为 r 的 P 点随圆盘滚动而产生的轨迹就是坦谷曲线。设圆盘滚动过程中的转速为 ω，时间 t 后圆心位置到达 O'，P 点位置到达 P'，则圆盘滚动的距离 $OO' = \omega R \cdot t$，此时 P 点在 x 轴上对应的坐标值为 $\omega R \cdot t + r \cdot \sin \omega t$，$P$ 点在 y 轴上对应的坐标值为 $-(R + r\cos \omega t)$，得到描述坦谷曲线的方程式为

$$x = \omega R \cdot t + r \cdot \sin \omega t \tag{2-3-1}$$

$$y = -(R + r \cdot \cos \omega t) \tag{2-3-2}$$

根据图 2-3-3 中所示的几何关系，P' 处坦谷曲线的斜率为

$$-\frac{\mathrm{d}y}{\mathrm{d}x} = \frac{\frac{\mathrm{d}y}{\mathrm{d}t}}{\frac{\mathrm{d}x}{\mathrm{d}t}} = -\frac{\omega r \sin \omega t}{\omega R + \omega r \cos \omega t} = -\frac{r \sin \omega t}{R + r \cos \omega t} \tag{2-3-3}$$

设过 P' 点的坦谷曲线切线与水平线的夹角为 φ，则有

$$\tan \varphi = -\frac{r \sin \omega t}{R + r \cos \omega t} \tag{2-3-4}$$

作过 O' 的垂线与 x 轴相交与 N'，连接 N' 与 P'，根据 P' 的坐标，依几何关系有 $\tan \beta = \dfrac{r \sin \omega t}{R + r \cos \omega t}$，所以，$\tan \beta = \tan \varphi$，即 $\beta = \varphi$。

由于 $O'N'$ 垂直于水平线，但 $\beta = \varphi$，则 $N'P'$ 必定垂直 P' 点处的波面。进一步结合 P' 点处的水质点做圆周运动时重力、离心力的作用力大小与方向的关系图（图 2-3-3），可得关系式：

$$\frac{R}{r} = \frac{\mathrm{d}m \cdot g}{\mathrm{d}m \cdot \omega^2 r} \tag{2-3-5}$$

即

$$\omega^2 = \frac{g}{R} \tag{2-3-6}$$

这就是波面水质点轨圆运动的角速度的表达式。

波浪在传播过程中，波面上水质点仅做轨圆运动，并不随波浪传播向远处持续移动。波面上水质点轨圆运动经历一个周期，则波浪传播也经历一个周期，并且波浪向前推进一个波长。

已知波面上水质点轨圆运动的角速度 ω，则轨圆运动的周期为 $T = \dfrac{2\pi}{\omega}$。

根据图 2-3-3 可知，水质点 P 经历一个周期回到初始相位，则圆盘要滚动一个周长，圆盘的滚动相当于波浪的传播，设波浪的传播速度为 C，则圆盘滚动的速度也为 C，那么圆盘滚动一个周长的时间为 $\dfrac{2\pi R}{C}$，所以有

$$C = \omega r \tag{2-3-7}$$

圆盘滚动一个周长等于波浪经历一个波长 λ。波幅 A 是指波面水质点轨圆运动的半

径 r，波高 H 是波面水质点最高点与最低点的差值，对于规则波：

$$A = r \tag{2-3-8}$$

$$H = 2A \tag{2-3-9}$$

$$\lambda = 2\pi R \tag{2-3-10}$$

$$C = \omega R = \frac{\lambda}{2\pi}\omega \tag{2-3-11}$$

$$\omega^2 = \frac{2\pi g}{\lambda} \tag{2-3-12}$$

$$C = \sqrt{\frac{g}{2\pi}\lambda} \approx 1.25\sqrt{\lambda} \tag{2-3-13}$$

以上讨论的是波面处水质点的运动和波浪的传播，在波面以下的水质点同样也做同周期的轨圆运动，不过水质点轨圆运动的半径随水深的增加呈指数级衰减，有

$$r = A \cdot \mathrm{e}^{-\frac{z}{A}} \tag{2-3-14}$$

式中：z 为波面上的水质点到水面的距离（m）；A 为波幅（m）。

下面对表达波浪的各要素及各要素之间的关系作统一说明。

其中，λ 为波长（m）；C 为波速（m/s）；T 为波浪周期（s）；ω 为波浪圆频率（1/s）；H 为波高（m）。

波长与波速的关系式为

$$C = \sqrt{\frac{g\lambda}{2\pi}} \tag{2-3-15}$$

波长与周期的关系式为

$$T = \sqrt{\frac{2\pi\lambda}{g}} \tag{2-3-16}$$

波长与圆频率的关系式为

$$\omega = \sqrt{\frac{2\pi g}{\lambda}} \tag{2-3-17}$$

波速与周期的关系式为

$$T = \frac{2\pi C}{g} \tag{2-3-18}$$

波速与圆频率的关系式为

$$\omega = \frac{g}{C} \tag{2-3-19}$$

二、舰船的兴波现象

舰船在海面上航行，所兴起的波浪是非常显著的。早在 1904 年，开尔文就研究了水面上一个移动的压力点引起表面波浪图案的问题。研究结果表明，移动压力点后产生的

波系包括横波系和散波系，横波系呈圆弧形，与压力点运动的方向基本垂直，散波系分布于两侧，与压力点运动方向斜交，横波系波峰与散波系波峰相交成尖角，波浪的传播限制在尖角连线形成的扇形区域内，扇形顶角为$2\theta = 2\times 19^\circ\ 28' = 38^\circ\ 56'$。此波系称为 Kelvin 波系（图 2-3-4）。

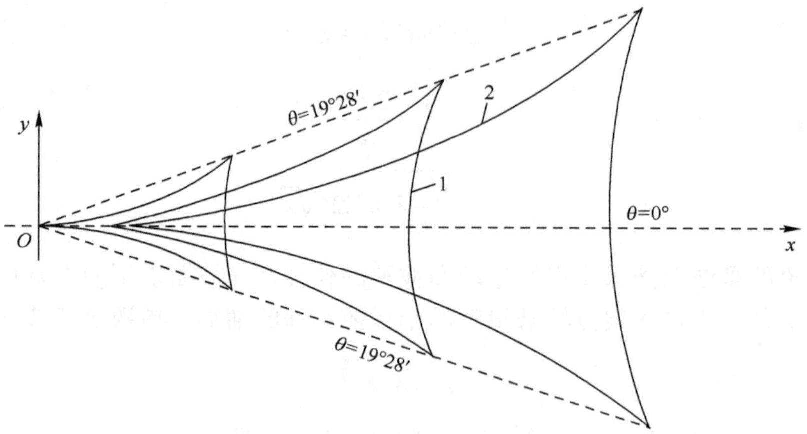

图 2-3-4　Kelvin 波系

1—横波；2—散波。

Kelvin 波系随压力点一起运动，即波的传播速度 C 与压力点运动的速度相同，根据波速与波长的关系可以推理得到

$$C = \sqrt{\frac{g\lambda}{2\pi}} \tag{2-3-20}$$

波系在传播扩散的过程中，波高迅速减小，这是由于在传播过程中波浪的范围扩大，但波浪的能量要保持一定，则波高必定减小。并且 Kelvin 波系中横波的能量大于散波的能量，速度越高则差别越明显。

对于在水面上运动的舰船而言，船首与船尾水流速度下降、水压力增大，船中部水流速度增大、水压力减小，船首尾压力变化剧烈，中部压力变化相对平缓，舰船运动过程中，每处的压力变化都相当于移动的压力点，都会引起波系，由于船首尾压力变化剧烈，所以首波系和尾波系最明显，可分为首横波、首散波和尾横波、尾散波（图 2-3-5）。首横波从船首柱后处以波峰开始；尾横波从尾柱前以波谷开始。同一波系中散波波段中点的连线基本是一条直线，并且该直线与船体运动方向的夹角 φ 为 18°～20°之间，各散波段与船体运动方向夹角约为 2φ（36°～40°）。各波系的横波波段在本波系散波波段之内，且随扇面宽度的扩展横波波段也扩展但波高减小。波系在传播过程中，各散波之间以及散波与横波之间不发生干扰，但各波系的横波之间会发生相互干扰。舰船在海面上航行产生兴波图像（图 2-3-6），船后的横波波系是首横波系与尾横波系相互干扰后的结果。

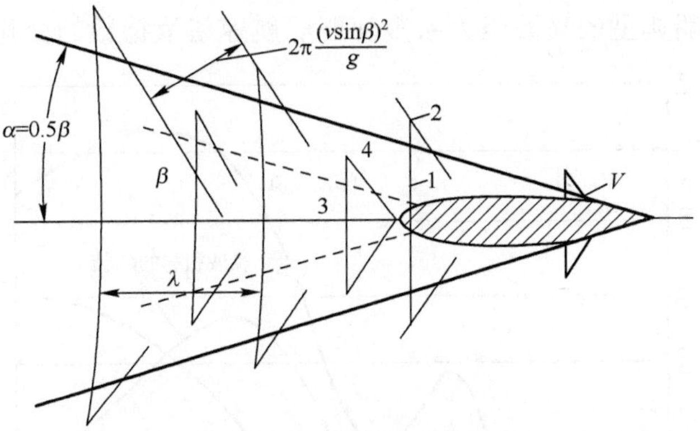

图 2-3-5　船兴波图形示意图

1—首横波；2—首散波；3—尾横波；4—尾散波。

图 2-3-6　船兴波图像

船体产生兴波后，与无兴波状态相比，船体前部处于波峰区域，表面水压力提高，船体后部处于波谷区域，表面水压力降低，导致船体阻力增大。从能量的角度看，船体引起的横波系和散波系都蕴含能量，其能量来自船体对水流做的功，所以船体对水流要有额外的力的作用，根据作用力与反作用力原理，水流对船体也有附加的阻力。这是舰船兴波阻力产生的原因。

舰船兴波阻力一般用 R_w 表示；与摩擦阻力系数、黏压阻力系数的表达式类似，兴波阻力系数 C_w：

$$C_w = \frac{R_w}{\frac{1}{2}\rho V^2 S} \tag{2-3-21}$$

舰船的兴波是重力波，前面通过量纲分析法已证明，几何形状一定的舰船，其兴波阻力系数只与舰船的傅汝德数相关，傅汝德数表达式为

$$Fr = \frac{V}{\sqrt{gL}} \tag{2-3-22}$$

图 2-3-7 为舰船典型的兴波阻力系数随舰船航速傅汝德数的变化曲线。

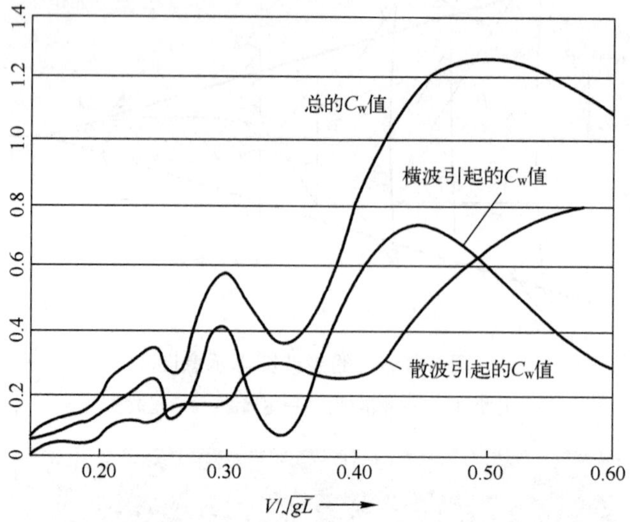

图 2-3-7　舰船典型的兴波阻力系数随舰船航速傅汝德数的变化曲线

可见，当傅汝德数很小时，兴波阻力系数很小；随着傅汝德数增大，兴波阻力系数曲线呈现出峰谷现象；当傅汝德数增大到 0.50 附近时，兴波阻力系数达到峰值；傅汝德数继续增大，兴波阻力系数会逐渐减小。

图 2-3-7 显示出傅汝德数（舰船航速）对兴波阻力和兴波阻力系数有较为复杂的影响。根据舰船航速与兴波波长的表达式为

$$\lambda = \frac{2\pi}{g} V^2 \tag{2-3-23}$$

可知，舰船的航速增大，船体压力变化强烈，导致船体兴波波长随航速成平方增大，波高也增大。

图 2-3-8 为不同航速舰船的兴波波形，三幅图的对比也证实了航速对兴波波高和波长影响规律的正确性。

(a)

(b)

(c)

图 2-3-8　不同航速舰船的兴波

（a）低速航行舰船；（b）中速航行舰船；（c）高速航行舰船。

三、舰船兴波干扰

由于舰船船体首部波系中横波系向后传播到达船尾时，会与船体尾部波系中横波发生相互干扰，那么不同的首部横波波长、不同的船长就会对这种相互干扰的具体情况产生影响。

两种最极端的情况是：因为船体尾横波在尾柱总是处于波谷，所以当首横波传播到船体尾柱处也是波谷时[图 2-3-9（a）]，那么船后合成的横波波系得到加强，合成的横波波高增大，兴波能量增强，船体的兴波阻力增大。若当首横波传播到船体尾柱处是波峰时[图 2-3-9（b）]，那么船后合成的横波波系会削弱，合成的横波波高减小，兴波能量降低，船体的兴波阻力变小。

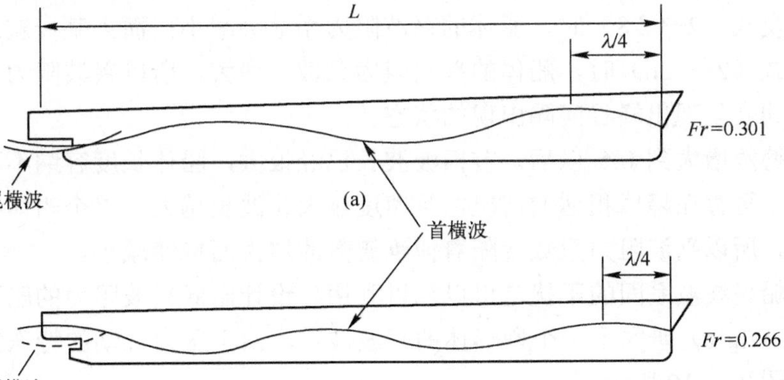

图 2-3-9　舰船的兴波干扰示意图

船体首部横波传播到船体尾部时到底是处于波峰、波谷、还是其他状态，取决于首部横波波长与船长的关系。

对不同船舶兴波波形的观测分析表明，船体首波系横波第一个波峰与船体尾波系横波第一个波峰之间的距离可表示为：mL，这个距离 mL 称为兴波长度，其表达式为

$$mL = C_{\mathrm{P}}L + \frac{3}{4}\lambda \tag{2-3-24}$$

式中：C_{P} 为船体纵向菱形系数。

显然当首波系横波传播 mL 的距离后恰好是波峰状态，则会与尾波系横波的波峰相遇，合成波系波峰加强，兴波阻力增大。这就要求兴波长度 mL 的距离为兴波波长的整数倍，即

$$mL = nL \quad (n = 1,2,3,\cdots) \tag{2-3-25}$$

此时，有

$$C_{\mathrm{P}}L = \left(n - \frac{3}{4}\right)\lambda \quad (n = 1,2,3,\cdots) \tag{2-3-26}$$

当首波系横波传播 mL 的距离后恰好是波谷状态，则与尾波系横波的波峰相遇时呈现峰谷减弱的合成波系，兴波阻力降低。这就要求兴波长度 mL 的距离为兴波半波长的整数倍，即

$$mL = n\lambda + \frac{1}{2}\lambda \quad (n = 1,2,3,\cdots) \tag{2-3-27}$$

此时，有

$$C_{\mathrm{P}}L = \left(n - \frac{1}{4}\right)\lambda \quad (n = 1,2,3,\cdots) \tag{2-3-28}$$

前面描述已经说明，舰船首横波波长随着航速的增加而增大，当某一航速对应的波长与船长满足式（2-3-28）时，船体的兴波阻力系数会减小；而当某一航速对应的波长与船长满足式（2-3-26）时，船体的兴波阻力系数会增大，所以兴波阻力系数随傅汝德数的变化曲线会呈现出峰谷间隔出现的状态。

当傅汝德数增大到 0.5 以后，首横波波长已经很大，船体长度容纳不下一个首横波波长，因此不再存在峰峰相遇的情况，且速度越大、波长越大，整个船体都不会落入首横波的谷区，所以兴波阻力系数会随着傅汝德数的增大而持续减小。

对于舰船兴波波系间的干扰是可以加以利用、设计出低兴波阻力的船型的。1930—1931 年间，Wigley 研究了一个楔形体的兴波波系，由于压力扰动的特殊性，得到了 4 组波系，如图 2-3-10 所示。

控制舰船首横波与尾横波的干扰对于减小舰船的兴波阻力有重要意义。对于舰船船型设计也可以采用兴波有利干扰的思想进行船型优化，获得在关注的航速范围内能明显减小兴波阻力的优良船型。

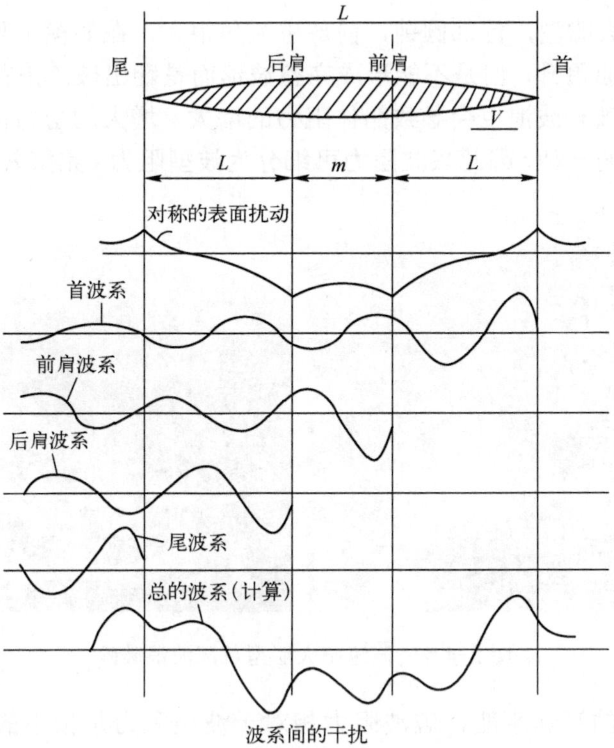

图 2-3-10　楔形体的兴波波系

第四节　破 波 阻 力

对于首部尖瘦的高速舰船，在船模阻力试验中观察到的首部兴波的波形一般较为完整，但是实船在海面上高速航行时能非常容易看到船首兴波波峰处波浪的破碎（图 2-4-1）。

图 2-4-1　船模首部波形与实船首部兴波状态的比较

（a）船模首部波形；（b）实船首部兴波状态。

如果是低速肥大船型，首部圆钝，前部进流角很大，在船模试验和实船航行中都会观察到首部附近水面抬升，但是不能形成完整波形而是翻出破碎浪花（图 2-4-2）。这种在船体首部兴起的破碎波浪也会导致船体阻力的增大，增大的阻力称为破波阻力。破波阻力也是兴波阻力的一种，因此兴波阻力可细分为波型阻力（完整兴波波形导致的阻力）和破波阻力。

图 2-4-2　低速肥大船型首部波浪破碎

对于首部尖瘦的高速舰船，破波阻力相对于波型阻力是极小的，但对于低速肥大船型，破波阻力非常显著并受到研究者的关注。从现象上看，低速肥大船首部进水角大且首柱陡直，水流经过船首部时遭受严重堵塞，会在较大的范围内产生低水速高水压区域，促使水面明显抬升，形成既高且陡的首波峰，并且此时波面运动不再是简单的水质点轨圆运动方式，而会出现波峰的翻卷、水流的回旋、空气吸入等复杂的非线性现象，导致船首兴波波浪的破碎（图 2-4-3），并影响船体周围的水流和船体尾流，从而产生破波阻力。

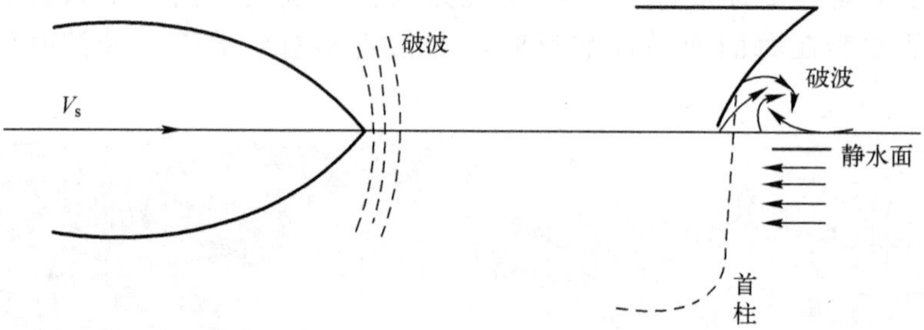

图 2-4-3　首部波浪破碎示意图

首部波浪破碎会影响到船体尾流（图 2-4-4）。破波阻力很小的尖瘦船型尾流与破波阻力较大的肥大船型尾流有明显的差异，经尾流测量表明，尖瘦船型的尾流压力变化仅在船宽范围内（A_0 区域），而肥大船型在较大速度下尾流压力变化区域扩展到船宽外一定范围（A_1 区域），形成了主尾流区（A_0 区域）与次尾流区（A_1 区域），并且次尾流区的宽度随傅汝德数的增大会变宽。

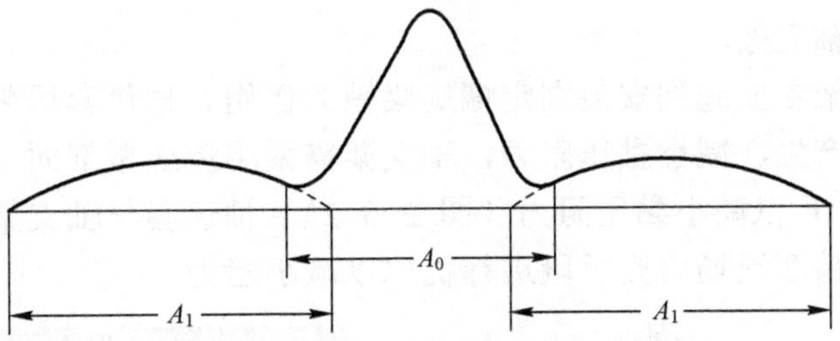

图 2-4-4　首部波浪破碎对船体尾流的影响

第五节　附 加 阻 力

根据图 1-2-3 对舰船阻力成分的划分，舰船航行过程中受到的阻力除了有裸船体的摩擦阻力、黏压阻力和兴波阻力之外，还有附体阻力、空气阻力，以及遭遇恶劣海况时的波浪增阻。舰船的附体阻力、空气阻力、波浪增阻都属于舰船的附加阻力。

一、附体阻力

舰船的附体是安装在裸船体表面之外、伸入水中且有特定用途的附属物。例如：用于减小船体摇摆的减摇鳍、舭龙骨；用于操纵舰船机动的舵；用于固定螺旋桨轴的轴支架、轴包套；等等。螺旋桨是舰船的推进器，不属于舰船附体。

各种附体与水接触，附体随船体在水中运动时就会产生阻力，由于附体都安装于船体舭部或底部，吃水较深，并且附体尺度相对于船体很小，所以不考虑附体的兴波阻力而主要考虑摩擦阻力和黏压阻力。不同的附体外形特点不同、尺度大小不同，阻力特性也不一样。

（1）舭龙骨。

舭龙骨一般布置在船中区域的舭部，长度为船长的 1/3～1/2，舭龙骨的宽度在保证减横摇效果的同时，应不超出船体轮廓以外以免被碰伤。为了减小黏压阻力，舭龙骨一般都是顺船体绕流流线安装，此时恰当安装的舭龙骨阻力主要是摩擦阻力。摩擦阻力随浸湿表面积（与舭龙骨的长度与直接宽度相关）的增大而增大，一般地，舰船的舭龙骨阻力占裸船体总阻力的 1%～3%，可用舭龙骨相当平板摩擦阻力的 5/3 计算（图 2-5-1）。

图 2-5-1　船体上的舭龙骨

（2）轴包套与轴支架。

轴包套与轴支架主要起到安装固定螺旋桨轴的作用。轴包套尽量沿船体绕流流线布置以减少壁面漩涡产生、减小黏压阻力，轴支架需采用流线型剖面，并且剖面的方位应保证来流的攻角为 0° 以减小黏压阻力（图 2-5-2）。轴包套与轴支架的线型设计与安装布置可以结合舰船精细流场研究手段进行优化以减小阻力。

图 2-5-2　舰船进坞后露出的轴支架

（3）舵。

用于操纵舰船机动的舵面都是布置在舰船尾部，以增大舵上法向力对于舰船的操纵力臂，有的舵安装在螺旋桨后方以提高来流速度增加舵效。船尾的舵在水中会产生舵上的摩擦阻力与黏压阻力，舵的剖面形状一般都采用水动力性能优良的 NACA 翼型，若来流攻角为 0°，则舵的黏压阻力较小，舵的总阻力可用等浸湿面积的相当平板摩擦阻力的 1.5 倍计。但是船体尾流和螺旋桨尾流会对舵的阻力产生很大的影响。在螺旋桨后方的舵会遭遇螺旋桨的周向旋转且轴向加速尾流，阻力会明显增大；而对于一些尾部流线差、黏压阻力较大的船舶，恰当设计与安装的舵可以起到整流的效果并减小船体的黏压阻力，此时舵上阻力的增量可与船体黏压阻力减小的部分相抵消（图 2-5-3）。

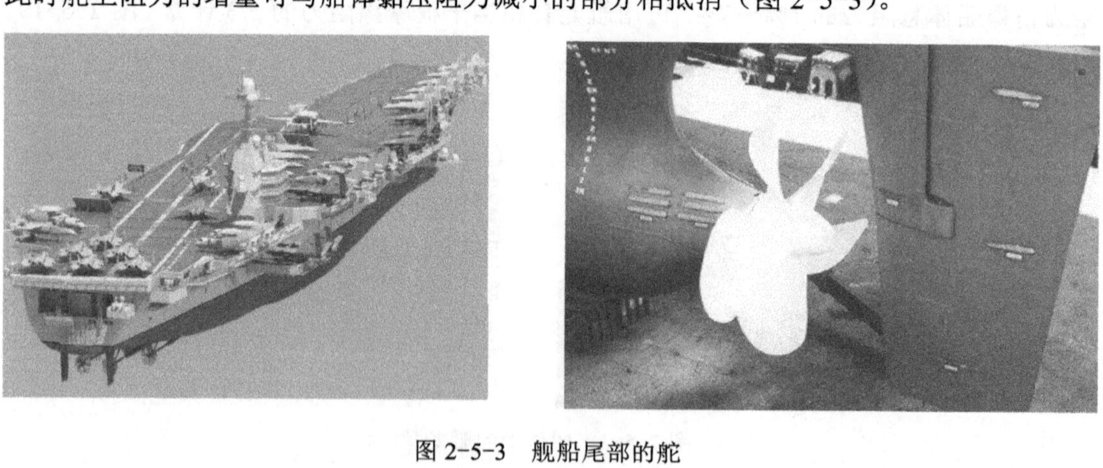

图 2-5-3　舰船尾部的舵

由于舰船各类附体阻力的精确计算十分困难，可以采用经验方法对舰船的附体阻力进行估算。一般认为：

对于单螺旋桨低速船舶，附体阻力为裸船体阻力的 2%～5%；

对于双螺旋桨低速船舶，附体阻力为裸船体阻力的 7%～13%；

对于双螺旋桨高速船舶，附体阻力为裸船体阻力的 8%～15%。

需要注意的是，对于潜艇，其主体为类回转体外形，其附体有指挥台围壳、首舵或围壳舵、尾垂直舵、尾水平舵、稳定翼及各种突出体，并且许多附体的尺度很大，所以潜艇的附体阻力在总阻力中的比重要大得多。

二、空气阻力

舰船航行时遭受的空气阻力是相对于水阻力而言的。在海上运动的舰船与水接触的部分会遭遇水阻力，与空气接触的部分会遭遇空气阻力。水阻力可以细分为摩擦阻力、黏压阻力、兴波阻力、附体阻力等，其实空气阻力按成因也可进一步细分，但是由于空气的密度只有水密度的约 1/1000，所以舰船的空气阻力相对于水阻力很小，无再细分的必要。

此外，还需要注意的是，由于风压的作用，运动的舰船可能会出现横倾或者偏离既定航向的现象，横倾现象会导致船体水阻力增大，为了纠正舰船的偏航要操舵以保证航向也会产生额外的水阻力，这些都是由于风的作用产生的附加水阻力。

对于军用水面舰船或者民用海洋船舶，水线面以上的船体和上层建筑比水线面以下的船体和附体要大得多，尽管舰船与空气接触的面积远大于与水接触的面积，但是空气阻力远小于水阻力，所以对于水下部分的船体和附体，在设计和安装布置时都有严格的减小运动阻力的要求，而对于水线面以上部分船体和上层建筑，在设计过程中不用遵照低阻力的要求，更多的是服务于使用和功能的需要来选择外形。由于舰船上层建筑并非采用低阻力流线型设计，绕流场流线紊乱，产生大量漩涡，所以舰船的空气阻力主要是黏压阻力。

舰船的空气阻力主要与舰船相对于空气速度的大小、舰船的受风面积、受风部分的形状等因素相关，空气阻力可以采用类似于水阻力的计算表达式来计算：

$$R_a = C_a \frac{1}{2} \rho_a V_a^2 A \tag{2-5-1}$$

式中：R_a 为空气阻力（N）；C_a 为空气阻力系数；ρ_a 为空气的密度（kg/m^3）；A 为船体水线面以上部分在横剖面上的投影面积（m^2）；V_a 为舰船相对于空气速度大小（m/s）。

舰船的航速为 V_s、风速为 V_w，若舰船顺风航行，则舰船相对于空气速度大小为 $V_s - V_w$；若舰船逆风航行，则舰船相对于空气速度大小为 $V_s + V_w$。设 φ_a 表示风向与船体纵向的夹角，称为风向角，则有

$$V_a = V_s + V_w \cdot \cos\varphi_a \tag{2-5-2}$$

由于海面上的风大小和方向都是极不稳定的，因此此处的风速与风向只能取平均值。并且，海面上的风速受到海面边界层的影响，其速度大小会随离海面高度的不同而变化。

由于海面上真实风的复杂性，所以准确得到舰船的空气阻力系数是困难的，目前主要是通过风洞中稳定风速下舰船水线面以上部分缩尺模型的测力试验来确定的，并且风洞试验段中风速也会受到边界层的影响。

试验表明，舰船的空气阻力系数 C_a 随风向角变化规律大致如图 2-5-4 所示，一般地，空气阻力的峰值出现在迎风 30° 相对风向角处，比完全逆风时的空气阻力稍大。空气阻力受上层建筑形式的影响很大，不同舰船的空气阻力系数及其具体的变化规律细节是不尽相同的。

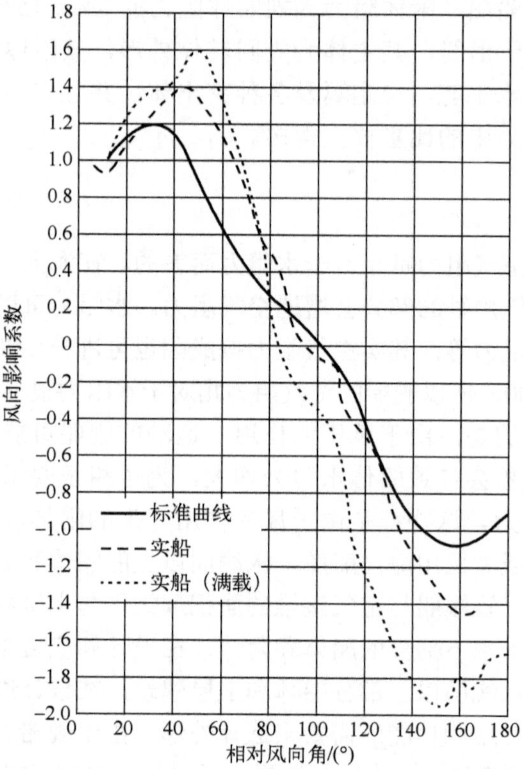

图 2-5-4　风向角对舰船空气阻力系数的影响

如果为了与水阻力表达式统一形式，并方便对空气阻力与水阻力进行比较，取空气阻力系数的表达式为

$$C_{AA}=\frac{R_a}{\frac{1}{2}\rho_a V_a^2 S} \tag{2-5-3}$$

则空气阻力 R_a 为

$$R_a=\frac{1}{2}\rho_a V_a^2 S C_{AA} \tag{2-5-4}$$

式中：S 为船体的浸湿面积（m^2）。

一般舰船的空气阻力系数 C_{AA} 在 0.1×10^{-3} 左右，对于特殊的舰船（如气垫船、地效应船），其空气阻力很大，需要专门分析研究。

三、波浪增阻

海洋上的风浪是十分常见的自然现象，舰船遭遇风浪时的阻力与静水阻力相比，除了会增加空气阻力还会产生波浪增阻。

波浪增阻的主要来源有三个方面：

（1）在波浪中航行的舰船会发生摇荡运动（图 2-5-5），船体在波浪中的摇摆运动是六自由度运动，包括横摇、纵摇、首摇和纵荡、横荡、垂荡。舰船由于摇荡运动激起的波浪与海上的波浪相互干扰会导致船体的阻力增大，特别是当船体迎浪航行发生大幅度的纵摇和垂荡时这部分增阻非常明显。

图 2-5-5　风浪中航行的舰船

（2）舰船在发生摇荡运动时，船体始终是绕着平衡位置做周期性振荡，一直是偏离正常稳定的航行状态，此时的阻力必然大于静水时稳定运动的船体阻力，且船体摇摆幅度越大阻力的增加也越大。

（3）海上的波浪遭遇船体时，船体会反射波浪，船体对波浪的反射要消耗船体前进的能量，这种现象也会导致船体阻力的增大。

从波浪增阻的主要来源的分析不难看出，舰船波浪增阻主要取决于环境因素和自身因素。所谓环境因素就是海浪的大小，一般认为舰船波浪增阻正比于浪高的平方；所谓自身因素就是舰船在波浪中的摇摆幅度，主尺度相当的舰船，若耐波性好、在波浪中的运动响应低，则其波浪增阻一定小。

由于海上真实的海浪是不定常的、不规则的，舰船遭遇的海浪浪高和周期也是变化的，所以舰船在海浪中的波浪增阻是不稳定的（见图 2-5-6）。

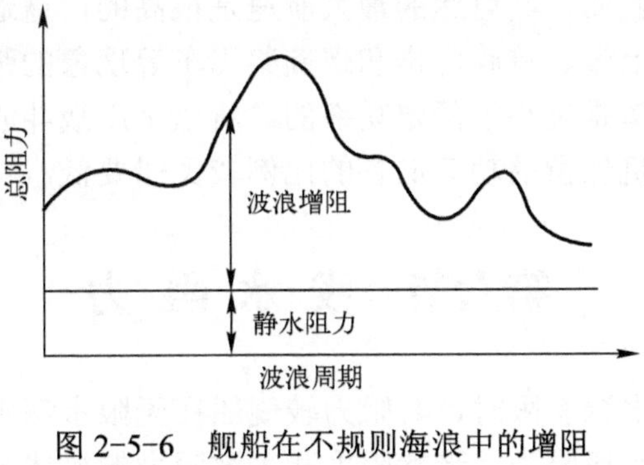

图 2-5-6　舰船在不规则海浪中的增阻

舰船的波浪增阻会给在海浪中航行舰船的航速和主机输出功率带来影响。如果海况较好、船体运动响应小、波浪增阻不大，舰船可以维持既定的航速航行，但此时主机的输出功率必然增大以克服由于波浪增阻消耗的能量，这就要求主机留有足够的功率储备；如果海况恶劣，船体发生较大幅度运动响应，波浪增阻明显增加，此时主机功率储备不够，那么舰船必然被迫降低航行速度，称为名义失速。另外，即使主机功率储备是足够的，但是高速航行的舰船在恶劣海况下发生了严重的甲板上浪、船底波浪砰击、螺旋桨出水飞车等现象，会对舰船产生破坏性后果，此时也要主动降速以保护舰船，称为主动失速。

四、附加阻力的处理

对于附体阻力、空气阻力和波浪增阻对舰船阻力和有效功率的影响，在舰船设计中的处理方式是：

（1）将附体阻力和空气阻力和静水阻力叠加在一起作为舰船的总阻力，用于确定舰船在不同航速下航行时的有效功率。

$$P_{\text{et}} = P_{\text{eb}}(1 + k_{ap} + k_{\text{aa}}) \tag{2-5-5}$$

式中：P_{eb} 为裸船体在静水中航行的有效功率；k_{ap} 为附体阻力比例系数；k_{aa} 为空气阻力比例系数；P_{et} 为实船静水有效功率（W）。

（2）将波浪增阻部分在舰船主机的储备功率中予以适当考虑。一般的民用船舶有所谓的主机正常连续输出功率（normal continuous rating，NCR）和最大连续输出功率（maximum continuous rating，MCR）的概念。最大连续输出功率 MCR 为主机的额定功率，正常连续输出功率 NCR 为进行船舶快速性设计所用的功率。对于选定的船舶主机，最大连续输出功率 MCR 就是一定的，进行船舶快速性设计（包括螺旋桨设计与选型、船舶最大航速预报等）都是使用正常连续输出功率 NCR，而正常连续输出功率 NCR 一般只取最大连续输出功率 MCR 的 85%或者更低，最大连续输出功率 MCR 与正常连续输出功率 NCR 之间的差值就是保留的储备功率。当然储备功率不仅仅是应对船舶在风浪中的增阻，长期航行船舶的表面附着生长海生物导致的污底增阻、主机老化导致的输出功率降低、螺旋桨在风浪中效率下降等因素也在储备功率中一并考虑。

对于高速军用战斗舰船，其可达的最大航速是很高的，遭遇十分恶劣的海况时往往会主动降速，减小甲板上浪、首底砰击和螺旋桨飞车等现象的强度和概率以保护舰船，降速以后主机的输出功率是远小于额定功率的。所以军用战斗舰船以最大航速指标进行快速性设计时，选定主机保留的功率储备的比例较民船要低。

第六节　浅 水 阻 力

当舰船航行的水域水深有限时，其阻力较舰船在无限水深水域中航行时阻力有较大的差别。前面关于舰船摩擦阻力、形状阻力和兴波阻力的描述中都不涉及水深的影响，本节进行水深对舰船阻力的影响分析。

早在 1899 年，A.Rasmussen 船长就对“沙布约能”号鱼雷艇进行了在不同水深航道上航行时主机输出功率的对比测试，其中三种典型水深下航速与主机输出功率的曲线如图 2-6-1 所示。

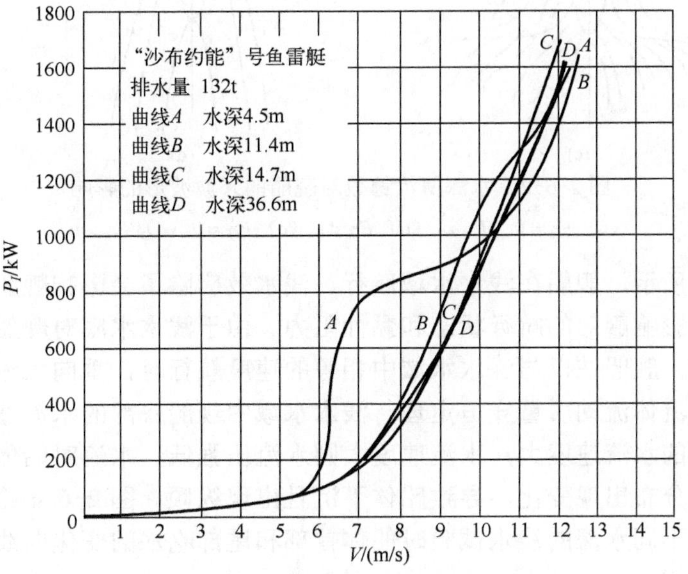

图 2-6-1　舰船在波浪中的增阻

可见，舰船在有限水深区域航行时，其阻力会受到浅水效应的影响，舰船的浅水阻力变化规律与水深深度和舰船航速相关。为了便于分析浅水阻力受舰船航速和水深深度的变化规律，定义舰船水深傅汝德数：

$$Fr_h = \frac{V_s}{\sqrt{gh}} \tag{2-6-1}$$

式中：V_s 为舰船航速（m/s）；g 为重力加速度（m/s^2）；h 为舰船航行水域水深（m）。

水深傅汝德数的表达式只是将常用的船长傅汝德数 Fr 表达式中的船长特征长度用水深深度替换。

舰船在浅水水域中航行时，水深傅汝德数的变化会对舰船的兴波波形产生很大的影响。图 2-6-2 为舰船在 4 种不同的水深傅汝德数航行时的兴波图形的对比。

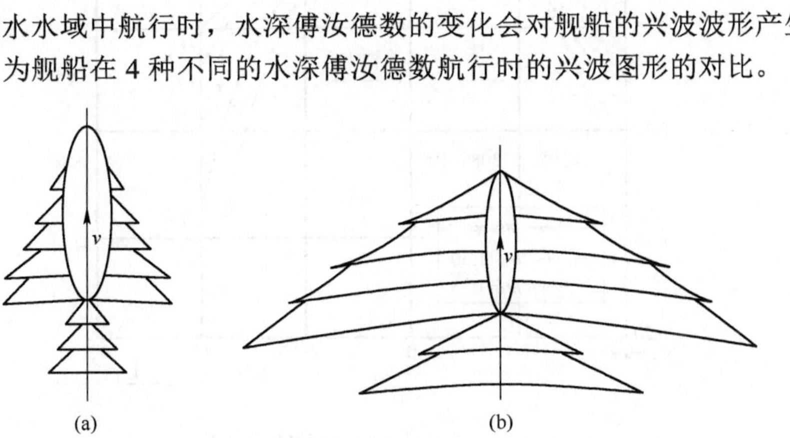

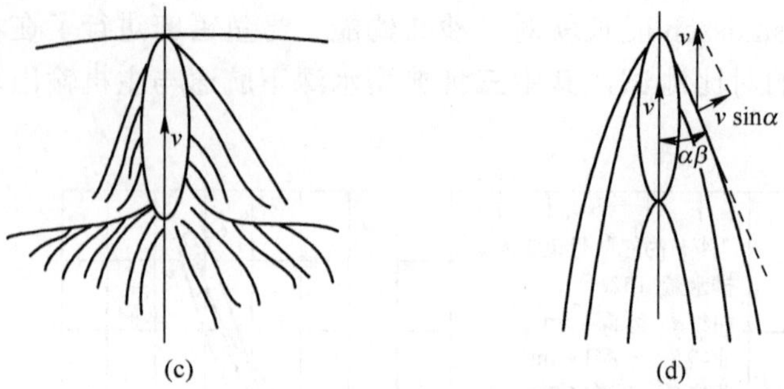

图 2-6-2 水深傅汝德数对舰船的兴波波形的影响

（a） $Fr_h=0$，$H=\infty$；（b） $Fr_h<1$；（c） $Fr_h\approx 1$；（d） $Fr_h>1$。

如图 2-6-3 所示，舰船在浅水水域航行，浅水效应除了会影响舰船的兴波图形与兴波阻力外，还会影响舰船的航行状态和黏性阻力。由于浅水水底对舰船绕流的限制和水底边界层的影响，舰船在以与深水水域中相等的速度航行时，垂向水流截面的面积比深水水域小，根据流体流动质量守恒定理，浅水水域中舰船底部的水流速度比深水水域中同航速舰船底部的水流速度大，水流速度大则水流压强低，水流对船体向上的作用力减小并且沿船长的分布出现变化，导致船体下沉且出现纵倾。图 2-6-4 给出了一条船模在拖曳水池中开展不同水深的浅水试验时船体首部和尾部吃水的变化曲线。

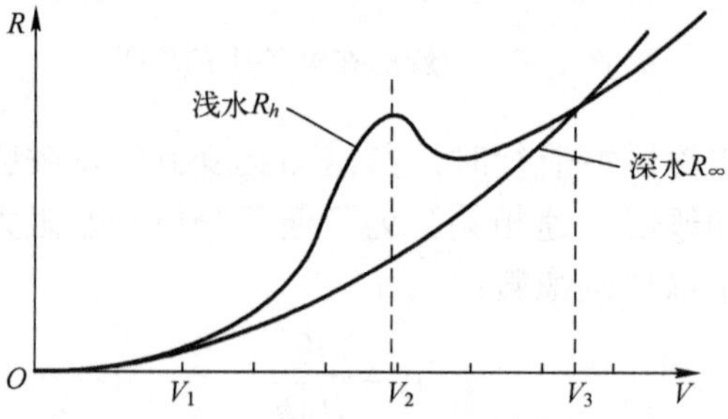

图 2-6-3 舰船不同航速下浅水航行总阻力与深水航行总阻力的对比

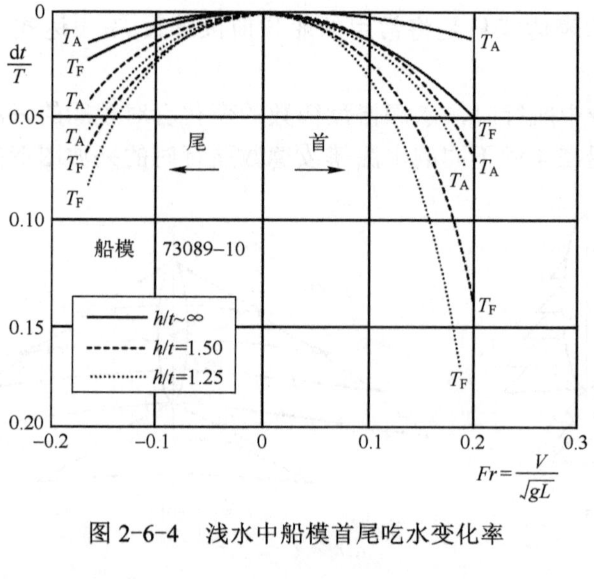

图 2-6-4 浅水中船模首尾吃水变化率

从图 2-6-4 中可以看出，水深越浅、船速越高，船体的吃水和向尾倾斜的纵倾角越大。这说明舰船通过浅水水域时，需要降低船速以免船尾触底。

舰船试航考核最大航速指标时，应当在没有或者可以忽略浅水效应的海域中进行，是否可以忽略浅水效应与舰船的吃水、航速、航行水域的水深和船型都有关系。图 2-6-5 是有无浅水效应的大致分界线。

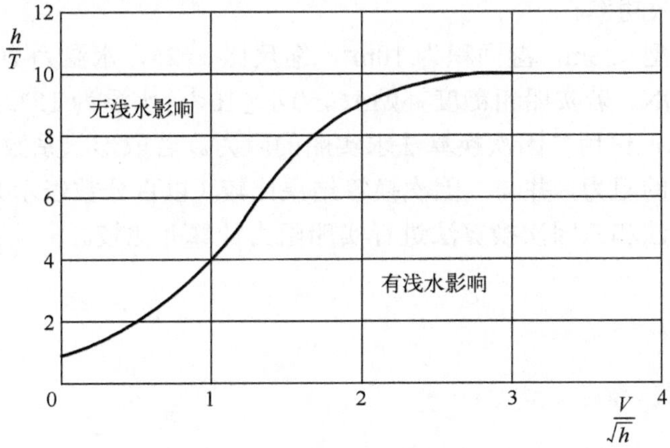

图 2-6-5 有无浅水效应的大致分界线

思 考 题

1. 舰艇的黏性阻力可以进一步划分成哪两类？成因是什么？

2. 层流边界层和湍流边界层的特点是什么？

3. 舰船摩擦阻力系数是如何无因次化的？为什么随着雷诺数的增大摩擦阻力系数会减小？

4. 为什么流线型物体与非流线型物体的黏压阻力相差很大？

5. 为什么理想流体中运动的物体没有阻力？

6. 舰船兴波阻力的产生原因是什么？

7. 舰船兴波波浪的传播速度与船速有什么关系？

8. 舰船兴波的形态是怎样的？

9. 什么是兴波有利干扰？如何利用兴波有利干扰？

10. 为什么肥大型慢速船破波阻力比较明显？

11. 舰船的附加阻力包含哪些部分？在舰船工程上一般如何处理？

12. 什么是水深傅汝德数？

13. 舰船的浅水效应会导致舰船兴波波形产生什么样的变化？

14. 舰船的浅水效应是否总是导致舰船兴波阻力增大？

15. 某海船的水线长 L_{WL}=100m，宽度 B=14m，吃水 T=5m，湿表面积为 1800m^2，船速 V_s=17kn，试求尺度比为 α=25 的船模的相应速度。若经船模试验测得在相应速度时的阻力为 25N，试验池水温为 10℃，取粗糙度补贴ΔC_f=0.4×10^{-3}，试求实船有效功率，摩擦阻力应用 ITTC−57 公式计算。

16．某驱逐舰设计水线长$L_s=120$m，S=1526m^2，以$\lambda_L=25$的模型按重力相似进行总阻力试验，船池水温为 20℃，船模速度$V_m=3.29$m/s 时的总阻力$R_{tm}=75$N，假设形状因子(1+k)=1.20，附体阻力附加数K_1=15%，空气阻力附加数K_2=3%，分别以傅汝德法和 1+k 法预报实船有效功率。

17．某海船模型长 5m，湿面积为 10m^2，缩尺比α=25，水温为 20℃。在V_m=1.5m/s 时，测得阻力为 40N。若实船粗糙度补贴ΔC_f=0.4×10^{-3}，水温为 15℃，摩擦阻力系数按 ITTC−57 公式计算，试用二因次换算法求实船的阻力。若取形状系数K=0.022，试用三因次换算法求实船的阻力，并与二因次换算结果比较（以百分数表示）。若缩尺比α=50，分别用二因次换算法和三因次换算法进行实船阻力计算并比较。

第三章　舰船阻力确定方法

第一节　船模阻力试验与实船阻力换算

船模阻力试验是研究船舶阻力最普遍的方法。目前关于船舶阻力方面的知识，特别是提供设计应用的优良船型资料及估算阻力的经验公式和图谱绝大部分是由船模试验结果得来的。新理论的发展和新船型设计都需要由船模试验来验证，同时又促进船模试验的丰富和改进。船模试验是进行船舶性能研究的重要组成部分。

船模阻力试验是研究船模在水中等速直线运动时所受到的作用力及其航行状态的重要手段。其具体研究目标包括：

（1）船型阻力性能研究。

测量特定几何外形的船模在给定速度下的阻力，比较不同船型的阻力性能。

（2）实船阻力预报。

根据船模阻力数据换算出实船的阻力，为自航试验结果预报实船性能提供必要的数据。

（3）阻力成分试验。

开展低速模型试验或尾流测量，给出尾流阻力、黏性阻力、破波阻力、附体阻力和形状因子等。

（4）流态测量试验。

观察绕船流动情况，确定边界层分离点位置、流线等，给出波型阻力和自由波谱，得到波型阻力与船型之间的关系，用于改进船型。

（5）航行状态研究。

测量船模在高速直线运动时的纵倾、升沉等状态，对于高速排水型船、滑行快艇、水翼艇等高速船舶尤其重要。

一、试验水池、试验设备与试验模型

（一）试验水池

船模试验是以与实船几何相似的缩比船模在特定的水池中进行的。按试验时牵引船模的方式，可以分为拖车式和重力式两种。在拖车式船模试验中，船模由行驶于水池两侧轨道上的拖车带动前进，将拖车速度调整至一给定值，测定船模在该拖速下所受阻力等参数；在重力式船模试验中，船模由下落重物带动，此时船模阻力与下落重物的重力

相平衡，测定船模对应该阻力时的等速运动速度。

据记载，早在 15 世纪，达•芬奇（1452—1519 年）就利用模型比较过船型体积纵向分布对阻力的影响。到 17 世纪，重力式船模试验已经较为常见，18 世纪末（1791—1898 年）开展的船模试验不下万次。1871 年，傅汝德为英国海军部建设了第一个拖曳式船模试验水池，水池长 278ft，中心线水深 10ft。1900 年，泰勒为美国海军建立第一座自行式拖曳水池，长 470ft，宽 42ft，中心线水深 14ft。到 19 世纪末，全世界仅有 5 座水池，20 世纪中叶则达到了 100 座。

拖曳水池按主要使用目的不同可以分为以下几种：

（1）深水池。

深水池给出对应船舶在无限深广水中的试验结果，是船模试验最基本、最常用的设备。此类水池通常长度和断面尺寸均较大，除开展阻力试验外，还可以开展螺旋桨敞水试验、自航试验、耐波性试验等。

（2）浅水池。

浅水池水深较浅（1m 左右）并可以根据需求调节，是进行不同浅水效应下船舶快速性、耐波性等方面性能研究的基本试验设备。

（3）高速水池。

该类水池池身很长，池宽相对较窄，拖车车架轻、速度高（可高达 36m/s），专供滑行艇、水翼艇、气垫船等高速艇型做模型试验，各种支架、翼型等的水动力性能也可在此种水池中测量。

（4）减压（真空）水池。

该类水池为气密的拖曳水池。抽吸其内部的空气以降低自由液面空气压力，从而可使模型与实船同时满足傅汝德数和空泡数相等的要求。因此，适用于进行空泡条件下模型性能的试验，如空泡水翼、空泡水翼艇的阻力试验，水翼艇和快艇模型的自航试验，推进器、舵、鱼雷或其他水中武器模型的空泡试验等。也可研究和测量空泡产生条件、变化特性及螺旋桨作用于船体的振动及噪声等。

拖车式船模试验水池如图 3-1-1 所示。其主体是狭长的水池，所以通常又称为长条拖曳水池。水池断面可以是矩形、梯形或半圆形，通常在池体两侧池壁顶部铺设轨道供拖曳行驶，轨道下有轨道座，用于调节轨道的平直度。轨道两侧与拖车的导向轮接触，通常采用单向导轨，即仅在一侧轨道上设有导向轮。测试设备仪器和测量人员可以在拖车上作业，拖车通过集电弓与滑触线接触取电。

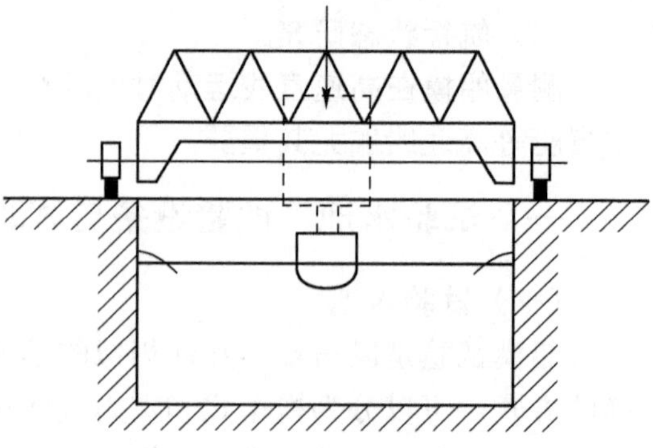

图 3-1-1　拖曳水池池体

水池的主尺度决定了可开展试验的船模尺寸和拖曳速度及行程。水池长度主要由加速段、匀速试验段和制动段的长度决定，同时还要考虑船坞、拖车长度、造波机、消波岸等所需长度。拖车在加速段的加速度通常控制在（0.06～0.10）g，加速度过大则惯性力过大，且拖车走轮与轨道间易产生滑动；加速度过小则加速段占据有效测试段过长。制动段减速度为（0.1～0.2）g。为了得到稳定可重复的试验数据，匀速段稳定测试时间通常不小于 20s。表 3-1-1 给出了水池长度随拖车速度变化估算值，其中 s_1，s_2，s_3 分别是匀加速度、匀速段和匀减速制动段的长度，可以看出高速船模试验对水池长度要求很高。

表 3-1-1　拖车式船模试验水池长度随拖车速度变化估算值

v/（m/s）	s_1/m	s_2/m	s_3/m
6	18	120	9
8	32	160	16
10	50	200	25

水池横断面的尺度同样对船模尺寸有影响。通常认为水深大于或等于船模长度时可以避免浅水效应的影响；船模最大横断面小于水池横断面的 0.5%～1.0%可以避免阻塞效应。也有文献指出池宽至少应为船模宽度的 15 倍，池深应为船模吃水的 20 倍以上。

（二）试验设备

拖车及轨道系统是一套精密仪器，对于等速段速度平稳度的要求很高。速度波动会引起阻力波动，且会在测量的阻力成分中增加惯性力成分，从而导致测量误差。

假定在试验速度 V 附近阻力与拖速的 n 次方成正比，即 $R \propto V^n$，则有

$$\frac{\mathrm{d}R}{R}=n\cdot\frac{\mathrm{d}V}{V} \tag{3-1-1}$$

这意味着阻力的相对误差为拖车相对误差的 n 倍。设 n=3 则速度波动 1‰将导致阻力波动 3‰。设阻力为排水量的 0.5%～1.0%，加速度波动量为 $10^{-4}g$，则惯性力 F 与阻力之比为

$$\frac{F}{R}=\frac{10^{-4}\times g\times m}{(0.5\sim1.0)\times10^{-2}\times D}=1\%\sim2\% \tag{3-1-2}$$

一般来说，测量阻力的误差要求在 1‰以内。因此，一般要求拖车速度的波动不应超过 1‰，或者拖车速度波动的绝对值不超过 10^{-3}m/s。也有文献指出导致速度波动的加速度不应超过 $10^{-4}g$，由上述推导可知也是合理的。此外，为了保证速度平稳，对轨道的加工精度、调整的平直度及拖车走轮的圆度等要求是很高的。轨座间距的选择、驱动电机的一致性及拖车车架的刚度都需要做相应的考虑。拖速测量通常通过测速轮来进行，拖车行走时测速轮与轨道摩擦旋转，并发出光电或电磁信号，根据单位时间内定时采样信号间隔数测算行走速度。

随着传感器技术的发展，越来越多地采用测力传感器代替机械测力仪进行阻力测量。测力传感器通常由一个或多个能在受力后产生形变的弹性体，能感应这个形变量的电阻应变片组成的电桥电路（如惠斯登电桥），以及能把电阻应变片固定粘贴在弹性体上并能传导应变量的黏合剂和保护电子电路的密封胶等三大部分组成。在受到外力作用后，粘贴在弹性体的应变片随之产生形变引起电阻变化，电阻变化使组成的惠斯登电桥失去平衡输出一个与外力成线性正比变化的电量电信号。试验前通过传感器标定，确定电信号与外力的对应关系，试验时就可以根据测量的电信号得到对应的力大小。

（三）试验模型

船模材质通常用木质材料，现在也有人采用玻璃钢制作船模。采用木材制作船模成本较低，但是木质船模浸水进行一段试验后容易产生局部变形。采用玻璃钢材质制作船模成本较高，但质量好，不易变形，通常用来制作标准船模。标准船模可以用来做试验检验水池测试设备状态、校核理论计算精度或者比较不同船池数据。模型加工完成后，表面必须光滑，表面粗糙度等同于用300～400目的水砂纸和干砂纸打磨获得的粗糙度。

通常船模尺度以较大为好，尺度大易于制造精确，其绝对阻力较大而测量相对误差较小。更重要的是大尺度船模可以达到更大的雷诺数，受尺度效应影响更小。当进行自航模试验时，螺旋桨尺度也不可过小，以免制造不精确及受层流影响过大。一般认为螺旋桨直径不小于150mm，此时船模尺寸要由螺旋桨尺寸来决定。

二、试验条件

（一）重力相似

雷诺相似条件无法达到，因此船模阻力试验实际上都是在重力相似条件下进行的。由于试验是在部分相似条件下所得的船模阻力值，因此必须借助某些假定，如傅汝德假定、休斯假定等才能得到相应的实船总阻力。同时，应保证模型试验速度范围内的船长雷诺数不小于3×10^5。

（二）尺度效应

船模阻力试验无法满足与实船雷诺数相等，因此采用几何相似、尺度不同的船模做阻力试验，用同一种方法预报实船阻力，所得预报结果不同。这种由雷诺数不同导致预报结果不同的现象称为尺度效应。

实船的雷诺数很大，可视为在全船范围内均为紊流，船模即使采用很大的尺寸，其雷诺数与实船也相去甚远，在船模上总会存在层流段，界层内流态不全相似。试验时层流段长度与首部压力梯度有关，首部有负压梯度时，层流段会延续较大长度。首柱轮廓形状、满载水线进角、面积曲线进流段形状均对层流段长度有影响。层流段的存在，会使通过试验数据得到的剩余阻力系数偏小，从而使预报得到的实船总阻力偏小。

因此，通常需要对船模采取激流的方法，使首部界层紊流化来解决船模的层流影响。最常见的方法是安装激流丝，即以约1mm直径的铜丝缚于首柱后L/20处，也有人采用激流钉或砂条。这种激流方法的特点是激流物附着在船体上，它们产生附加阻力，位置不可太接近首柱，以免在其后不远处又产生层流。至于激流物前部的层、紊流阻力差值可视为与激流物的附加阻力相抵消。

带球鼻艏船模的球鼻艏需要额外的激流器，通常应位于距球鼻艏前端之后1/3球鼻艏长度处，若球鼻艏的水线面为“S”形，激流器应布置在正压力梯度的近前方。

（三）浅水效应/阻塞效应

船体周围绕流流线受挤压，不能像无限水域中一样自由扩张，这种影响称为阻塞效应；池底对船的阻力影响称为浅水效应。通常认为水深大于或等于船模长度时可以避免浅水效应的影响；船模最大横断面小于水池横断面的0.5%～1.0%可以避免阻塞效应。

三、试验数据

由船模阻力试验可以得到船模阻力与速度之间的关系曲线，进而通过阻力换算得到实船的阻力和有效功率曲线。但为了对所涉及船舶能更方便地进行船体阻力换算以及不同船型之间比较阻力性能的优劣，需要将由船模试验所得的阻力（或功率）与速度之间的关系以恰当的形式进行表达，称为船模数据表达法。

船模阻力数据表达的目的主要有两个。一是船体阻力换算，即船型相同而尺寸不同的船舶之间的阻力换算。显然按不同缩尺比均可由船模阻力资料换算得各尺寸不同船舶的阻力值。二是比较船型阻力性能的优劣，即船型不同但尺寸相同或相近的船舶之间阻力性能优劣的判别。

目前，国际船模试验池协会认为恰当的表达方法应具有的几个基本要求是明确的：

（1）无量纲化。为了具有普遍意义，表达式常采用无量纲形式表示。这样既避免绝对尺度对阻力值的影响，同时所表示的各参数的数值在任何单位系统中都是相同的。

（2）选定傅汝德数或类似形式作为速度参数。因为船体总阻力是雷诺数和傅汝德数的函数，且按傅汝德假定认为：

$$R_t = R_f(Re) + R_r(Fr) \tag{3-1-3}$$

由于船型变化对剩余阻力影响显著，而对摩擦阻力影响不大，考虑到表达法的目的之一在于比较不同船型的阻力性能，因而取傅汝德数作为速度参数为宜。而只有讨论某些与摩擦阻力有关的问题时才取雷诺数作为速度参数。

（3）阻力与速度之间的函数形式既要便于进行阻力换算，又要能够比较不同船型阻力性能的优劣。

四、实船阻力换算方法

（一）傅汝德阻力换算

利用船模试验结果推算实船阻力时，船舶及其模型必须满足相似条件。由于实际中很难满足实船和船模的雷诺数相等的要求，无法把船模试验结果简单按照缩尺比例进行放大，必须寻求换算方法。

1. 傅汝德假设

（1）假定黏性和重力引起的现象互不相干。在这个假定下可以将黏性和重力所引起的阻力分开，在仅满足傅汝德数相等的条件下单独对重力引起的兴波阻力应用比较律进行计算。这个假定意味着实船和船模的兴波阻力系数不受雷诺数的影响，黏性阻力系数不受傅汝德数的影响。总阻力系数可以分解为两个部分：

$$C_t(Fr, Re) = C_v(Re) + C_w(Fr) \tag{3-1-4}$$

（2）假定比较律也适用于黏压阻力。按此假定，船舶阻力分为摩擦阻力以及由兴波阻力和黏压阻力组成的剩余阻力两部分，且剩余阻力服从比较律。

（3）船体所受摩擦力可以用相当平板摩擦阻力估算，这意味着两者的差值也并入了剩余阻力之中。

2. 傅汝德换算方法步骤

（1）缩尺比船模的航速满足傅汝德数相似，即$V_s / \sqrt{L_s} = V_m / \sqrt{L_m}$。

（2）开始试验获得船模的总阻力R_{tm}。

（3）按照相当平板假设计算长度和表面积与船模相等的平板所受摩擦阻力，作为船模所受摩擦阻力的计算值R_{fm}。

（4）计算船模的剩余阻力R_{rm}：

$$R_{rm} = R_{tm} - R_{fm} \tag{3-1-5}$$

（5）根据傅汝德相似律计算实船的剩余阻力R_{rs}，此时实船对应的航速为V_s，有

$$R_{rs} = R_{rm} \times \lambda^3 \times \frac{\rho_s}{\rho_m} \tag{3-1-6}$$

$$V_s = V_m \times \lambda^{\frac{1}{2}} \tag{3-1-7}$$

（6）按照相当平板假设计算实船所受的摩擦阻力R_{fs}。

（7）给出实船总阻力R_{ts}：

$$R_{ts} = R_{fs} + R_{rs} \tag{3-1-8}$$

当用阻力系数来表示上述推导过程时，也可以写成：

$$\begin{aligned} C_{ts} &= C_{fs} + C_{rs} + \Delta C_f = C_{fs} + \Delta C_f + (C_{tm} - C_{fm}) \\ &= C_{tm} - (C_{fm} - C_{fs} - \Delta C_f) \end{aligned} \tag{3-1-9}$$

式中：C_{ts}、C_{fs}、C_{rs}分别为实船在V_s下的总阻力、光滑摩擦阻力、剩余阻力系数；C_{tm}、C_{fm}、C_{rm}为V_m下船模相应的阻力系数；ΔC_f为粗糙补贴系数。

傅汝德换算法以相当平板摩擦阻力曲线代替船体黏性阻力曲线作为换算线，因此也被称为二因次法。

3. 傅汝德换算方法的局限性

在假定中，黏性力与重力引起的现象互不干扰，而实际上是存在相互干扰的。流体的黏性导致边界层的产生，影响压力分布，从而影响兴波阻力；同样，船舶前进过程中引起波浪，会对湿表面积产生影响，而且波峰波谷处水流速度也受到影响，这些改变会对黏性阻力产生影响。所以黏性力和重力产生的现象是相互干扰的。

黏压阻力并入剩余阻力，并满足比较律。这样的假定可以克服无法单独计算黏压阻力或者说无法在模型试验中把黏压阻力和兴波阻力剥离开来的困难。但是实际上，两者性质不同，合并在一起并不恰当。其次，其应用前提是雷诺数大于临界雷诺数，把黏压阻力系数视为常数。而实际上，并不是所有情况下都能把黏压阻力系数视为常数，尤其是船体表面发生边界层分离这样的现象后，实船和船模的情况大不相同，此时不能将黏压阻力系数等同于常数。

用相当平板代替三维船体表面，就可以用平板经验公式简单计算三维船体的摩擦阻力。实际上，船体是具有复杂曲度的三维曲面，船体周围的流动情况与平板存在一定差异，意味着船体与平板的差值也并入了剩余阻力。

傅汝德换算法虽然有局限性，但是有一定的工程精度，一般情况下能满足工程实

用需求，应用很广泛。这是因为黏性力和重力虽然相互干扰，但是影响比较小，工程上可以忽略不计；黏压阻力所占比重比较小，而且雷诺数比较大的时候，实船和船模的黏压阻力系数确实近似相等；曲率影响并不显著，粗糙度补贴系数可以起到一定的修正作用。

随着船长增加，丰满度增加，傅汝德换算法不再适用。这主要是因为：①尾部分离严重；②船长增加，缩尺比增加，尺度效应变大；③傅汝德数小，兴波阻力小，这样在剩余阻力当中，不满足傅汝德相似律的部分有所增加。

（二）三因次法阻力换算

1. 基本假定

假定 1：$R_t(Fr,Re)=R_v(Re)+R_w(Fr)$。

假定 2：兴波阻力仅与傅汝德数有关，$Fr_m=Fr_s \Rightarrow C_{wm}=C_{ws}$。

假定 3：黏压阻力系数与摩擦阻力系数之比为一常数，即

$$\frac{C_{vp}}{C_f}=k \text{ 或者 } \frac{C_v}{C_f}=k+1 \tag{3-1-10}$$

式中：k 为形状系数；$1+k$ 为形状因子，仅取决于船体形状，与 Re 无关。

2. 换算关系

$$C_{ts}=C_{ws}+(1+k)C_{fs}+\Delta C_f$$

C_{fs}：ITTC-57 公式—— $C_f=\dfrac{0.075}{(\lg Re-2)^2}$

ΔC_f：ITTC-75 公式—— $\Delta C_f=[105(k_s/L)^{1/3}-0.64]\times 10^{-3}$

式中：k_s 为粗糙度表观高度，即 50mm 范围内抽样测量所得表面平均突起高度，对于新建船可取 $k_s=150\times 10^{-6}$m。

$$C_{ws}=C_{wm}=C_w=C_{tm}-(1+k)C_{fm}$$

$1+k$、C_{tm}：测量计算。

C_{fm}：ITTC-57 公式。

3. 局限性

三因次换算法相比傅汝德换算法，更加符合实际物理情况，使适用于比较定律的阻力成分较傅汝德法大为减小。但是由于雷诺数无法相似所带来的尺度作用以及黏性与兴波相互干扰等问题尚需进一步研究。

此外，$1+k$ 的确定通常依靠低速船模试验来确定，以减少兴波影响，但低速试验层流影响较大，导致结果不可靠。

第二节　船体阻力估算的海军部系数法

在舰船的初步设计阶段，主要有两类问题需要解决：一类是已知主机功率，确定舰船能够达到的航速；另一类是确定要达到设计航速所需要的主机功率。虽然船型主尺度和船型系数确定，但船体线型尚未确定时，无法借助船模阻力试验或者 CFD 计算手段来

确定阻力，此时只能用近似方法进行船舶阻力估算。

近似估算阻力的方法有很多，按照计算内容主要可以分为两类：一类是直接近似估算总阻力或有效功率；另一类是估算剩余阻力，再采用相当平板公式计算摩擦阻力。估算采用的资料主要包括阻力图谱和阻力回归公式。海军部系数法是一种阻力近似估算法，也是较常用的方法，其估算精度取决于设计船和母型船在船型、主尺度、傅汝德数、雷诺数等的接近程度。

1. *海军部系数法假设*

（1）当设计船与母型船的船型、傅汝德数相近时，可近似认为两船的剩余阻力系数 C_r 相等。

（2）当设计船与母型船的船型、主尺度和雷诺数相近时，可近似认为两船的摩擦阻力系数 C_f 相等。

（3）当设计船与母型船的船型、主尺度相近时，可近似认为两船的浸湿表面积 S 与排水量$\varDelta$的 2/3 次方成比例。

由此，设计船的总阻力可表示为

$$R_t = R_f + R_r = \frac{1}{2}\rho V^2 S(C_f + C_r) \propto \varDelta^{2/3} \cdot V^2 \tag{3-2-1}$$

有效功率表示为

$$P_e \propto \varDelta^{2/3} \cdot V^3 \tag{3-2-2}$$

2. *海军部系数计算*

定义海军部系数为

$$C_e = \frac{\varDelta^{2/3} \cdot V^3}{P_e} \tag{3-2-3}$$

式中：$\varDelta$ 为排水量（t）；V 为航速（kn）；P_e 为有效功率（单位是马力（hp），1hp=735W）；C_e 为对应有效功率的海军部系数。对于船型近似、尺度和航速相近的船，它们的海军系数大致相同。

C_e 仅反映了船舶的阻力性能，当用主机功率 P_m 替换 P_e 时，对应主机功率的海军部系数可以表示为

$$C_m = \frac{\varDelta^{2/3} \cdot V^3}{P_m} \tag{3-2-4}$$

$$C_m = \eta \cdot C_e \tag{3-2-5}$$

式中：η 为推进效率；C_m 反映了船舶的快速性优劣，包含船舶阻力和推进的综合性能。船舶主机功率给定时，C_m 越大船的快速性越好。显然对应不同的功率将有不同含义的海军部系数。当有相近母型船数据时，应用海军部系数法可以在给定排水量和主机功率时估算设计船可以达到的航速，或在给定排水量限制和航速要求时估算设计船的主机功率。

在没有较接近母型时，可根据相应船舶类型的统计资料凭经验选取。表 3-2-1 给出了典型船型的海军部系数 C_m 统计值。

表 3-2-1 典型船型的海军部系数 C_m 值

巡洋舰	护卫舰	扫雷舰	水下航行潜艇		
			老式	过渡型	现代
155～195	130～170	110～150	55～65	100～135	>135

例 4-1 某在航舰船排水量为 4200t，航速为 17kn 时，主机功率为 8000hp。现该舰因执行任务需要，排水量增加为 4500t，增加排水量后主机功率保持不变。试求增加排水量后的航速。

解：根据排水量增加前的已知条件构造海军部系数：

$$C_{m1}=\frac{\Delta_1^{2/3}V_{s1}^3}{P_{s1}}=\frac{4200^{2/3}\times 17^3}{8000}=160$$

排水量增加前后海军部系数相等：

$$C_{m1}=C_{m2}$$

$$V_{s1}=\sqrt[3]{\frac{P_{s2}}{\Delta_2^{2/3}}}=16.7(\text{kn})$$

例 4-2 有一优秀艇型，排水量为 75t，航速为 30kn，主机功率为 4000hp。现需参设计一型船型、排水量和航速与之相近的艇，该艇排水量为 70t，航速约为 31kn，试估算该艇所需主机功率。

解：根据母型艇构造海军部系数：

$$C_{m1}=\frac{\Delta_1^{2/3}V_{s1}^3}{P_{s1}}$$

根据海军部系数相等 $C_{m1}=C_{m2}$ 可得

$$P_{s2}=\frac{\Delta_2^{2/3}V_{s2}^3}{\Delta_1^{2/3}V_{s1}^3}P_{s1}=\frac{70^{2/3}\times 31^3}{75^{2/3}\times 30^3}\times 4000=4215(\text{hp})$$

例 4-3 某舰船维修后加装了一尾板节能装置，经研究该装置在巡航速度下可减小阻力 10%，试估算在相同主机功率下舰船航速可提高的百分比。

解：若舰船航速保持不变，则减阻后有效功率减小 10%，所需主机功率减小；若保持主机功率不变，即主机功率恢复到减阻前的量值，可认为有效功率也接近恢复到减阻前的值，前后排水量保持不变。根据海军部系数相等可得

$$\frac{\Delta_1^{2/3}V_{s1}^3}{P_{e1}}=\frac{\Delta_2^{2/3}V_{s2}^3}{P_{e2}}$$

$$V_{s2}=\sqrt[3]{\frac{P_{e2}}{P_{e1}}}V_{s1}=1.036V_{s1}$$

由此可以得出主机功率不变舰船阻力小量变化下航速变化估算方法：

$$\frac{V_{s2}}{V_{s1}}=\sqrt[3]{\frac{R_2}{R_1}}$$

思 考 题

1．船模的阻力试验按照何种相似律进行？如何设计船模阻力试验？

2．船模阻力试验的结果如何换算到实船阻力？

3．三因次换算方法和二因次换算方法的区别是什么？

4．海军部系数的意义是什么？如何利用海军部系数估算舰船阻力？

5．某船在通常运转情况下，排水体积为5700m^3，主机功率为2400kW，船速为12kn，现由于主机仅能发出功率2000kW，试估计减少功率后的船速。

6．某客货船装有轴功率为2000kW的主机，正常航速为12kn，因锅炉故障，主机功率下降12%，试估算航速下降的百分比。

7．某客货船安装有轴功率为2200kW的主机，航速为28kn，试按海军系数公式估算：

（1）排水量不变而航速达到30kn，主机轴功率应增加多少？

（2）航速不变，排水量增加20%，主机轴功率应增加多少？

8．某舰排水量为1200t，航速为20kn时有效功率为2425kW。求：

（1）该舰排水量增加为1305t时，仍保持20kn航速，有效功率为多少？

（2）若保持有效功率为2425kW，则航速降低为多少？

第四章　船型对阻力的影响

第一节　船型与阻力性能之间的关系

船型对阻力性能的影响是与船速密切联系的，在不同速度范围内，船型参数对阻力的影响不仅程度上不同，甚至还有本质上的差别。因此所谓阻力性能优良的船型是对一定速度范围而言的。换句话说，优良的船型将随速度而异，低速时阻力性能良好的船型，在高速时可能反而不佳。由此可以推断，对于不同速度范围内的船舶来说，影响船体阻力的主要船型参数应该是不同的，为此，在船舶设计过程中考虑参数选择的出发点应视具体情况而定。

因此，讨论船型对阻力的影响问题，必须与设计船的速度范围联系在一起。但是对于同一设计船的航速也有不同的要求，如民用船舶，速度有服务速度和试航速度之分，在设计任务书中按试航速度进行设计，对实际服务情况未必经济合理；对于军舰而言，其巡航速度和最大速度相差很大，对船型的要求常相矛盾。所以对这些不同的航速要求，在设计中应根据具体情况予以注意。

目前研究一般水面排水型船的阻力问题，较普遍的是按照傅汝德数将各类船舶分为低速船、中速船和高速船。傅汝德数 $Fr < 0.20$，为低速船；$Fr = 0.20 \sim 0.30$，为中速船；$Fr = 0.30 \sim 0.55$，为高速船。一般民用船大多属于中、低速船的范围，而军舰乃属于高速船之列。各类船舶的速度范围不同，因而它们的主要阻力成分也不一样，所以船型设计所考虑的侧重面各不相同。

低速船航速较低，兴波阻力很小，其总阻力中摩擦阻力与黏压阻力占主要成分，因此在设计这类船舶时，重点在于减小摩擦阻力和黏压阻力。摩擦阻力主要取决于船体的湿面积，因而这类船的形状比较肥短，其目的是获得较小的船体湿表面积以减小摩擦阻力。但这类船的尾部易于产生漩涡，因而必须注意去流段的设计，以防止黏压阻力的增大。

中速船的航速较低速船有所增大，兴波阻力成分随之增大，故在设计过程中既要注意减小兴波阻力，又要防止其他阻力成分的增长。为此，一方面，要恰当地选择船型参数以造成首尾波系的有利干扰；另一方面，船型适当地趋于瘦削，这样可以避免产生大量漩涡，有利于减小黏压阻力。

高速船的兴波阻力是总阻力成分中的主要成分，有时可达50%以上。为此，设计中应力求减小兴波阻力。一般来说，高速船兴起的波浪长度都比较长，首尾波系在船尾产生有利干扰的可能性很小，所以在设计时致力于减小首尾波系的波高，因而这类船都比较瘦长，特别是前体，其目的在于尽可能减小兴波阻力。

第二节 船型参数对阻力的影响

船体表面形状是一个复杂的几何曲面，不同的船型只能用各自的型线图来表达。但为了用具体的数量概念来表达各种船型特征以及不同船型之间的差别，需采用各种船型参数来表示船型特征。与阻力有关的船型参数主要有：

主尺度比：长宽比 L/B，宽度吃水比 B/T，长度吃水比 L/T；

船型系数：菱形系数 C_P，方形系数 C_B，船中横剖面系数 C_M，排水体积长度系数 ∇/L^3（或者排水量长度系数 $\Delta/(0.01L)^3$）；

其他方面：首尾形状、横剖面面积曲线形状、满载水线面形状等。

一、排水量长度系数对阻力的影响

排水量长度系数 $\dfrac{\Delta}{(0.01L)^3}$，又称瘦长系数，代表了船舶的瘦长程度，系数大意味着在同样的长度范围内分布更多的排水量，或者把同样的排水量分配在较短的船长范围内，因此表示船体肥而短；反之，该系数小者表示船体瘦长。

1. 船长变化的影响

（1）对摩擦阻力的影响：湿表面积可以按照 $S=C_s\sqrt{\nabla L}$ 估算，在参数 C_m、C_p 和 B/T 不变的情况下，C_s 近似为常数，因此可以认为在排水量一定时，S 与 $\sqrt{L}$ 成正比。

由此可知，船长增加时，湿表面积将随之增加，而一般来说船长增大时，Re 增大所引起的摩擦阻力系数减小是极微的。因此，船长增大，将使摩擦阻力增加。

（2）对剩余阻力的影响：排水量一定，船长增加，必定要求 B、T 同时减小，因而 L/B 增大，船型变得比较瘦长，这样对于剩余阻力产生的影响反映在两个方面：一方面，船型瘦长，将使黏压阻力下降；另一方面，船宽 B、吃水 T 减小，将使兴波阻力下降。因此，随着船长增加，剩余阻力将有明显下降。

（3）对总阻力的影响：由于排水量一定，船长增加会使摩擦阻力和剩余阻力产生相反的影响，因而对于总阻力的影响取决于摩擦阻力和剩余阻力两者增减的数值。对于不同航速的船舶说来，摩擦阻力和剩余阻力占总阻力的比重是不同的，因而船长对总阻力的影响将是不同的。

对于低速船而言，摩擦阻力占总阻力的主要成分，可达总阻力的 70%以上，而剩余阻力所占比例较小。因此，当船长增加时，总阻力增大。低速船船长取小些，船型短而肥，不仅对阻力有益，而且有利于增大舱容、降低造价。

对于高速船而言，由于剩余阻力占总阻力比例很大。因此随着船长增加，总阻力变化情况与低速船有所不同。当航速一定时，如果船长较短，剩余阻力很大，船长增大会使剩余阻力下降明显，剩余阻力的减小值大于摩擦阻力的增加值，因而总阻力减小相当显著。随着船长继续增加，剩余阻力的下降趋势减缓，总阻力减小趋势减缓，直至出现总阻力最低点，此时对应的船长为最佳船长，如果再进一步增加船长，则总阻力反而增大（图 4-2-1）。

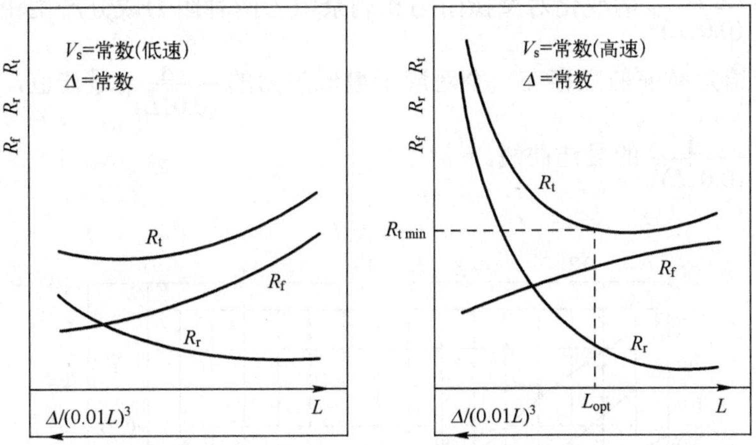

图 4-2-1　不同航速下船长变化对阻力的影响

应该指出的是，在一定航速下，在最佳船长附近的一定范围内，其阻力并无多大差异，所以设计者常选用阻力变化不大的最短船长，以便降低船体建造价格。

2. 排水量变化的影响

由于排水量是一个变数，因此在比较阻力性能时，将讨论单位排水量阻力的变化情况。

（1）对摩擦阻力的影响：排水量增加，单位排水量摩擦阻力减小。

（2）对剩余阻力的影响：船长不变时，排水量增加是同时增大 B 、T 实现的，因而船型变肥，所以不但兴波阻力增加，黏压阻力也会增大，剩余阻力必然增大。

对于低速船，单位排水量剩余阻力几乎不变；对于高速船，单位排水量剩余阻力随排水量增大有明显增加。这是因为船长不变排水量增大，说明船型变得丰满，兴波阻力明显增大。高速船兴波阻力成分较大，因此排水量增大会引起明显阻力变化，而低速船兴波阻力极小，排水量增大引起的船型变化对其阻力影响不大。

（3）对总阻力的影响：低速船，排水量增大时，单位排水量摩擦阻力减小，单位排水量剩余阻力几乎不受影响，而且低速船中阻力成分中摩擦阻力占主要成分，因此单位排水量总阻力将随着排水量的增加而减小。高速船，剩余阻力占比显著增大，且单位排水量剩余阻力受到排水量变化的影响更为显著，所以，随着排水量增大，单位排水量总阻力也增大。

3. 最佳排水量长度系数

根据上述 $\frac{\Delta}{(0.01L)^3}$ 对阻力影响的分析，对于不同速度船舶 $\frac{\Delta}{(0.01L)^3}$ 值的选取，可以归纳为如下几点：

（1）低、中速船的 $\frac{\Delta}{(0.01L)^3}$ 宜取适当大一些，随着航速增大，降低 $\frac{\Delta}{(0.01L)^3}$ 值对阻

力性能是有利的。

（2）高速船的$\dfrac{\Delta}{(0.01L)^3}$较低速船要小得多，所以高速船船型瘦长，低速船短而肥。

（3）由于$\dfrac{\Delta}{(0.01L)^3}$的变化对摩擦阻力和剩余阻力两种阻力成分产生相反的影响，因此实际上对于给定航速的船存在一个对应于最低阻力的$\dfrac{\Delta}{(0.01L)^3}$最佳值，而对应于不同航速应该存在$\dfrac{\Delta}{(0.01L)^3}$的最佳曲线。

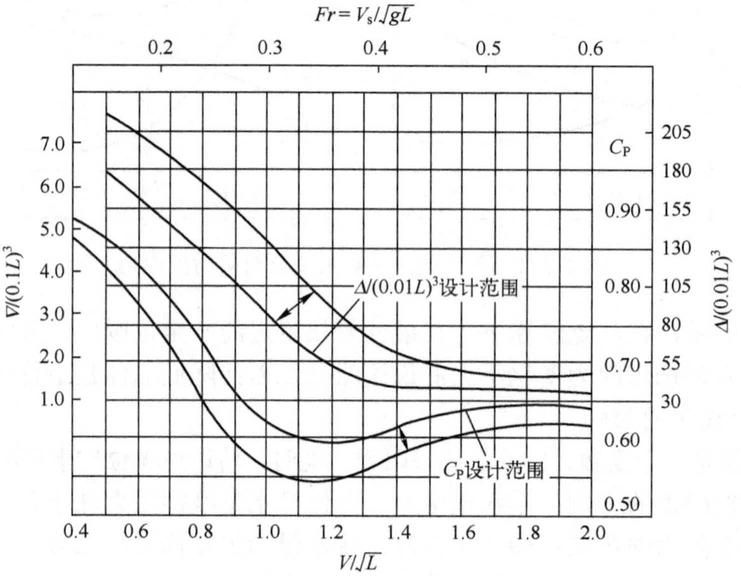

图 4-2-2　排水量长度系数的设计范围

二、宽度吃水比对阻力的影响

宽度吃水比的几何意义是表征船体的扁平程度，宽度吃水比越大，说明船舶越趋于扁平。

1. *B* / *T* 对摩擦阻力的影响

讨论 *B* / *T* 对摩擦阻力的影响，即讨论 *B* / *T* 变化对湿表面积的影响，图 4-2-3 给出了不同方形系数 C_b 时所对应的最小湿表面积 S_{min} 与 *B* / *T* 的关系曲线。根据该试验资料可认为：当 $B/T \approx 3.0$ 时，船体湿表面积最小。该图中同时给出了湿表面积增加不超过 2% 的 *B* / *T* 的上下界限。由该图知，改变 *B* / *T* 对湿表面积影响并不很敏感。因而可近似认为在 B/T=2.25～3.75 的实际取值范围内变化时，船体湿表面积约增加 2.5%，对摩擦阻力的影响很小。

2. *B* / *T* 对剩余阻力的影响

B / *T* 对剩余阻力的影响要根据 *B* 和 *T* 分别影响的大小而定。一般认为船宽 *B* 增大时，船体的散波波高增大；吃水 *T* 增大时，横波的波高增大。而改变 *B* / *T* 是由 *B* 、*T* 两

者相反变化而得，因此两者对兴波的影响，反映在剩余阻力有相反影响作用。图 4-2-4 为泰洛系列试验结果，可见随着 B/T 减小，剩余阻力趋于减小，但在有的速度范围内反而增加。除上述原因外，还可能由于不同速度时横波干扰影响。由于吃水对形成横波的作用大，所以 B/T 小的船横波影响明显，其阻力曲线的波阻峰点和波阻谷点较 B/T 大的船更明显。因此在波阻峰点附近反较 B/T 大者有所增加；而在谷点附近其阻力下降更甚。

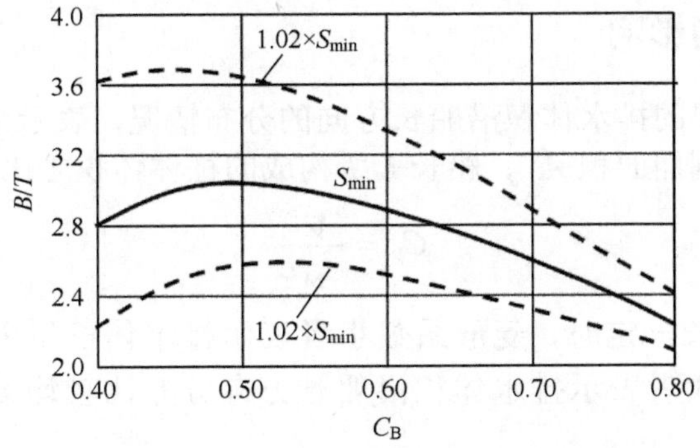

图 4-2-3　对应最小湿表面积的 B/T 值

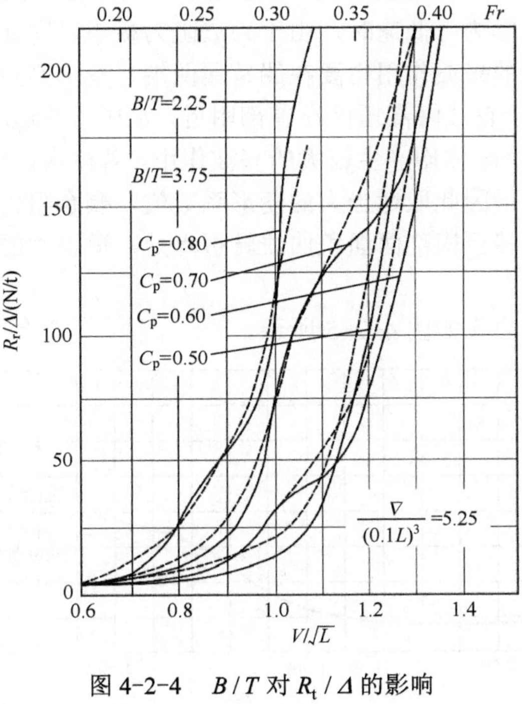

图 4-2-4　B/T 对 R_t/Δ 的影响

3. B/T 对总阻力的影响

由上述内容可知，B/T 对总阻力将有所影响，但是这种影响作用往往是不大的，根据试验统计资料可近似估计这种影响，对于中低速船，在常用的 B/T 范围内，当 B/T 值增加 0.1 时，将使总阻力增加 0.50%～0.75%，而高速船相应增加要大些。

在船舶设计中，B/T 的选择往往不是依据阻力性能，而是根据船的稳性、布置、航道水深限制等方面的要求予以确定。特别是近代货船和油船的设计趋势是适当地增大 B，以减小 L/B 值、增加 B/T 值。同时相应地使方形系数值降低。这样不但能使阻力有所减小，而且有利于船体结构质量的减轻和降低造价，同时，增大船宽，将提高稳定性，而吃水的减小又降低了航道和港口的水深限制。这种在排水量一定的前提下，选用较大的 B/T 值和较小的方形系数的措施，在不少设计中已取得成功。

三、菱形系数的影响

菱形系数是表征船的排水体积沿船长方向的分布情况，表示为船体水线以下的排水体积 ∇ 与相对应中横剖面面积 A_M、船长 L 所构成的柱体体积之比：

$$C_P = \frac{\nabla}{A_M L} \tag{4-2-1}$$

当排水体积和船长一定时，菱形系数小者表示排水体积集中于船中部，船首尾两端较瘦削；菱形系数大者表示排水体积沿船长方向分布比较均匀，因此船首尾两端比较丰满。

（1）对摩擦阻力的影响：当船的排水量和长度不变时，由改变菱形系数所引起的船形变化对船体湿表面积的影响是很小的，一般认为菱形系数对摩擦阻力的影响不予考虑。

（2）对剩余阻力的影响：低速时，由于兴波阻力极小，因此菱形系数对剩余阻力的影响甚微；中速时，船的兴波作用主要在船首尾两端，菱形系数小者，首尾尖瘦，对减小兴波有利，同时，由于首波峰高压区在首部附近，水压力在运动方向上的分量也较小，阻力较小；高速时，整个船体均产生较大的兴波作用，若排水体积沿船长分布比较均匀，则有利于缓和兴波作用，因此取适当大的菱形系数值，剩余阻力反而较小，同时，首波峰位置随着航速提高后移至横剖面面积曲线转折点处，适当大的菱形系数有利于减小水压力在运动方向的分量。

（3）最佳菱形系数曲线如图 4-2-5 所示。

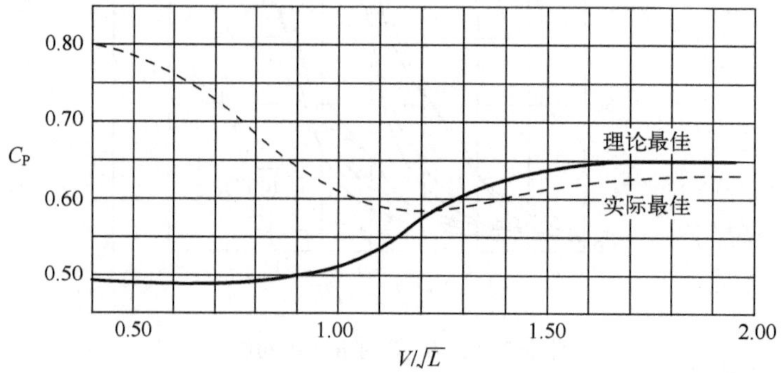

图 4-2-5　最佳菱形系数曲线

在船舶实际设计中，主要从船舶的使用性和经济性出发选取菱形系数值。对于低速船，一般选取较大的菱形系数，这样阻力增加不大，但可以得到较大的排水量，提高船舶经济效益；而对于高速军舰，因照顾到经常使用的巡航航速下的经济性，所以实际选用的菱形系数值反而比理论最佳值小。

四、方形系数和船中横剖面系数的影响

方形系数是表征船体水下部分肥瘦程度的一个重要参数。

$$C_B = \frac{\nabla}{LBT} \tag{4-2-2}$$

商船设计时，主要从经济性，即装载量方面考虑，因此当确定船的排水量和长度等之后，紧接着就决定方形系数。而对于高速船，主要考虑减小兴波阻力，故首先决定的是菱形系数，因此从实用意义看，方形系数对阻力影响的讨论，主要针对中低速的民用船而言。

船中横剖面系数表示船中横剖面的丰满程度，若船的排水量、长度、菱形系数和宽度吃水比都维持不变，在给定船中横剖面面积的前提下，按一定的比例同时改变宽度和吃水，这样可以检验船中横剖面系数对阻力的影响。泰洛试验结果表明，在横剖面系数较大变化范围内，对湿表面积即摩擦阻力的影响不大，对剩余阻力的影响也很小。

对于中低速船，一般认为船中横剖面系数以取大为好，因为当方形系数给定时，可使菱形系数减小，从而使船首尾两端较瘦削，以期降低兴波阻力，故中低速船的船中横剖面系数均在0.985～0.990。

对于高速船，由于其方形系数较小，因此船中横剖面系数的选取主要考虑船体线型能保持光顺。一般要求船中横剖面系数随着方形系数减小而下降。因为采用过大的船中横剖面系数时，型线图的曲率变化很大，不易光顺。高速船在方形系数给定情况下，如能满足线型光顺的要求，船中横剖面系数的选择应尽量使菱形系数接近最佳值，以利于阻力性能。

综上所述，船中横剖面系数的选取实际上是取决于方形系数。高速船由于希望有较小的船中横剖面系数，所以其船中横剖面具有相当大的舭部升高和舭部半径；而低速船无舭部升高，其目的在于获得尽可能大的船中横剖面系数。

五、首尾端形状的影响

1. 横剖面形状

横剖面形状，特别是首尾附近的横剖面形状不仅对阻力性能有影响，而且对船的推进性能和耐波性等都有一定影响，因此在选择横剖面形状时要综合考虑。

横剖面形状通常有两种形式，即U形和V形。U形剖面的特点是横剖面面积沿垂直方向分布比较均匀，它在满载水线处较窄，故应与凹形水线相配合；而V形剖面的特点是横剖面面积比较集中于上部，因此它在满载水线处较宽，故应与凸形或直线形水线相配合。

首部横剖面形状：低速船取V形较佳，因为它的湿面积较U形略小，可减小摩擦阻力。同时它的水下部分较瘦，且易于使水流沿纵剖线方向流动，以减少舭部产生的漩涡，所以对阻力性能有利；一般对中高速船以采用U形为佳，虽然U形的湿面积相对于V形略大，但U形可使较多的排水体积分布于满载水线以下，满载水线处较尖瘦，可以减

小兴波阻力。但应注意对中、高速船避免采用极端U形，否则由于舭部曲率半径过小，易于产生舭涡，对阻力性能不利。另外，对于更高速的快艇均采用V形剖面，这主要考虑提高水动力特性和改善耐波性。

尾部横剖面形状：从阻力观点来看，采用V形剖面的优点除湿面积略小外，主要是V形剖面与较宽的满载水线相配合，使水下部分较瘦削，尾部纵剖线较平顺不易产生分离，不但对阻力性能有利，且螺旋桨效率不受影响。另外，较宽的水线更适于布置双桨，因此双桨船的尾部一般采用V形剖面。但从推进观点来看，尾部采用U形剖面可使伴流比较均匀，船体振动较小，特别对提高单螺旋桨船的推进效率有利。所以在实际应用中，有时将尾部V形横剖面在接近推进器处逐渐改为U形，以获得两种剖面线型都有的优点。

2. *球鼻船艏*

对于不同航速的船舶而言，安装适当的球鼻艏，都能起到减小阻力的作用。

（1）减小兴波阻力。对于 Fr 为 0.27～0.34 的中高速船，安装球鼻艏可以减少兴波阻力。这是因为当球鼻艏的大小和位置选择恰当时，在一定的速度范围内，球鼻艏产生的波系和船体波系发生有利的干扰作用，使合成波的波高降低，从而减小兴波阻力。

（2）减小舭涡阻力。肥大船型在航行时，通常在船首底部会发生大量漩涡，并产生埋首现象，从而增大阻力。这是由于舷侧的水流绕过舭部斜向进入船底，与船底原来向后的水流交叉相混，形成漩涡。安装具有整流作用的合适球鼻艏后，可以改善首部流场，减少埋首现象，减小舭涡阻力。

（3）减小破波阻力。肥大船在压载航行时，首部水流情况容易恶化，所以破波阻力相当明显。安装球鼻艏后，首部船体前伸，该处横剖面面积曲线的陡度和首部水线进流角减少，这可改善船首附近的水压力分布，因为缓和了船首破波情况，降低破波阻力。

3. *方尾船尾*

方尾几乎是高速水面舰艇普遍采用的船尾形式。采用方尾的最主要优点在于它的尾部纵剖线坡度缓和近于直线。这样可使水流大致沿纵剖线方向流动，减少高速水流的扭转和弯曲程度，从而减少能量损失，改善阻力性能。更重要的是，高速水流沿着方尾边缘一直延伸到尾后相当距离处，其作用相当于增加了船体的有效长度，在湿表面积不变的情况下，摩擦阻力并未增加，但对于减小剩余阻力有利。方尾的这种作用通常称为虚长度作用。此外，由于方尾的尾部排水体积较大，可减小航行过程中的尾倾现象，从而使尾部的“鸡尾流”波浪情况得到改善。综上所述，对于高速舰艇采用方尾可以得到较小的阻力，有利于提高航速。

除了阻力性能外，方尾还具有结构简单并有较好的回转性、对螺旋桨等有良好的保护作用等优点。

第三节　高速船型的阻力特性

高速船，又称高性能船，是当前世界造船事业的热门课题。这些船舶无论在军用方面，还是在民用交通运输方面都占有相当重要的地位。世界各国十分重视对各种形式高性能船的开发与研制，高速船被预言是“21 世纪海上主要的运输工具之一”。常见的高性能船舶主要有高速排水型艇、滑行艇、水翼艇、高速双体船、气垫船、多体船、小水线面双体船、地效翼船、复合型高性能船等。

航速的绝对大小并不能直接定义“高速”。通常将体积傅汝德数超过 1.182 作为“高速”的衡准依据。体积傅汝德数：

$$Fr_{\nabla} = \frac{V}{\sqrt{g\nabla^{1/3}}} \tag{4-3-1}$$

式中：g 为重力加速度；∇ 为排水体积（m^3）。

通常的排水型船舶由于航速处于排水航行状态，航态变化极小，所以通常不考虑航态对阻力的影响。但对于各种高速船而言，随着航速的变化航态变化非常明显，航态的变化必然会导致阻力性能的变化，因此在讨论高速船阻力特性时必须与航态联系在一起。

已有资料表明：船舶在航行过程中，船体各部位的吃水较静浮时发生变化。图 4-3-1 是巴甫连柯根据试验给出的船舶在不同速度下，船首、船尾和重心处的吃水变化情况，其中速度参数为体积傅汝德数。船舶在航行过程中，伴随航态变化，在垂直方向出现运动和位移，表明其不但受到静力作用，而且必然存在流体动力的作用。

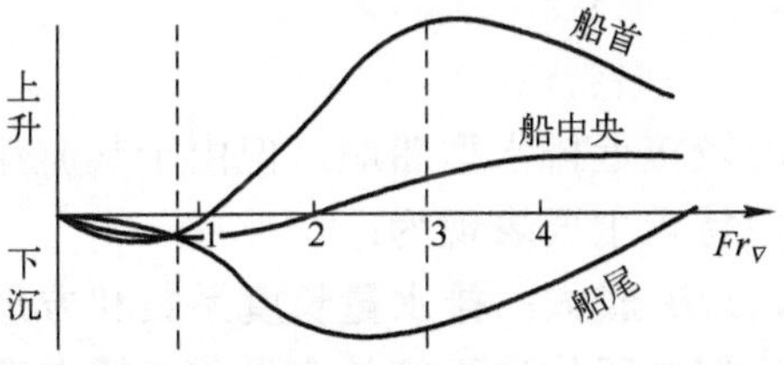

图 4-3-1 船舶运动中的航态与 Fr_{∇} 的关系

设 Δ 为船体排水量，∇ 为船体静浮时的排水体积，∇_1 为船体在航行过程中的排水体积，L 为沿垂直方向作用在船体上的流体动力或升力。则船体在航行时，沿垂直方向的受力平衡关系为

$$\Delta = \rho g \nabla_1 + L \tag{4-3-2}$$

实际航行表明，所有水面船舶大致可以划分为三种航态：

（1）排水航行状态：当 $Fr_{\nabla} < 1.0$ 时，航速较低，流体动力所占比重极小，船体基本上由静浮力支持，船体航态与静浮时变化不大。在这个速度范围内的各种船舶，它们的阻力问题可以认为与航态无关。大多数的民用船， 都是属于这种航态的船舶。所以，在这一航速范围内的船舶，统称水面排水型船舶。

（2）过渡状态：在 $1.0 < Fr_{\nabla} < 3.0$ 时，随航速增高，航态较静浮状态有明显的变化，船首上抬较大，船尾下沉明显，整个船体呈现明显的尾倾现象。在这种状态下，流体动力较排水航行状态明显增大，船的排水体积减小，即 $\nabla_1 < \nabla$。在该速度范围内的各种船舶，它们的阻力特性与航态关系较密切，如高速炮艇、巡逻艇、交通艇都是这种航态范围的船舶。这些船舶流体动力 L 占支持艇体的总浮力的比重不可忽视。但航态基本上处于排水型状态。故这些船称为高速排水型艇，或过渡型艇。

（3）滑行状态：当 $Fr_\nabla>3.0$ 时，此时航速很高，船首、船尾的吃水变化很大，而且整个船体被上抬沿水面“滑行”前进，因此，处在这种航态下的船称为滑行艇。滑行艇处在滑行阶段时，静浮力很小，艇体几乎完全由流体动力 L 来支持，即 $L\approx\Delta$。高速摩托艇、鱼雷快艇及导弹快艇等均属滑行艇之列，滑行艇的阻力特性与航态的关系更为密切。

一、高速排水型艇

“单体船”指的是只有一个船体的排水型船。单体船的优势有：运载效率高、推进功率需求低，具备良好的耐用性、坚固且简单，使用寿命期间的增长公差小，能够使用现有基础设施、成本低。目前，世界上绝大多数常规水面船舶都属于单体船型。根据航速范围的不同，单体船舶可进一步分为排水型船舶、高速排水型艇或称过渡型快艇、滑行艇。

高速排水型艇指的是航速范围处于 $1.0<Fr_\nabla<3.0$ 的单体船舶。这类艇航态随航速变化显著，且阻力特性与航态关系甚密。同时，其流体动力作用也不能忽视。正因如此，这种过渡型快艇不但具有本身的艇型特点，而且其阻力特性既不同于常规排水型船，也不同于滑行艇。

1. 艇型特点

高速排水型艇的航态比较接近排水型船舶，但由于其航速较高，存在流体动力作用的影响，因此这类艇的艇型特点主要表现为：

（1）整个艇体较瘦长，L/B 较大；排水量长度系数和方形系数均较小，这是为了减小高速情况下的剩余阻力。但是船体过于细长会导致其横向静态稳定性的不足。因此，从阻力的观点来看，大多数高速排水型艇的长度要比预期的短。

（2）艇体剖面形状取圆舭型或称为 U 形剖面居多。因此这种艇又常称为圆舭艇。由艇首向尾方向，剖面的横向斜升角迅速减小，甚至趋于 0°。

（3）首部比较瘦削，进流段的水线几乎呈直线，水线的进角较小。其目的是减小兴波阻力。

（4）艇体后体的纵剖线取微凸，对于 $Fr_\nabla>2.0$ 的艇则几乎呈直线。

（5）尾部形状均采用方尾形式。其最突出的优点在于增加艇体的“虚长度”以降低高速时的阻力。

图 4-3-2 所示为典型的高速排水型艇的艇体线型，上述艇型特点在图中均可得到显示。

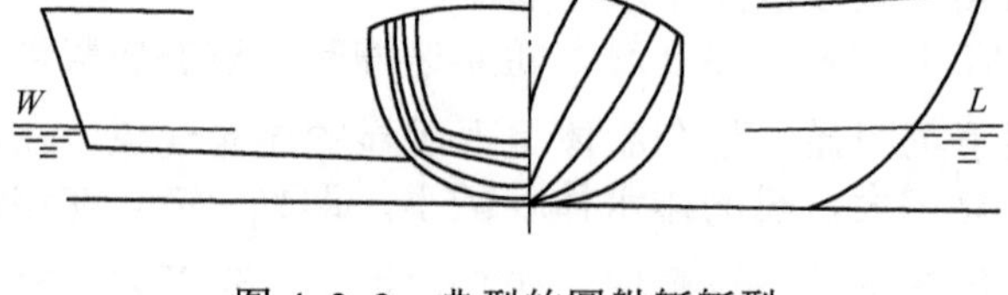

图 4-3-2　典型的圆舭艇艇型

2. 阻力特性

高速排水型快艇航行中的纵倾和艇体各部位吃水变化必然对各种阻力成分，如摩擦阻力、兴波阻力以及飞溅阻力产生影响。

随着航速增大，除兴波现象外，还出现明显的飞溅现象。因而高速排水型快艇的阻力除具有常规排水型船相同的阻力成分之外，还产生飞溅阻力。

图 4-3-3 是高速排水型快艇和排水型船舶以及其他各种水面高速艇的阻力曲线比较。由图 4-3-3 可知，在低速情况，高速排水型快艇的阻力特性可以认为与排水型船基本上相同，实际上此时未出现飞溅现象，艇底水动力无甚影响的情况下，就阻力成分而言两者亦是相同的。在低速时，由于摩擦阻力占主要成分，排水型船的排水量长度系数较高速排水型快艇为大，对减少摩擦阻力有利，因而其相应的单位排水量总阻力 R_t/Δ 显得小些。

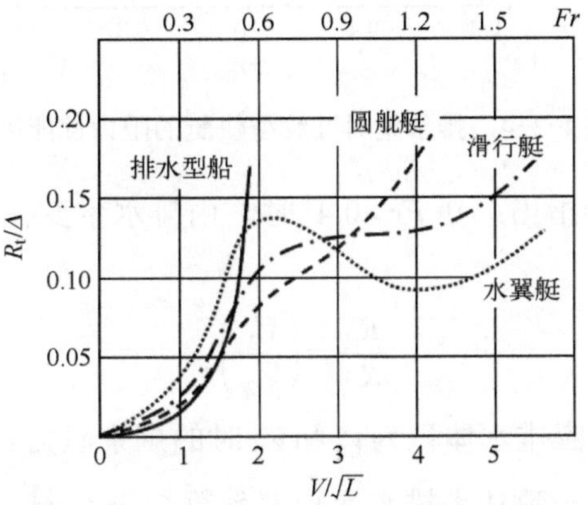

图 4-3-3　水面快艇的阻力曲线比较

随着航速增大，由于流体动力的作用，一方面出现飞溅现象；另一方面在流体动力作用下艇体有所上抬，使兴波阻力有所减小，因此表现在阻力曲线随航速变化比较缓和。如图 4-3-3 所示，在一定航速范围内（$1.5<V/\sqrt{L}<3.0$），圆舭过渡型快艇的阻力性能不但较排水型船低得多，而且较其他各种快艇亦要小。如果航速继续增大至 $V/\sqrt{L}>3.0$ 时，圆舭过渡型快艇由于出现严重的飞溅，因此总阻力中飞溅阻力成分急剧增大，以致其阻力曲线随航速增加而变得更陡，正因如此，一般认为圆舭过渡型快艇的适用范围为 $1.5<V/\sqrt{L}<3.0$。

3. 影响阻力特性的艇型因素

影响高速排水型快艇阻力的主要因素是速度、长度和排水量。如这些要素确定后，则阻力还受其他船型要素的影响，包括横剖面形状、宽度吃水比、菱形系数、水线面系数、船中横剖面系数以及浮心纵向位置等。

一般而言，当设计艇不能达到预定速度时，设法减少艇的排水量或增加艇体长度最为有效。其他参数应尽量选择恰当。

（1）排水量及排水量长度系数的影响。

试验证明，排水量对高速排水型快艇阻力的影响是很敏感的，图 4-3-4 是不同排水量下的剩余阻力系数曲线，在曲线的峰值区内，排水量的变化引起阻力显著的变化。

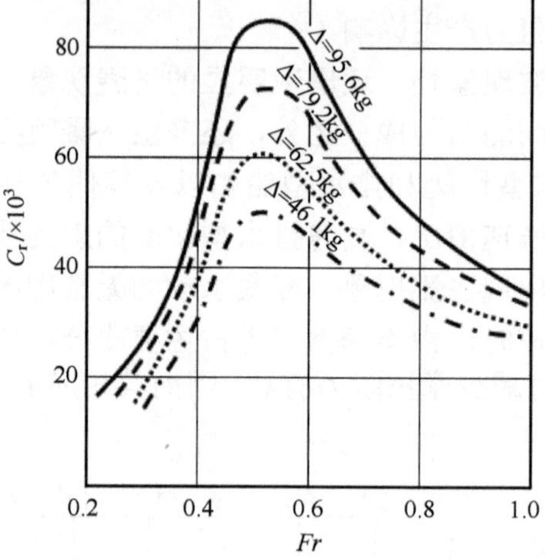

图 4-3-4　排水量对过渡型快艇的阻力性能影响

柏林水池的系列试验指出：在 $Fr>0.4$ 时，由排水量变化而引起的剩余阻力变化成 1.6 次方关系：

$$\frac{R_{r1}}{R_{r2}}=\left(\frac{\nabla_1}{\nabla_2}\right)^{1.6} \tag{4-3-3}$$

式中：R_{r1}、R_{r2} 分别为对应排水体积为 ∇_1 和 ∇_2 时的剩余阻力。

归纳所有资料，几乎一致认为排水量长度系数 $C_\nabla=\dfrac{\Delta}{(0.1L)^3}$ 是影响阻力的重要参数，由图 4-3-5 的瑞典 Nordstrom 资料知剩余阻力系数随 C_∇ 的增加而增加，且在阻力系数曲线“峰值”区内影响最显著。

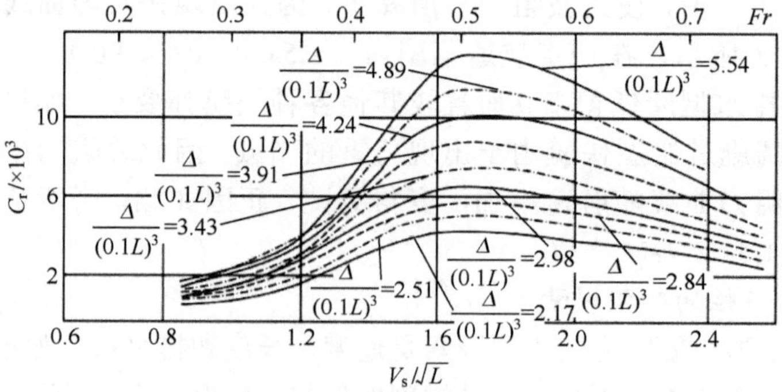

图 4-3-5　水面快艇的阻力曲线比较

（2）横剖面形状的影响。

高速排水型快艇的剖面形状一般有 U 形（圆舭型）和 V 形（折角型）两种。不少研究资料表明：从阻力观点来看，在相同的情况下，在较低航速时，圆舭型的阻力性能较折角型者为佳。一般认为 U 形艇适用的速度范围为 $Fr<1.0$。

（3）横剖面面积曲线形状的影响。

横剖面面积曲线形状往往主要以菱形系数、纵向浮心位置和尾板浸湿面积比来体现。

由于高速排水型艇航速较高，从所有变化浮心位置的模型试验结果来看，剩余阻力为最小的情况均发生在浮心位置处于船中之后，因此浮心位置适当后移往往对阻力性能是有利的。

由于尾板相对浸湿面积 A_t / A_m（A_t、A_m 分别为尾板和船中横剖面面积）与尾部流动相关，因而认为其是影响阻力的参数之一。但试验证明相对尾板宽度 B_t / B_m（B_t、B_m 分别为尾板和船中剖面的水线宽度）与尾板底部横向斜升角β都对阻力有重要影响，B_t / B_m 与β的选取均与 Fr 有关。当 $Fr \geqslant 0.45$ 时，选取较大的相对尾板宽度和较小的β对阻力性能是有利的。

另外，还有一些船型因素对阻力虽有影响，但并不明显。如宽度吃水比较大的情况，其相应的阻力值略高一些；而船中横剖面面积系数对于航速较高的艇取得小一些有利。

二、滑行艇

滑行艇是指航行速度在 $Fr_{\nabla} > 3.0$、艇体质量几乎全由作用在艇底的流体动力升力所支持的高速艇。滑行艇是利用滑行平板的原理在高速时艇体上抬以减少艇体浸湿面积从而达到减阻的目的。这种艇与高速排水型艇相比，航速范围更高，因此有其相应的艇型特点和阻力特性。

1．艇型特点

由于考虑到既要满足滑行艇的快速性要求，又要注意到这种艇的航海性能方面的问题，滑行艇的艇型特点一般地由以下几方面来表征：

（1）艇体剖面形状采用 V 形或称折角型。采用这种剖面形状有利于提高水动力特性。早期研制的滑行艇（常规滑行艇）艇底剖面斜升角不大，有利于产生较大的动升力，但在波浪中吃水较小，耐波性较差；深 V 滑行艇主要是加大剖面斜升角以改善艇的耐波性。

（2）艇体前体剖面的斜升角，特别是首部的艇底斜升角很大，而向尾部方向迅速减小，其原因在于既要减小艇首在汹涛中的严重拍击，又要考虑到尽可能改善后体的水动力性能。

（3）艇体的长宽比 L/B 较过渡型快艇要小，其目的在于增加艇体展弦比提高艇体滑行效率，有利于减小阻力。

（4）纵剖线较平直，特别要避免出现外凸，以防止艇底产生负压力。

图 4-3-6 是典型的滑行艇艇型，上述各特点在该图中可以得到体现。

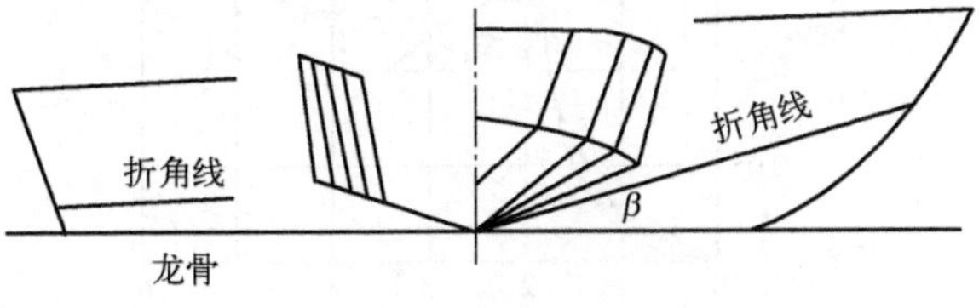

图 4-3-6　滑行艇艇型

2. 阻力特性

（1）滑行艇的阻力成分。

当艇体滑行时，艇底与滑行平板相似，因而研究滑行艇的受力情况可以用滑行平板来代替。

图 4-3-7 所示为无限宽滑行平板以冲角在水面滑行的情况，假定平板静止不动，水流以速度 v 流向平板，则平板所受到的作用力有垂直于板面的压力 N、摩擦力 R_f，平板所受的合力为 P。把 P 分解成垂直于运动方向的升力 L 和沿着运动方向的阻力 R_t，则有

$$R_t = L\tan\tau + R_f / \cos\tau \tag{4-3-4}$$

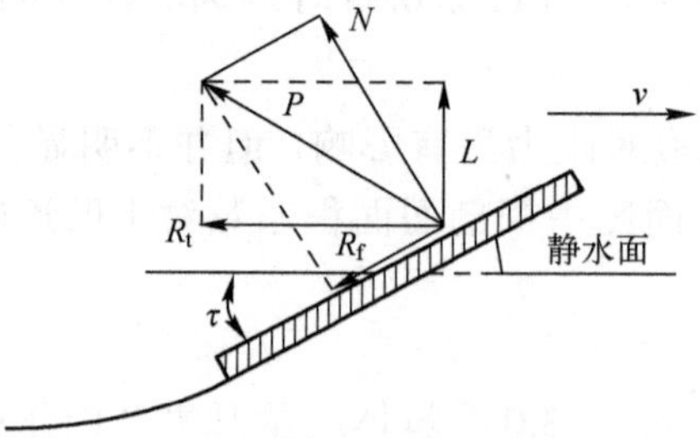

图 4-3-7　滑行平板受力示意图

因为 τ 很小，故 $\cos\tau \approx 1$，且在全滑行状态下有 $L = \Delta$，则有

$$R_t = \Delta\tan\tau + R_f \tag{4-3-5}$$

对于实际滑行艇来说，R_f 是艇体摩擦阻力；$\Delta\tan\tau$ 称为剩余阻力。由于实际航行过程中不仅有飞溅，还有兴波，因而其有兴波阻力和飞溅阻力两种阻力成分，但这两者都是水压力在运动方向的分力，所以是压阻力。研究表明：当航速增大时，兴波阻力在滑行艇的剩余阻力中的成分逐渐减小，飞溅阻力将随航速增大而迅速增长。

（2）滑行艇的阻力曲线形状。

图 4-3-8 中给出了滑行艇的典型阻力曲线形状。当在较低航速范围内（体积傅汝德数较小时），曲线的坡度较陡，与一般排水型船舶相似，阻力随航速的高次方增长。随着航速增大，一般在 Fr_∇ 为 3.0 左右达到起滑阶段，由于水动力升力增大，排水体积减小，故兴波阻力下降。

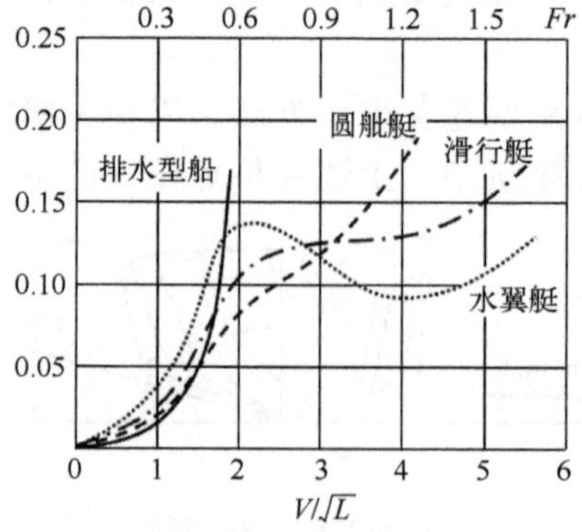

图 4-3-8　滑行艇的典型阻力曲线形状

但滑行艇在高速滑行过程中，出现明显的飞溅现象，艇底流动模型如图 4-3-9 所示。在两舷侧形成一种连续喷射的圆锥面水膜，称为膜状飞溅或主飞溅。此外，在驻点线前还有向两舷外侧喷射的、由很细小的水滴组成的水流束，称为须状飞溅。这两种飞溅耗损的能量就产生飞溅阻力。而须状飞溅还能增加艇底浸湿面积，以致对摩擦阻力有所影响。

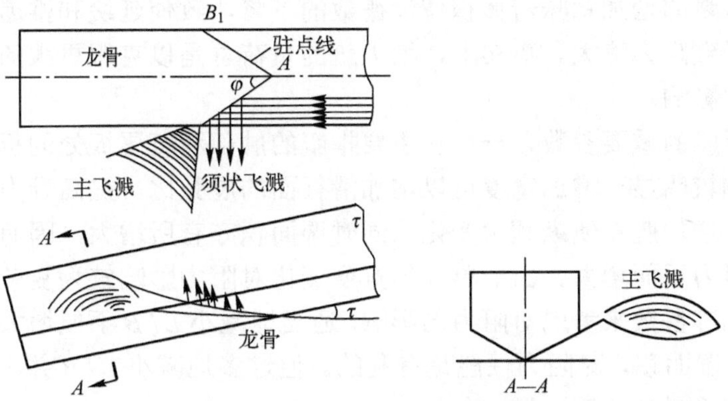

图 4-3-9　滑行艇的飞溅流动模型

兴波阻力与飞溅阻力的不同变化，使阻力曲线坡度变得相当平坦。当航速达到更高阶段后，则阻力曲线又趋陡直。这是由于排水体积无进一步减小，兴波阻力无更多的减小，相反地，艇底动压力很大，飞溅阻力明显地急剧增大，反映出总阻力随航速迅速增大。

（3）最佳航行纵倾角。

滑行艇的纵倾角变化将引起各种阻力成分有不同的变化。如纵倾角增大时，尾部的绕流速度增大，特别是艇尾的“鸡尾流”现象将更严重，剩余阻力随之增大。但一般来说纵倾角增大将使艇体湿长度变短，湿面积减小，故摩擦阻力 R_f 下降。由此可知，在一定排水量和航速时必有一个对应于最小阻力的“最佳航行纵倾角”，故通过调节纵倾角，有时可以改善阻力性能。

3. 影响阻力特性的艇型因素

滑行艇由于运动状态与过渡型快艇相比已有质的变化，因而影响这种艇的阻力性能的因素亦有所不同。线型是决定艇体性能的主要因素之一，当前世界发展动向是侧重考虑在具有优异的适航性条件下兼顾快速性。

（1）剖面形状的影响。

就艇体剖面形状来说，为了能提高流体动力性能，几乎所有的滑行艇均采用 V 形剖面。从阻力观点来看，平底滑行艇不但升力系数大，且湿面积和摩擦阻力最小。但这种艇型不但无航向稳定性，难以操纵，且在汹涛中航行时将遭受到很大的拍击力作用。因而既要考虑流体动力性能，又要注意到艇在波浪中的拍击和满足操纵性需要，一般滑行艇采用有明显折角的 V 形剖面（又称折角型），即具有一定横向斜升角的横剖面。一般情况下，在艇首横向斜升角很大（约 60°），而向艇尾方向逐渐减小。斜升角的大小对滑行艇的水动力性能影响颇大。理论和试验均证明增大斜升角会导致流体动力作用减小，对阻力性能带来不利影响。其原因是：一方面由于增加了艇底湿面积，使摩擦阻力增大；另一方面增大了横向流动，以致引起舷侧严重的飞溅，从而损耗了艇底的水动压力。

（2）排水量的影响。

排水量对滑行艇阻力的影响很敏感。因为增大排水量不但使艇体的剩余阻力 $\Delta\tan\tau$ 增大，而且排水量的增加意味着体积傅汝德数的下降，致使延缓和推迟了滑行阶段。显然这两方面均导致阻力增大。事实上，增大艇的负荷总是以克服更大的阻力为代价。

（3）艇宽的影响。

艇宽是滑行艇的重要参数之一。它主要指艇的舯部和艇尾板处的折角线宽度。艇体宽度对阻力影响较明显。增加宽度可以增加滑行面的展弦比，提高升力系数。但在一定的重心位置下，增加艇宽使纵倾角变化，同时湿面积亦有所增大，因而会引起阻力性能的变化，有时阻力反而增大。由于单纯的宽度变化对阻力影响较为复杂，故通常以长宽比或宽度吃水比等参数来考虑对阻力的影响。适当地减小 L/B 不但增大了滑行面的展弦比，而且减小了湿面积，对阻力性能是有利的。但过多地减小 L/B 并不可取，因为试验证明实际上存在“最佳长宽比”。

艇的尾板宽度 B_t 对滑行艇的流体动力性能亦有较大影响，但不像艇舯部宽度 B_m 那么强烈。一般来说，减小 B_t 尾部流体动力会减小，导致艇的航行纵倾角增大，因而阻力会发生变化。具体的阻力值是增大还是减小，将取决于艇的相对航速 Fr 的大小。同样的理由，尾板过宽并不一定可取。如果再考虑到增加尾部宽度将导致摩擦阻力增大，甚至不利于尾部水流自然收缩等原因，那么通常尾部宽度有一定范围：B_t =（60%～80%）B_m。

4. 重心纵向位置

滑行艇的重心纵向位置是影响滑行艇性能，特别是阻力性能的又一个重要参数。正因如此，对于滑行艇来说，不但对排水量的控制比较严格，而且对艇体质量的布置有一定限制。在给定排水量情况下重心位置、航速和艇宽构成滑行艇的三个重要因素。

从阻力观点来看，重心后移，将增大滑行艇的纵倾角，减小湿长度。如果艇体原来的纵倾角较小，显然对阻力性能有利；如果艇体原来已处于最佳纵倾状态，可以在重心后移的同时改用较大的艇宽。这样既保持了有利冲角，又增大了展弦比，无疑将会提高滑行性能，阻力性能可望得到明显的改善。62 系列的不同重心位置的阻力试验结果表明，重心位置过前或过后均是不利的，当重心在流体压力中心后（4%～8%）L 时有较好的阻力性能。

三、水翼艇

水翼艇的船身底部有支架，装有水翼。当船的速度逐渐增加时，水翼提供的浮力会把船身抬离水面（称为水翼飞航或水翼航行，Foilborne），从而大大减小水的阻力来增大航行速度。水翼艇在航行过程中艇体可完全或部分抬出水面（如图 4-3-10 所示）。水翼艇与滑行艇相比较，其优点主要在于：提高了航速，改善了航海性能。水翼艇由于消除了兴波阻力的影响，浸湿面积较滑行面更小，因而在高速航行时其阻力较滑行艇要小。在相同情况下，水翼艇的航速较同类滑行艇为高。另外，水翼艇由于艇体被抬出水面，几乎不受波浪影响。较滑行艇具有良好的冲击性、飞溅性和淹湿性等。

图 4-3-10　美国“飞马”级水翼导弹艇高速行驶状态

1. 艇型特点

水翼艇的种类由于分类方法不同，名称较多，但目前更注重按水翼系统进行分类。

水翼艇按水翼数目分类可分为单水翼艇、双水翼艇或多水翼艇。单水翼艇是仅在艇首底下装有水翼。艇体的质量一部分由首部水翼来支持；另一部分由艇体尾部的滑行面支承。双水翼艇或多水翼艇在艇体首尾部的底下均装有水翼。艇体全部质量由两个或两个以上的水翼支持。

水翼艇按水翼上的载荷分布分类可分为机式水翼系统、鸭式水翼系统、串列式水翼系统。机式水翼系统是指前水翼（又称首水翼）支持65%以上，甚至80%～90%的总质量。绝大部分的水翼面积分布在重心之前的水翼系统称为机式配置。一般来说，这种水翼艇要求重心纵向位置靠前，其大体为：$0 < x / L < 0.35$。鸭式水翼系统与机式水翼系统情况正相反，总载荷主要由后水翼承受。前水翼承受35%以下，甚至仅约10%的载荷。这种水翼配置要求艇体重心较后，一般为：$0.65 < x / L < 1.06$。串列式水翼系统的首水翼承受不超过65%的总载荷。前后水翼尺度相近，水翼面积大致均匀分布于艇的重心前后，所以艇体重心一般在舯部附近，即 $0.35 < x / L < 0.65$。

水翼艇按水翼与水面相对位置分类可分为全浸式水翼艇和割划式水翼艇。全浸式水翼艇是指航行时水翼面积全部浸入水中的水翼艇，一般把水翼浸深小于水翼弦长者称为浅浸式水翼，浸深大于水翼弦长者称为深浸式水翼。割划式水翼艇航行时水翼割划水面，即一部分水翼面积在水面之下，另一部分穿过水面在水面之上。割划式水翼按水翼本身形状来分，又有V形水翼、弧形水翼、梯形水翼，以及阶梯形水翼。

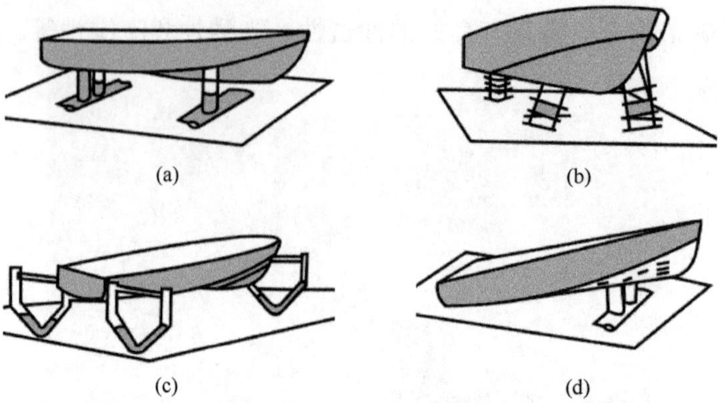

图 4-3-11　几种水翼艇形式

全浸式水翼和割划式水翼除与水面相对位置不同外，它们的升力调整方式亦不同，全浸式水翼，其升力面的面积是固定不变的。因此，当航速变化时，维持升力与重力间的平衡是依靠改变水翼攻角来实现的。所以一般现代水翼艇都装有自动控制机构，以确保水翼艇在不同航速下航行。这种水翼艇又称为自控水翼艇。有关研究表明：对于全浸式水翼，其升力系数随相对浸深减小而下降，且越靠近水面这种影响越明显，这种现象称为浅浸效应。

割划式水翼艇当航速改变时，其重力和升力间的平衡是由整个艇体的升降来维持的。因为当航速下降时，升力将减小，艇体随之下降，因而水翼的升力面面积增大，升力增大，从而使重力与升力间重新达到平衡。这种水翼艇具有自稳性。

2. 阻力特性

水翼艇的航速范围与其航行方式有关，根据体积博汝德数 Fr_∇ 范围，一般可以区分这种艇所处的航行方式，如表 4-3-1 所列。

表 4-3-1　水翼艇的航行方式

Fr_∇	V/V_{max}	航行方式	支持方式
≤4.0	≤0.4	排水航态（浮航）	艇体
4.0~4.5	0.4~0.5	离水（起飞）	艇体＋水翼
>6.0	>0.6	翼航状态	水翼

表 4-3-1 中 V_{max} 为水翼艇的最大航速。一般水翼艇，为了避免艇体在水中高速航行的不利影响，其起飞速度通常不大于最大速度的一半。因此为了保持相同的升力，在起飞时的水翼升力面积或者水翼的升力系数应该为翼航状态下的 4 倍。割划式水翼的上部设计成具有较大的攻角以缓和对升力面面积的要求。而其下部设计成具有较小的攻角，有利于延迟空泡的产生。

水翼艇的阻力包括艇体阻力 R_h、水翼阻力 D_{f1}、支柱阻力 D_{str}、其他附体阻力 R_{ap} 和空气阻力 R_{aa}。在不同航态下水翼艇的阻力成分是不同的。

处于浮航状态直至完成起飞阶段之前的总阻力为

$$R_t = R_h + D_{f1} + D_{str} + R_{ap} + R_{aa} \tag{4-3-6}$$

航速小于阻峰速度时，艇体阻力和水翼阻力占总阻力的主要成分。在阻峰速度时，由于艇体阻力达到“峰值”，因而总阻力出现极大值。当 $Fr_V > 4.0$ 时，一般可以达到起飞速度，故认为 $R_h \to 0$。但单水翼艇的阻力应包括艇尾部滑行面的阻力。

当水翼艇处于翼航状态下，由于 $R_h = 0$，其阻力为

$$R_t = D_{f1} + D_{str} + R_{ap} + R_{aa} \tag{4-3-7}$$

其中，水翼和支柱的阻力占总阻力的主要成分。

水翼艇的阻力曲线与普通水面船舶，甚至滑行艇有明显的不同（见图 4-3-12）。整个阻力曲线，即由低速浮航，加速至艇体离水达到翼航的过程中，不同航行方式时的阻力特性可以由几个特征速度来表征：

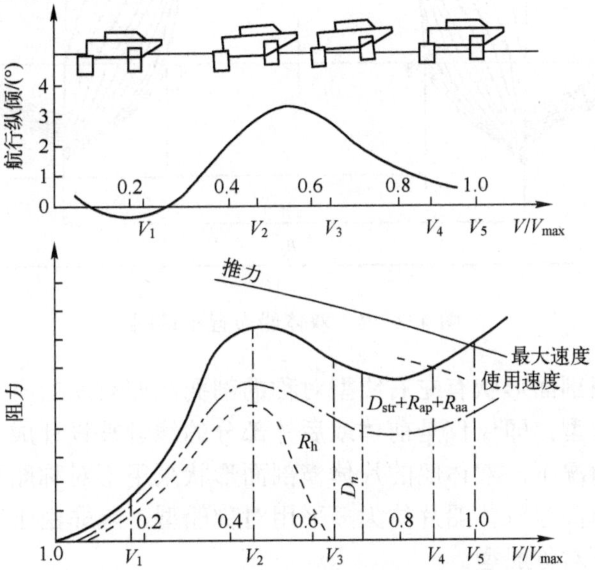

图 4-3-12 水翼艇的阻力与速度关系曲线

浮航速度 V_1：这时艇的航速很低，航行过程中出现少量首倾，与一般水面船舶类似。

阻峰速度 V_2：由浮航加速，随着航速增大，艇首上抬，阻力明显增大，至阻力极大值时所对应的航速称为阻峰速度，其值为 $V_2 < 0.5V_{max}$，艇体已进入起飞阶段。

离水速度 V_3：航速超过阻峰速度后，艇体水动力和水翼升力进一步增大，艇体开始离水，阻力骤降，至艇体完全脱离水面时的航速为离水速度。此时起飞过程结束，进入翼航状态，这段时间称为起飞时间。在这段过程中必须有足够的推力裕度，从而可使艇体有足够的加速度，螺旋桨一直处于重荷状态。所以起飞时间不宜过长，通常约为 1min。

设计航速 V_4：艇体离水后，由于艇体水阻力消失，总阻力急剧下降，航速增加很快，艇体飞高增大，水翼支柱及附件等的水下部分面积进一步减小，阻力达到极小值。主机转速迅速上升，为此必须调整至使用的经济转速。由航速的增大使阻力又趋增大，直至螺旋桨推力与相应速度下的阻力达到平衡，此时的航速称为设计航速。

最大航速V_{max}：若在起飞后主机仍保持最大转速，且对应最大功率，此时达到的航速就是最大航速。

四、高速双体船

1. 船型特点

双体船由两个侧体或半船体组成，它们通过一个交叉结构相连接。图 4-3-13 是双体船布置示意图。两片体的纵中剖面的距离为 W，两片体船中横剖面在设计水线外的内侧间距为 C，因此双体船设计水线的总宽 B_d 大于片体设计水线 b 的 2 倍。

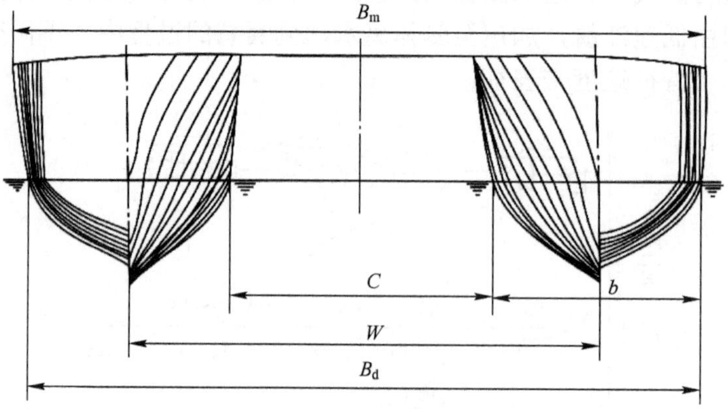

图 4-3-13　双体船布置示意图

双体船的片体横剖面形状有左右线型对称的剖面，亦有左右不对称的线型。有的双体船采用部分不对称型，即仅仅是前体或后体部分的线型被设计成不对称剖面。但有关研究表明：在高速情况下，双体船的片体横剖面形状采用不对称船型的阻力性能，均较对称船型为差，因而高速双体船片体大多采用对称船型，除非由于耐波性等特定要求，否则一般并不选择不对称船型。

此外，由于高速双体船航速较高，其航速范围与高速排水型艇相同，因此很多高速双体船常选择某些较成熟的高速圆舭艇系列的船型，如英国的 NPL 系列等。但其长度排水体积系数更大，船型更瘦长。

2. 阻力特性

高速双体船的总阻力：

$$R_t = R_f + R_r + \Delta R$$

其中 R_f 为两片体自身的摩擦阻力。双体船与相当的单体船相比，湿面积较大，所以摩擦阻力亦较大。

R_r 为两片体自身的剩余阻力。与相同排水量的单体船相比，由于一个船体分成两个片体，因此单个片体的长度排水体积系数或长宽比都较大，这将明显地减少水面兴波和降低兴波阻力。同时对减小黏压阻力亦有利。

ΔR 为两片体间的干扰阻力。双体船干扰阻力是由两片体间波系干扰和黏性流体的不对称性引起的。由于干扰阻力的存在，双体船的总阻力曲线不同于两个互相独立片体的阻力曲线，这是双体船（或多体船）的主要阻力特性。

单个片体波系干扰与常规单体船完全一样，仅发生于自身的首尾横波系之间，而首尾散波之间并不产生干扰作用。但双体船片体间的波系干扰，既发生于横波系，也发生于两片体间的散波系。双体船两片体的内侧，限制了两片体所兴起波浪的扩散，两片体散波在此处发生交汇而产生干扰，片体外侧兴波情况没有变化。

双体船片体的绕流与孤立片体的绕流之间存在的差别是：前者绕流是非对称的，而后者绕流是对称的。由于双体船内侧绕流受到两片体的限制，流速显著增大，因而内侧边界层厚度发生变化，甚至形成漩涡而产生黏性干扰。

3. 影响阻力特性的艇型因素

影响高速双体船阻力性能的因素有很多，除前述剖面形状外，排水体积长度系数和片体间距无疑是影响阻力的最重要因素。

（1）排水体积长度系数对阻力的影响。

由于排水体积长度系数是影响高速排水型艇阻力性能的最重要参数，因此其对高速双体船的阻力性能的影响同样极为重要。图 4-3-14 和图 4-3-15 分别给出了$W/b=2.0$时不同$L/\nabla^{1/3}$时的剩余阻力系数C_r及干扰系数$k_r=\Delta C_r/C_r$曲线。其中ΔC_r为片体附加剩余阻力系数，包含兴波阻力的附加干扰和黏性阻力的干扰成分。C_r为片体自身的剩余阻力系数。由图知：当$L/\nabla^{1/3}$增大时，不但C_r值明显减小，而且k_r值亦减小。说明随着长度排水体积系数增大，两片体间的阻力干扰亦明显减弱。这可以理解为：由于$L/\nabla^{1/3}$增大，片体本身的兴波减小，因此C_r值减小，从而使两片体间的兴波阻力附加干扰减弱，k_r值随之减小。

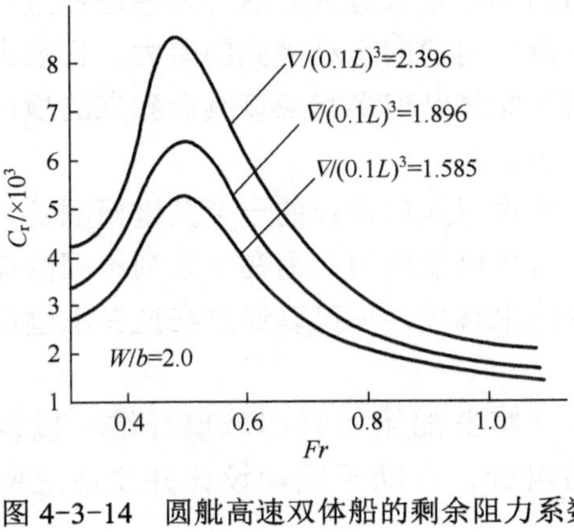

图 4-3-14　圆舭高速双体船的剩余阻力系数

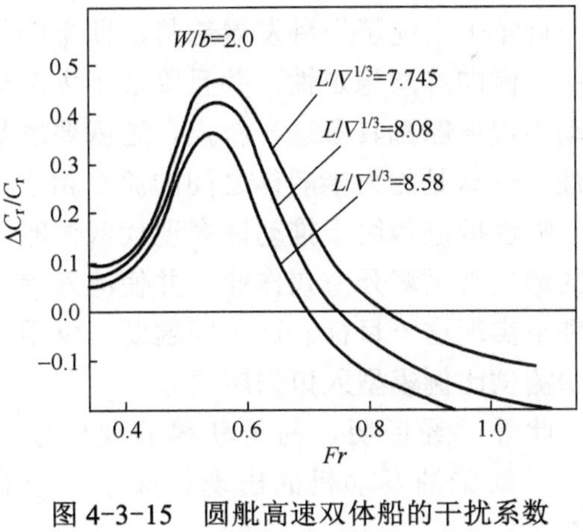

图 4-3-15　圆舭高速双体船的干扰系数

（2）片体间距对阻力的影响。

双体船的片体间距对兴波干扰阻力的影响较大，片体间距决定了两个片体间散波交汇点的位置及横波的重合程度。片体间距越大，则散波交汇点的位置越推向船后，横波的重合程度越小，片体间的兴波干扰越小。试验研究表明，当片体的相对内侧间距$k=C/b$在 0.7~1.0 时，片体系波相互干扰剧烈，引起的兴波干扰阻力最大。因此双体船的设计尽可能增大片体间距，以避免过大的干扰阻力，同时由图 4-3-16 可知，片体间距对阻力的影响，在 Fr=0.5 峰值区内反映最为明显。

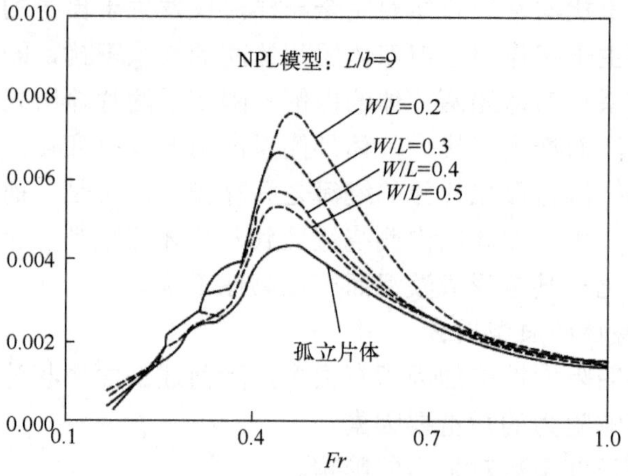

图 4-3-16 圆舭高速双体船片体间距对兴波阻力的影响

双体船的船体形状有很大的选择余地，因此也带来了与最佳船体形状有关的问题。

双体船几何形状具备的优势与半船体的船首形状有关，在遇到波浪时，半船体提供很少的储备浮力。因此，在波涛汹涌的海面上，船体可能会穿过巨浪，而不是顺应巨浪。船首的形状也会导致相对较低的阻尼，所以船舶的运动速度可能不一定降低。“大型”穿浪双体船船首延伸部分安装在半船体之间，它不会与水接触或者只有下端与水接触，旨在防止船只卷入迎面而来的巨浪。中间船首与水面的接近程度取决于船舶的荷载情况。因此，穿浪双体船本质上仍然是一艘双体船，而不是三体船。

近年来出现了一种发展趋势，即半船体之间的间距越来越大。这一发展趋势进一步提高了侧向静态稳定性，并且降低了大部分速度范围内前向运动受到的阻力。目前大多数动力双体船都具备这一特点，这就要求最佳的半船体几何形状应该具有独立的横向对称性——这是因为半船体之间的流动相互作用较小。

喷水推进器用于推动许多现代双体船。喷水推进器入口设计的一个关键问题是，入口的形状必须避开空穴作业，并使流入旋桨的流体尽可能均匀。需在一系列不同的操作条件下实现这一目标。这一问题既可以用势流理论来解决，也可以通过在拖曳水槽或风洞中测试比例模型入口来解决。

此外，经证明，易于获得的现代建筑材料（特殊船用铝材和玻璃纤维）以及轻质、节油柴油发动机的出现构成了一个有效的组合，有助于成功设计并建造这些双体船。

五、小水线面双体船

小水线面双体船（SWATH）又称半潜双体船。这是 20 世纪 60 年代后期为改善耐波性而研制的一种新型高速船。

1. 船型特点

小水线面双体船由下体、水上船体和支柱三部分组成，如图 4-3-17 所示。下体是两个完全浸没在水中的、彼此平行的回转体。每个回转体称为片体，其形状类似于鱼雷。片体是产生浮力的主要部分。水上船体包括连接桥在内的所有结构部分统称上体。支柱垂直穿过水面在上体与下体之间起连接作用。小水线面双体船与普通双体船的区别主要是后者的两片体并不完全浸没在水中，且是普通船体。

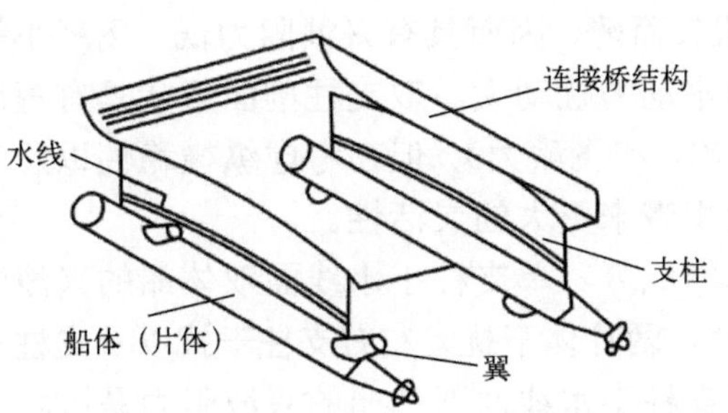

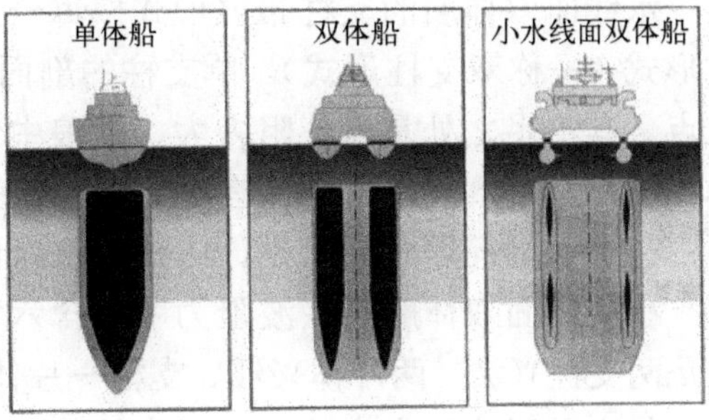

图 4-3-17 典型的小水线面双体船

小水线面双体船的主要优点大致归纳为：

（1）由于水线面面积小，且主要排水体积沉没在水中，因此航行中兴波小，使兴波阻力明显下降。

（2）与一般排水型船相比，耐波性较佳，不但在恶劣的海况下仍可平稳航行，而且由波浪引起的附加阻力小，因此失速小。

（3）从使用性来看，小水线面双体船具有甲板面积大、航行性能好等特点。

（4）生产成本低，建造周期短。小水线面双体船几乎全是平面与圆柱等简单形状的组合，所以便于进行组件设计和建造。

小水线面双体船由于独特的优点，因而引起各方面的关注，特别是海军对这种船的兴趣更大。美国海军最近几年加紧了小水线面双体船的研制工作，并视为先进舰艇的一个极有希望的分支。小水线面双体船在民用方面同样有着很大的发展前途，特别适用于客船、海洋调查船和钻井船等。

但是，也应看到小水线面双体船存在一些缺点。首先，由于它是多体船，因而结构自重大，湿面积很大，造成低速时的阻力较常规船为大；其次，由于水线面小，因此吃水较深，且船宽较大，特别在大吨位时，易受到港口、航道的限制；此外，传动装置系统复杂，且需要航态控制系统。

2. 阻力特性

由于小水线面双体船的问题远较常规单体船复杂，因此其阻力性能亦存在一定的复杂性。这种船航行中的阻力主要包括摩擦阻力、兴波阻力和空气阻力。除了空气阻力可按常规船类似方法处理外，其他两种阻力都有一定的特殊性。

（1）摩擦阻力。

小水线面双体船的湿面积较相当的单体船要大，因此其摩擦阻力亦大。单体船、常规双体船和小水线面双体船的湿面积系数 $C_s = S/\sqrt{\nabla L}$ 相对大小关系约为1.0：1.4：2.3。

（2）兴波阻力。

小水线面双体船尽管主要排水体积浸没在水中，但仍较接近水面；支柱虽然体积不大，但垂直穿越水面；片体与支柱间存在相互干扰。这些因素造成了这种船的兴波阻力复杂性。

水线面双体船的支柱布置形式按每一片体的支柱数可以分成：单支柱形式和串列支柱形式（又称双支柱形式）。单支柱的剖面形状长而薄，因而具有兴波阻力低、飞溅小等优点。其不足之处是摩擦阻力大、横浪中侧向水动力扰动大。双支柱剖面形状具有短而厚的特点，虽然阻力性能较差（主要是高速时兴波和飞溅大），但在考虑纵横稳性以及波浪中的运动等问题时，给设计中选择水线面面积带来更大的灵活性。

小水线面双体船的兴波阻力中包含六种阻力成分。单支柱小水线面双体船的兴波阻力是两支柱兴波、两片体兴波、支柱—片体干扰、两片体干扰、左右支柱干扰以及支柱—片体的交叉干扰等产生的兴波阻力的总和。双支柱小水线面双体船的兴波阻力是：两片体兴波、前支柱兴波、后支柱兴波、前支柱—片体干扰、后支柱—片体干扰以及前后支柱干扰等产生的兴波阻力的总和。

由图 4-3-18 知，对于单支柱小水线面双体船，兴波阻力的第一个峰值点是在 $Fr=0.3$ 附近。这是由于支柱、片体本身产生较大的兴波阻力，以及两片体的不利干扰。在 $Fr=0.36$ 附近存在兴波阻力“谷点”。这是因为，两片体的兴波阻力接近“最小值”，且出现各种有利干扰。兴波阻力的第二个峰值点是在 $Fr=0.5$ 附近。这时主要由两片体兴波、片体与支柱干扰，以及左右舷之间不利干扰等因素引起的。

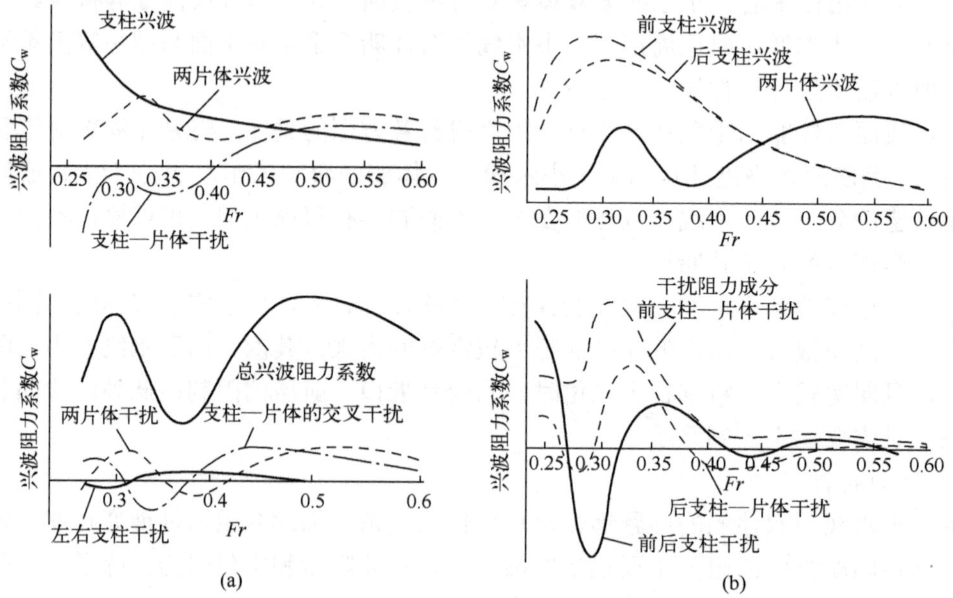

图 4-3-18 单/双支柱小水线面双体船的兴波阻力曲线

（a）单支柱；（b）双支柱。

如将图 4-3-18 中各兴波阻力成分叠加，可以得到双支柱小水线面双体船总的兴波阻力曲线。可以发现第一个峰点在 $Fr \approx 0.33$，谷点在 $Fr \approx 0.4$，最后一个峰点在 $Fr \approx 0.5$。

由上述情况知，小水线面双体船在较低速时，特别在 $Fr \leqslant 0.35$，不但摩擦阻力大，且有可能处于兴波阻力峰值区附近，因而阻力性能不佳，甚至不如单体船。只有在较高航速情况，特别是越过最后一个阻力峰时，兴波阻力的有效减小量将足以弥补摩擦阻力的增加值，从而显示出阻力性能方面的优越性。但是应该指出：在高速情况下，支柱的飞溅阻力变得相当重要，且随航速增大而迅速增加。如果片体浸没深度较浅，且又采用双支柱形式，则兴波阻力和飞溅阻力都比较大，必须予以充分注意。

思 考 题

1. 排水量长度系数对船体阻力的影响规律是什么？
2. 叙述舰船航态与阻力的关系。
3. 高速排水型船和滑行艇的阻力特点有哪些差别？
4. 水翼艇的水翼布局有哪几种类型？
5. 高速双体船和小水线面双体船的阻力性能有哪些不同？

第五章　螺旋桨几何形状

自 19 世纪中叶以来，螺旋桨开始在海洋航行的舰船上大范围应用，到现在，螺旋桨仍然是各类舰艇使用最多的推进方式，螺旋桨特殊的外形设计使它能产生良好的水动力性能。掌握螺旋桨的几何外形特征是研究螺旋桨水动力性能的基础。

第一节　螺旋桨的组成和外形

一、桨的数目及安装位置

舰船螺旋桨的功能是产生推力。根据舰船类型、船体形状、航速要求和主机特点等的不同，可有单桨、双桨、多桨等多种配置，有时也将舰船安装螺旋桨的数目用轴数 Z 表示。在船尾部中线处只装一只螺旋桨的船称为单螺旋桨船，左右各一只螺旋桨的船称为双螺旋桨船，也有 3 桨、4 桨等多桨船。

主推螺旋桨作为推动舰船高速航行的主推进器一般布置在船尾（图 5-1-1），有的舰船为了便于离靠码头，或者出于提高操纵能力、增加应急推进手段等方面的考虑，装有辅助推进器（以下简称“辅推”，如俄罗斯基洛级潜艇、现代级导弹驱逐舰、美国斯普鲁恩斯级驱逐舰等）；或者侧向推进器（以下简称“侧推”），如图 5-1-2 所示。

图 5-1-1　舰船尾部的主推螺旋桨

图 5-1-2　船舶首部的侧推螺旋桨

二、螺旋桨的组成

螺旋桨由若干桨叶和桨毂及毂帽组成（图 5-1-3），桨叶和桨毂可以是整体成型的，也可以是装配在一起的。

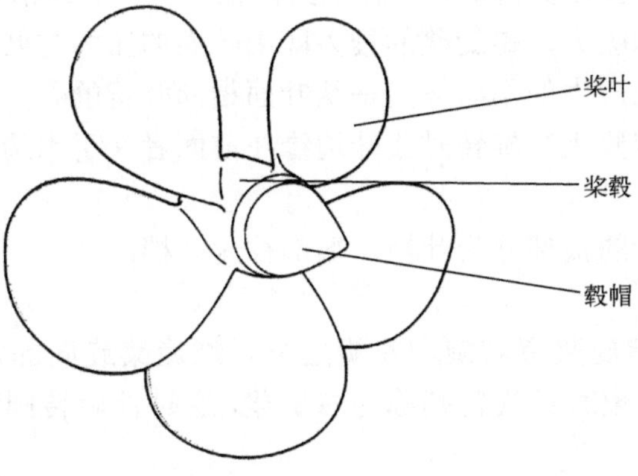

图 5-1-3　螺旋桨组成

螺旋桨安装在舰船从船体向船尾底部伸出的桨轴上，桨毂是螺旋桨与舰船尾轴装配连接的部分，一般是一个截头的锥形体，“大头”在前面（迎来流方向的一面）。桨毂的尺寸用毂径 d 表示，指的是桨叶叶根中点对应的桨毂直径。在桨毂的后端需要安装毂帽将螺旋桨锁定。

桨叶固定在桨毂上，叶数 Z 一般在 2～7 个，2 叶螺旋桨仅用于机帆船或小艇上，普通螺旋桨常为 3 叶或 4 叶，有些船舶（如大吨位大功率的油船）和军舰为避免振动而采用 5 叶或 5 叶以上的螺旋桨，潜艇则采用 7 叶桨。

三、螺旋桨的外形

1. 螺旋桨的叶片

螺旋桨的推力主要是由桨叶产生，桨叶是扭曲状的三维实体，由叶面、叶背、导边、随边、叶梢、叶根组成（图 5-1-4）。

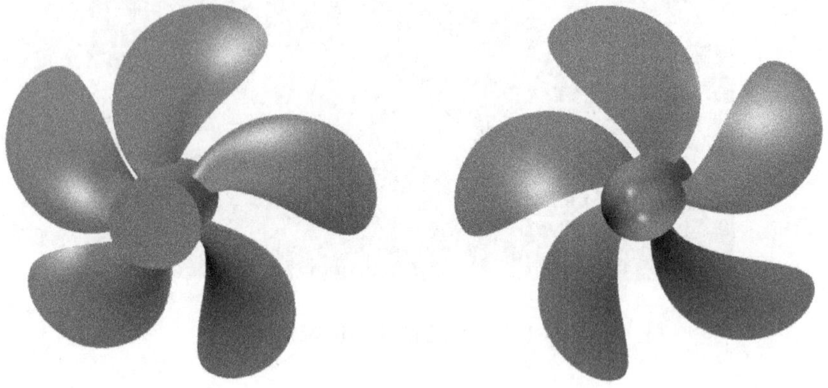

图 5-1-4 螺旋桨外形

叶面和叶背：用作主推进器的螺旋桨一般装在船尾，从船尾向船首看，所看到的一面称为叶面，相反的一面称为叶背，叶面和叶背也分别称为压力面和吸力面，其原因是在螺旋桨正常工作时叶面压力升高，叶背压力降低，也可认为相对于静压力而言，叶面、叶背分别产生了压力和吸力，螺旋桨的推力即由叶面的压力与叶背的吸力合成的。螺旋桨正常工作时，桨叶上产生的推力方向是从叶面指向叶背的。

导边和随边：螺旋桨正车旋转时桨叶边缘在前面者（引水边）称为导边，另一边称为随边。

叶根和叶梢：桨叶的根部称为叶根，端部称为叶梢。

2. 螺旋桨的旋向

对单桨船而言，螺旋桨有右旋和左旋之分。螺旋桨旋向的定义是，从船尾向船首看，螺旋桨推船前进时顺时针旋转则称为右旋桨，逆时针旋转则称为左旋桨（图 5-1-5、图 5-1-6）。

图 5-1-5 潜艇尾部的左旋螺旋桨

图 5-1-6 潜艇尾部的右旋螺旋桨

对于双桨船而言，螺旋桨有内旋和外旋之分。在正车旋转时，位于上部十二点钟的桨叶向船的中线方向旋转则称为内旋桨，向外舷侧旋转则称为外旋桨。内旋和外旋描述了船尾两个对称安装的螺旋桨的旋转方向。图 5-1-7 所示的双桨船为外旋桨配置。

图 5-1-7　双桨船尾部的外旋桨

3. 螺旋桨的尺寸

螺旋桨的尺寸大小一般用直径表示。螺旋桨旋转一周所形成的圆盘称为桨盘面，由桨叶的“顶点”叶梢画出的圆称为梢圆，梢圆的直径称为螺旋桨的直径 D，梢圆的面积称为螺旋桨盘面积 $A_0=\frac{\pi D^2}{4}$（图 5-1-8）。

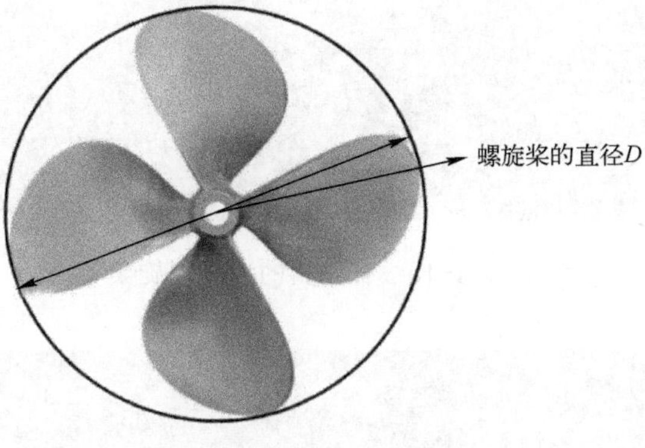

图 5-1-8　螺旋桨的直径

桨叶是一个扭曲状的三维体，将桨叶展平测量得到桨叶的面积，然后乘以叶数，得到螺旋桨的叶面面积，记作 A。在工程上也常用盘面比 A/A_0 表示桨叶面积的比例，盘面比 A/A_0 是桨叶面积 A 与盘面积 A_0 的比值，A/A_0 表征叶片轮廓形状的饱满程度，A/A_0 大则表示叶片饱满。注意，螺旋桨的 A/A_0 可以大于 1.0。图 5-1-9 显示了不同盘面比的螺旋桨。

4. 螺旋桨的侧斜与纵倾

螺旋桨桨叶根据实际需要可以设计成有侧斜和纵倾的布局形式。有侧斜的潜艇螺旋桨和水面舰艇的螺旋桨如图 5-1-10、图 5-1-11 所示。

图 5-1-9　不同盘面比的螺旋桨

图 5-1-10　有侧斜的潜艇螺旋桨

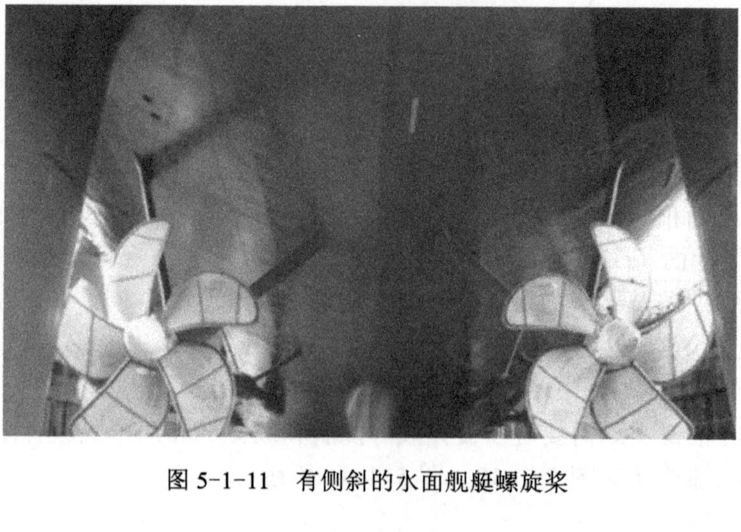

图 5-1-11　有侧斜的水面舰艇螺旋桨

在桨叶叶面上的叶根中点处取一点，过该点作桨轴线的垂线，得到螺旋桨的参考线。在螺旋桨桨叶的正视图上，若桨叶的正投影轮廓关于螺旋桨的参考线是对称的，则为对称螺旋桨（图 5-1-12）；若桨叶的投影轮廓关于螺旋桨参考线不对称，则为侧斜螺旋桨（图 5-1-13）。正视图上桨叶各半径处叶面中点偏离螺旋桨参考线的角度称为侧斜角，用 θ_s 表示。向导边一侧偏离的侧斜角为负值，向随边一侧偏离的侧斜角为正值。桨叶各半径处的侧斜角可以不同。一般地，为了避免螺旋桨叶梢偏离螺旋桨参考线的侧斜距离过大，桨叶内半径与外半径的侧斜角方向不同。

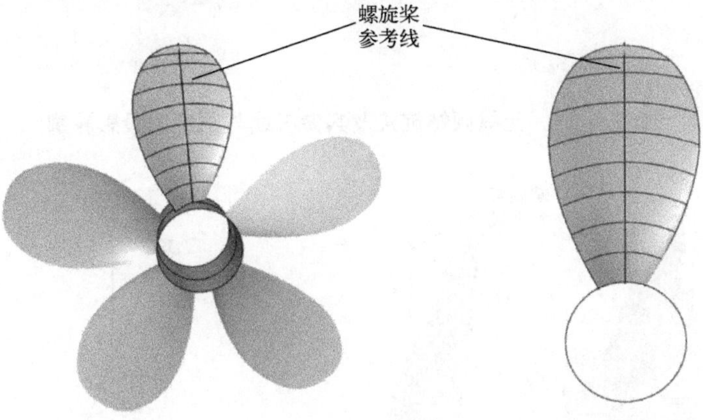

图 5-1-12　对称螺旋桨及其参考线与桨叶正投影轮廓

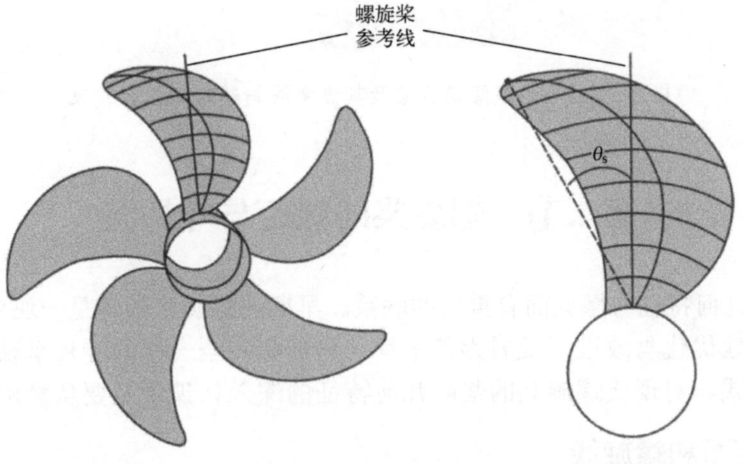

图 5-1-13　有侧斜螺旋桨及其参考线与桨叶正投影轮廓

在螺旋桨桨叶的侧视图上，若桨叶各半径处叶面中点的连线与螺旋桨参考线的侧投影图重合，则桨叶无纵倾（图 5-1-14）；若不重合则有纵倾（图 5-1-15）。侧视图上桨叶各半径处叶面中点偏离螺旋桨参考线的距离称为纵倾，用 Z_r 表示。向上游叶背一侧偏离的纵倾为负值，向下游叶面一侧偏离的纵倾为正值。一般情况下，螺旋桨的纵倾指的是叶梢的纵倾值。

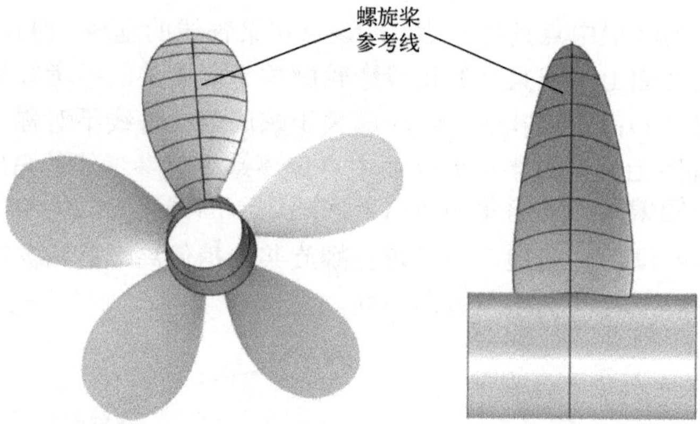

图 5-1-14　无纵倾螺旋桨及其参考线与桨叶侧投影轮廓

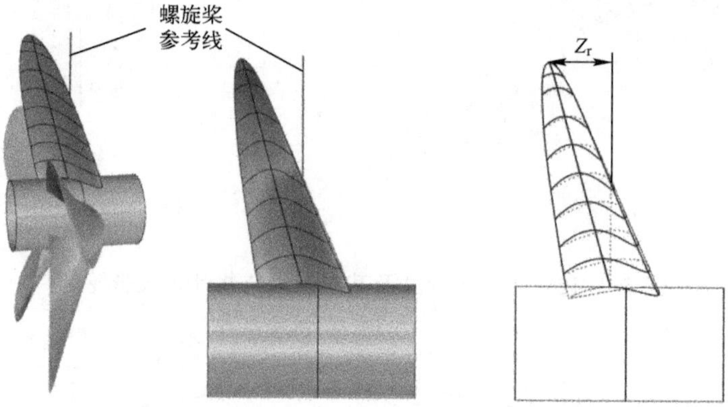

图 5-1-15　有纵倾螺旋桨及其参考线与桨叶侧投影轮廓

第二节　螺旋桨的螺距与叶切面

螺旋桨的几何特征与螺旋面有重要的联系。早期的螺旋桨桨叶是一块完整的螺旋面，后来经过不断地优化与改进，发展为若干片几何形状完全一样的叶片呈轴对称布置在桨毂上的布局方式。对现代螺旋桨的桨叶几何特征的深入认识还是要从螺旋的概念开始。

一、螺旋面和螺旋线

空间笛卡儿坐标系中，在 xy 平面上有一条线段 OA，使 OA 以等角速度绕轴 z 轴旋转的同时以等线速度沿 z 轴向上移动，则 OA 线在空间所描绘的曲面为等螺距螺旋面（图 5-2-1）。线段 OA 称为母线，母线绕行一周在轴向前进的距离称为螺距，以 P 表示。

根据母线的形状及与轴线间夹角的变化可以得到不同形式的螺旋面。若母线为一直线且垂直于轴线，则所形成的螺旋面为正螺旋面（图 5-2-2）；若母线为一直线但不垂直于轴线，则形成斜螺旋面（图 5-2-2）；若母线为曲线时，则形成扭曲的螺旋面（图 5-2-3）。

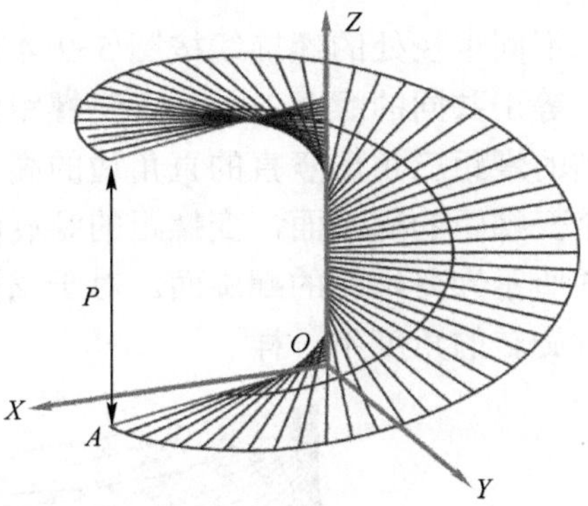

图 5-2-1　等螺距螺旋面

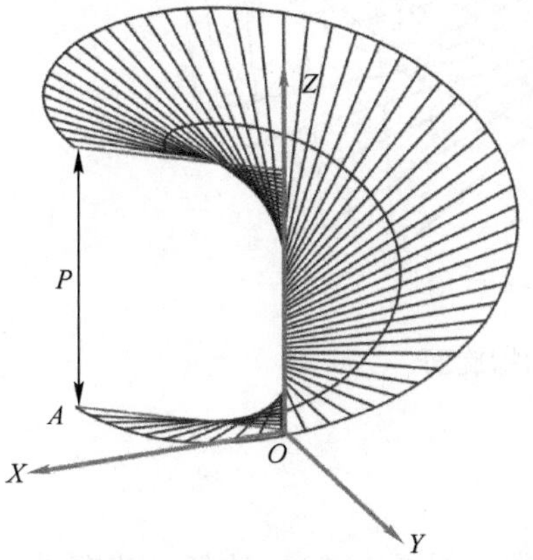

图 5-2-2　斜螺旋面

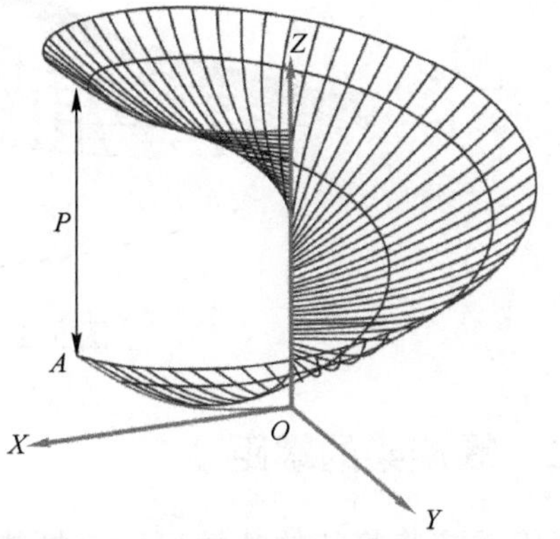

图 5-2-3　扭曲螺旋面

母线上任一固定点在运动过程中所形成的轨迹为一螺旋线，如图 5-2-4 表示半径为 r 的圆柱面与螺旋面相交所得的螺旋线 BB_1B_2。如将此圆柱面展开成平面，则此圆柱面即成一底长为 $2\pi r$ 高为 P 的矩形，而螺旋线变为斜线（矩形的对角线），此斜线称为节线，三角形称为螺距三角形，节线与底线间的夹角 θ 称为螺距角，螺距角为

$$\tan\theta = \frac{P}{2\pi r} \tag{5-2-1}$$

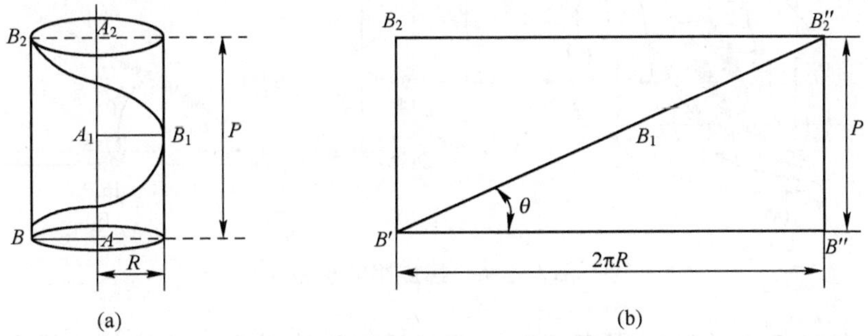

图 5-2-4　螺旋线（a）与螺距三角形（b）

对于等螺距的螺旋面，不同半径处的螺旋线按图 5-2-4 展开后得到的螺距三角形竖直的直角边的高度都相等，等于共同的螺距 P；对于变螺距的螺旋面，不同半径处螺旋线的螺距不同，展开后得到的螺距三角形竖直的直角边的高度就不相等，此时一根母线仅旋转和平移就生不出一个变螺距的螺旋面，变螺距的螺旋面应理解为由无数个不等螺距的螺旋线组成。图 5-2-5 所示为变螺距的螺旋面。对于该图中螺旋面，母线上不同半径处的点上升到同一高度时旋转的角度不一样。

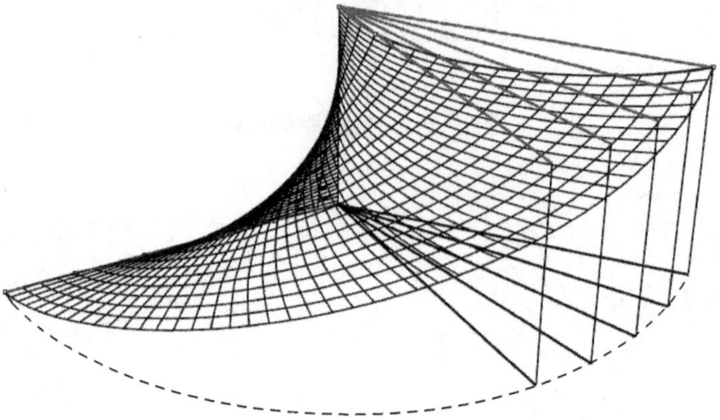

图 5-2-5 变螺距的螺旋面

二、螺旋桨的螺距

现代螺旋桨桨叶的叶面可看成螺旋面的一部分（图 5-2-6），故任一半径为 r 、与螺旋桨共轴的圆柱面与叶面的交线就是半径为 r 的螺旋线的一段，如图 5-2-6(b)中的 B_0C_0 段。若将螺旋线段 B_0C_0 引长且环绕轴线一周，则其两端的轴向距离等于此螺旋线的螺距 P 。将圆柱面展成平面后即得桨叶半径 r 处的螺距三角形，如图 5-2-6（c）所示。该半径 r 的圆柱面也会与桨叶的叶背、导边、随边相交，得到一个闭合的曲面，称为叶切面，这个叶切面也可以展平在螺距三角形上，并呈现出倾斜的状态。

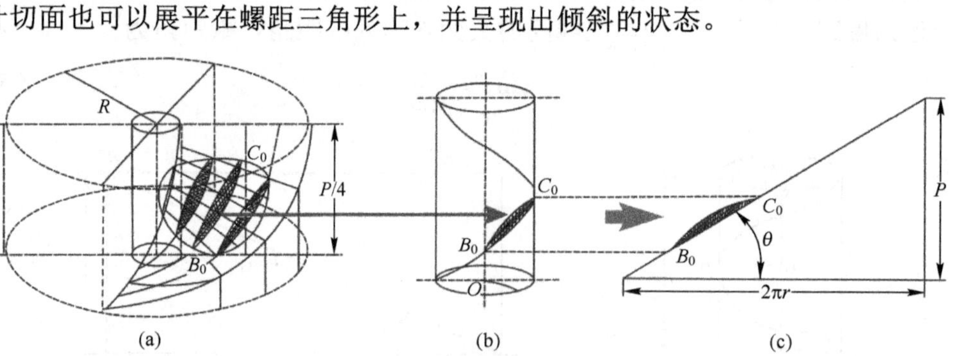

图 5-2-6 螺旋桨的螺距

半径 r 处叶切面的倾斜程度可以用展开后螺旋线对应的节线与底线之间的夹角表示，此夹角称为螺距角 θ 。圆柱面的半径为 r ，则展开后螺距三角形的底边长为 $2\pi r$ ，

螺距角 θ 正切值的大小为

$$\tan\theta = P / 2\pi r \tag{5-2-2}$$

对于等螺距螺旋桨，不同半径处的叶切面螺距相等，但是螺距角不等，半径 r 越小则螺距角 θ 越大。图 5-2-7（a）表示三个不同半径的共轴圆柱面与等螺距螺旋桨桨叶相交后展开的螺距三角形，显然半径小则螺距角大。等螺距螺旋桨在已知螺距比 P/D 的条件下，能够确定各个半径处叶切面的螺距角。

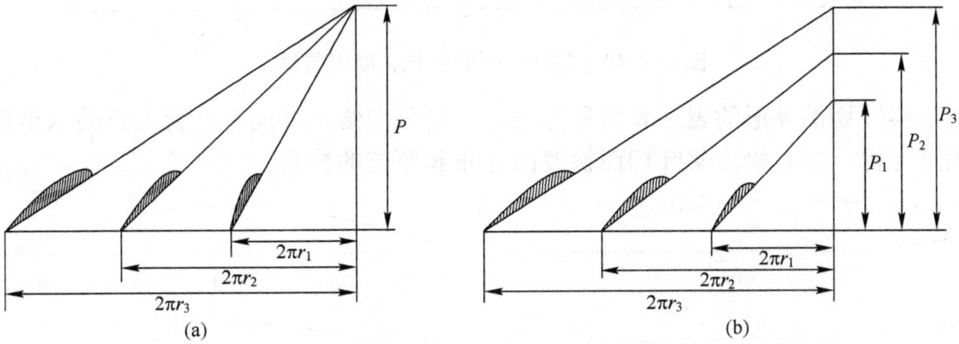

图 5-2-7　螺旋桨不同半径 r 处的螺距角

（a）等螺距螺旋桨的情况；（b）变螺距螺旋桨的情况。

但是对于变螺距的螺旋桨，若螺旋桨叶面各半径处的面螺距不等，则称为变螺距螺旋桨，其不同半径处螺旋线的展开如图 5-2-7（b）所示，对此类螺旋桨常取半径为 0.7R 或 0.75R（R 为螺旋桨叶梢半径）处的面螺距代表螺旋桨的螺距，为注明其计量方法，在简写时可写作 $P_{0.7R}$ 或 $P_{0.75R}$。

三、桨叶切面

半径为 r 、与螺旋桨同轴的圆柱面与桨叶相交得到的桨叶切面，也称叶剖面。桨叶切面可随圆柱面展平，与桨叶相对应，叶切面也有叶面、叶背、导边、随边之分。

叶切面的长度称为弦长，弦长的表示方法有两种：一种是导边与随边的连线，称为内弦线（图 5-2-8）；另一种是导边与随边连线的水平映射线，称为外弦线（图 5-2-9）。图谱螺旋桨取外弦线作为弦线，理论设计螺旋桨取内弦线作为弦线。

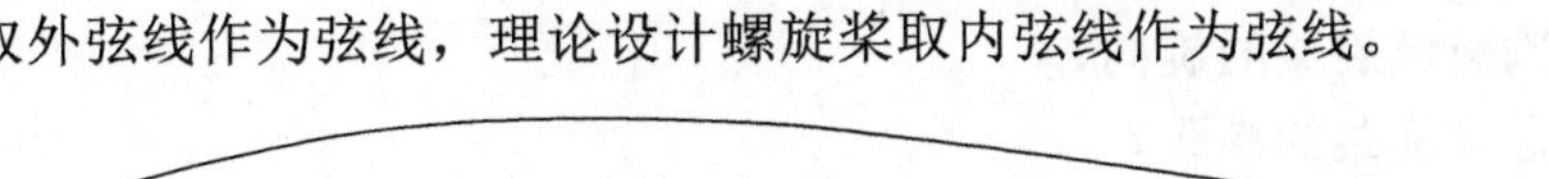

图 5-2-8　桨叶切面的内弦线

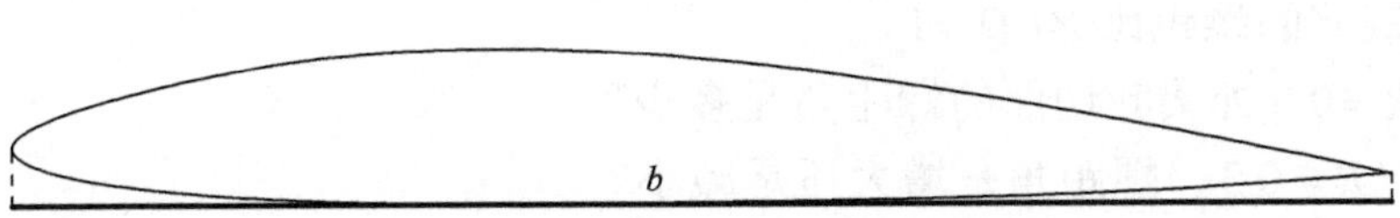

图 5-2-9　桨叶切面的外弦线

弦线的长度为弦长，用b表示；沿弦长方向作一系列垂线，垂线与叶面和叶背就有交点并得到垂线段，垂线段的高度就是厚度，取厚度的最大值称为叶厚，用t表示；将从导边到随边范围内各垂线段的中点连接起来，得到桨叶切面的拱线，拱线到内弦线的距离称为拱度，一般桨叶切面的拱度用拱线的最大拱度值f_M表示（图 5-2-10）。

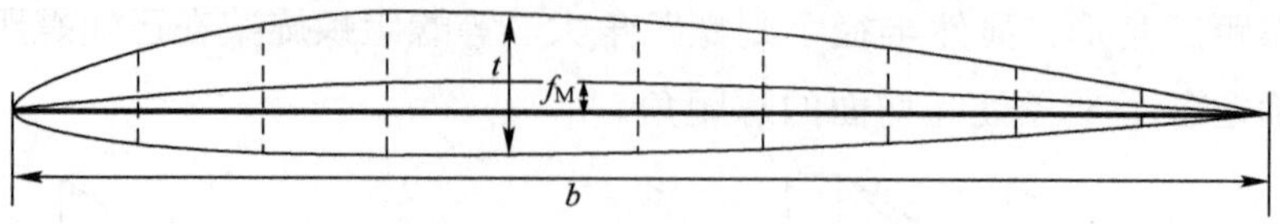

图 5-2-10　桨叶切面的弦长、厚度与拱度

对于桨叶切面外形的表达有两种方法，一是分别给出叶面和叶背上点的水平位置坐标和高度坐标，二是给出桨叶切面拱度的分布和厚度的分布。

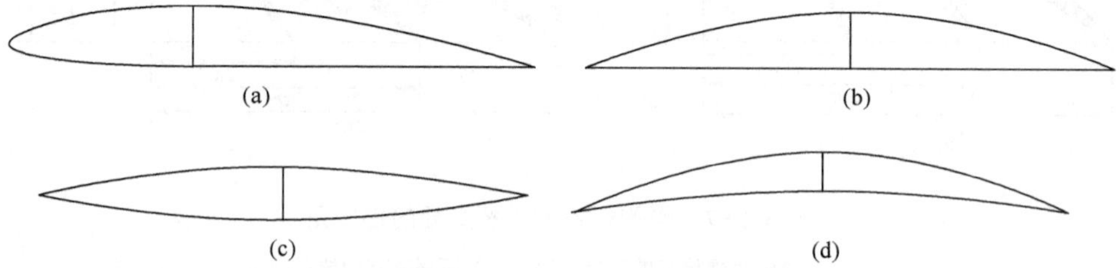

图 5-2-11　不同形状的桨叶切面

（a）机翼形；（b）圆背形；（c）梭形；（d）月牙形。

桨叶切面的形状有机翼形、圆背形、月牙形及梭形等（图 5-2-11）。机翼形与圆背形叶切面较为常见。桨叶切面形状对螺旋桨的水动力性能和空泡性能有很大的影响，对桨叶切面形状进行改进是螺旋桨性能优化的重要方面。

思 考 题

1．螺旋桨的功能是什么？

2．螺旋桨的直径是如何定义的？

3．如何判断螺旋桨的旋向？

4．什么是螺旋桨的螺距？

5．叶切面的螺距角是如何定义的？

6．对于等螺距螺旋桨，从叶根到叶梢叶切面的螺距角变化规律是怎样的？

7．螺旋桨桨叶的叶面和叶背、导边和随边如何区分？

8．若螺旋桨的螺距比$P/D=1$，

（1）$r/R=0.5$处桨叶切面的螺距角是多少？

（2）若$r/R=0.3$，螺距角是增大还是减小？

9．在形成一等螺距螺旋面（螺距为P）时，当母线旋转$\pi/6$角时，该母线的轴向移动距离是多少？

第六章 螺旋桨水动力性能

螺旋桨作为舰船的推进器，它最本质的任务就是产生可以克服舰船运动阻力的推力，推动舰船以达到要求的航速航行。螺旋桨的水动力是桨叶几何特殊性和桨叶运动特点的巧妙结合而展现出的桨和水的相互作用。

19 世纪 40 年代，英国海军部组织了一场两艘舰船的海上拔河比赛，参加比赛的是以螺旋桨为推进器的“响尾蛇”号炮舰和以明轮为推进器的“阿列托克”号炮舰，两艘炮舰推进方式不同，但排水量和主机功率都相当，比赛结果是以螺旋桨推进的“响尾蛇”号炮舰胜出，这场比赛证明了螺旋桨推进器的水动力性能更为优良（图 6-1）。后来，螺旋桨推进器迅速取代明轮成为各类船舶最主要的推进方式，直到现在螺旋桨仍然在舰船推进器领域牢固地居于首要地位。

图 6-1 明轮推进炮舰与螺旋桨推进炮舰的海上拔河比赛

螺旋桨推进器在水动力性能方面的优势已经被广泛实践且充分的证明，而其中螺旋桨水动力理论对于促进螺旋桨推进器样式的发展、丰富螺旋桨推进器的实际应用、保持螺旋桨在船用推力器领域的生命力起到强有力的推动作用。螺旋桨水动力理论是一个十分丰富的理论体系，既包括对螺旋桨推力、转矩产生原因的解释和计算理论，也包括螺旋桨水动力性能的优化和螺旋桨设计理论，还包括螺旋桨非定常力和振动与空泡理论。本章仅介绍螺旋桨推进器水动力计算的基础理论。

螺旋桨的水动力如何计算？这是螺旋桨水动力理论最基本的问题，并且在螺旋桨推进器已经开始大范围应用后的很长一段时间内仍然没有得到很好的解答，直到 20 世纪中叶现代螺旋桨理论建立后，才有了比较准确的解答。本章从对螺旋桨水动力基本概念与基本认识的角度对螺旋桨的动量理论、叶元体理论和环流理论作基本的说明，具体理论计算过程中涉及的大量数学问题可以参考相关文献。

第一节　螺旋桨的动量理论

螺旋桨的动量理论是人们根据螺旋桨工作时对水流运动的影响而提出的，根据对水流运动变化考虑方式的不同，螺旋桨的动量理论可以分为理想推进器理论和理想螺旋桨理论。

一、理想推进器理论

基于力学的基本原理，在水中运动的推进器上产生的推力是水流作用在推进器上的，由作用力与反作用力的关系可知，如果水流作用在推进器上是一个向前的力，那么推进器必然对水流作用一个向后的力。这个力学关系从简单的人力桨推船的方式就可以看出：划桨者用力向后划桨，桨面向后推水，水则在桨面上产生向前的推力，从而船可以向前运动（图 6-1-1）。

图 6-1-1　划动人力桨使船前进

可见，无论是何种在水中工作的推进器，要产生推船前进的推力，必然先推水向后运动。显而易见的现象是：水流受推进器推动会向后加速，水流受到向后的推力越大，水流加速的幅度越大，水流作用在推进器上的（或者说推进器上产生的）向前的推力也越大，因此，经过推进器的水流的运动速度改变量与推进器产生的推力有直接的关系，根据这种关系可以基于流体力学中的动量定理建立推进器推力的简化表达式。

为了运用动量定理得到理想推进器推力的简化表达式，提出以下假定：

（1）推进器是在不可压、无黏性的理想流体中工作的；

（2）将推进器视为一个轴向尺度趋于零且可以均匀加速水流的圆盘，忽略推进器的真实几何形状，并且也不考虑推进器加速水流的方法；

（3）推进器远前方的水流是未受干扰的，水流可以自由通过推进器圆盘，且圆盘上各点加速水流的程度是一样的。

该假设将推进器当成一个向后均匀加速水流运动、可以忽略推进器的真实几何形状的鼓动盘，因此也称为鼓动盘假设。由于推进器加速水流向后运动，所以前方的水流在推进器的作用下越来越快，根据流体流动质量守恒的原则，在不可压缩流体的前提下，水流截面面积越来越小，流线越来越密（图 6-1-2）。

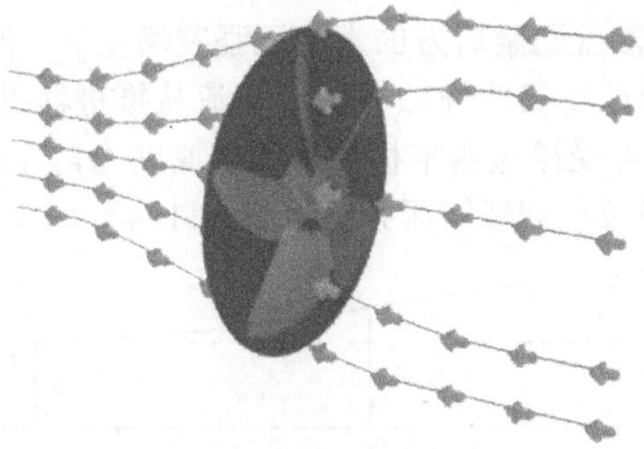

图 6-1-2　鼓动盘假设

根据动量定理：物体动量的变化率等于物体受到的外力的合力。具体而言，水流被加速、动量增加，是由于推进器对水流有向后的力的作用，根据作用力与反作用力原理，水流同时对推进器有一个同等大小的向前的力的作用，这个力就是推进器的推力。由动量定理推导推进器的推力，就是求解推进器作用于水流、使水流动量增加的力。对动量定理的应用需选择恰当的控制体，这个控制体应包括流经推进器盘面的所有水流。因此，从盘面沿流线向上游回溯至远前方，得到远前方水流尚未受推进器影响的位置；从盘面沿流线向下游延伸至远后方，得到远后方水流受推进器影响结束的位置，得到如图 6-1-3 所示的控制体。

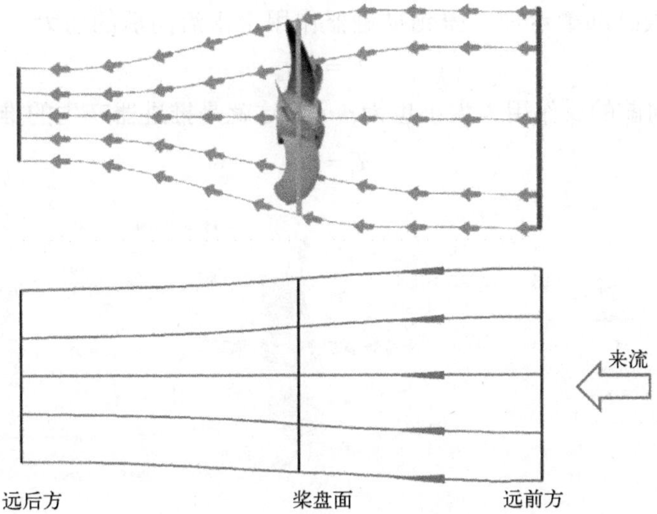

图 6-1-3　理想推进器理论中选取的控制体

设推进器在水中向前运动的速度为V_A，根据相对运动的关系，可以认为推进器并不向前运动，是远前方水流以大小为V_A的速度流向推进器盘面，设远前方水流的压强为p_0（未受推进器干扰的环境压强），在水流向推进器盘面流动的过程中，由于推进器会使水流加速，所以水流的速度逐渐增大、压强逐渐降低，在推进器紧前方，水流的压强降低至p_1，水流速度增加到V_A+u_{a1}，u_{a1}为推进器盘面处的轴向诱导速度（轴向可理解为与螺旋桨推进器桨轴线平行的方向），在水流经过推进器盘面的瞬间，由于推进器的作用水流的压强会增加，在推进器盘面紧后方的水流压强突增至 p_1'，但由于流体流动质量守恒，推进器盘面紧后方的水流速度仍然为 V_A+u_{a1}；水流从推进器盘面紧后方向后流去，速度持续增大，一直到水流不再受推进器干扰的远后方速度为 V_A+u_{a1}，u_a 为远后方的轴向诱导速度，此处水流的压强减小到环境压强 p_0（图 6-1-4）。

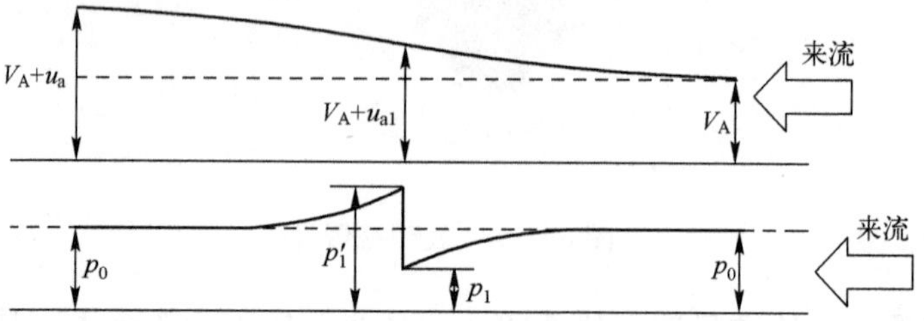

图 6-1-4　流过鼓动盘水流的速度与压强的变化

假设单位时间内从远前方流入控制体的流体质量为 m，由于控制体的周向边界是流线，流体不会从周向边界流出或者流入，因此单位时间内通过控制体任何一个横截面（包括远后方）的流体质量都是 m。动量的表达式为质量乘以速度。远前方单位时间内流入的流体动量为 mV_A，远后方单位时间内流出的流体动量为 $m(V_A+u_a)$，所以单位时间内控制体中流体动量的增量为 mu_a。

控制体内流体动量的增加是由于流体受到力的作用，这个力就是推进器作用于水流向后加速的力，根据动量定理，得到推进器作用于水流向后的力为

$$F=mu_a \tag{6-1-1}$$

则水流对推进器向前的反作用力大小也为 mu_a，这就是推进器产生的推力（图 6-1-5），即

$$T_i=mu_a \tag{6-1-2}$$

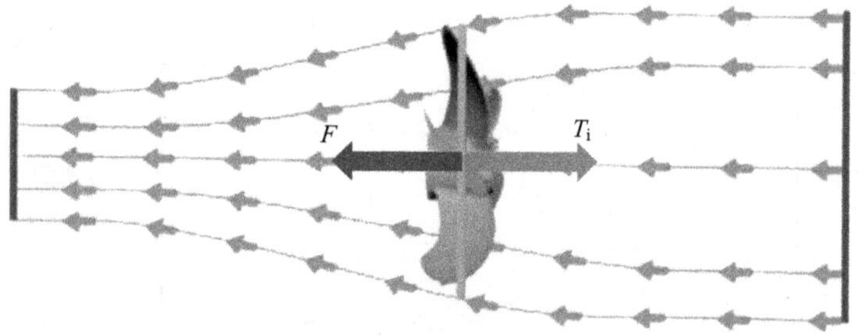

图 6-1-5　鼓动盘对水流的作用力和水流对鼓动盘的反作用力

由于流体流动满足质量守恒，单位时间内通过控制体任何一个横截面的流体质量都是 m，设推进器盘面面积为 A_0，水流的密度为 ρ，则单位时间内流过控制体的流体质量 m 为

$$m=\rho(V_A+u_{a1})A_0 \tag{6-1-3}$$

所以理想推进器推力的表达式为

$$T_i=\rho(V_A+u_{a1})u_a\cdot A_0 \tag{6-1-4}$$

进一步地，根据动能定理，外力对物体做的功等于物体动能的变化。单位时间内，在远前方流入控制体的水流的动能为$\frac{1}{2}mV_A^2$，在远后方流出控制体的水流的动能变为$\frac{1}{2}m(V_A+u_a)^2$。推进器以大小为$F=mu_a$的向后的力作用在水流上，并且流过推进器盘面的水流速度为V_A+u_{a1}，所以单位时间内推进器对水流做功大小为

$$W=m(V_A+u_{a1})\cdot u_a \tag{6-1-5}$$

由动能定理可得

$$m(V_A+u_{a1})\cdot u_a=\frac{1}{2}m(V_A+u_a)^2-\frac{1}{2}mV_A^2 \tag{6-1-6}$$

$$u_{a1}=\frac{1}{2}u_a \tag{6-1-7}$$

可见，理想推进器盘面处水流的轴向诱导速度为远后方水流轴向诱导速度的 1/2。那么理想推进器推力的最终表达式是

$$T_i=\rho\left(V_A+\frac{1}{2}u_a\right)u_a\cdot A_0 \tag{6-1-8}$$

该表达式表明，在水中工作的船用推进器，是在加速水流向后运动的同时产生向前的推力。

由于推进器盘面前的压强为p_1、盘面后的压强为p_1'，所以推进器的推力也可表达为

$$T_i(p_1-p_1')\cdot A_0 \tag{6-1-9}$$

对水流从远前方流到推进器盘面紧前方的过程运用伯努利方程：

$$p_0+\frac{1}{2}\rho V_A^2=p_1+\frac{1}{2}\rho(V_A+u_{a1})^2 \tag{6-1-10}$$

对水流从推进器盘面紧后方流到远后方的过程运用伯努利方程：

$$p_1'+\frac{1}{2}\rho(V_A+u_{a1})^2=p_0+\frac{1}{2}\rho(V_A+u_a)^2 \tag{6-1-11}$$

两式相减可得

$$p_1'-p_1=\frac{1}{2}\rho(V_A+u_a)^2-\frac{1}{2}\rho V_A^2=\frac{1}{2}\rho u_a^2+\rho V_A\cdot u_a=\rho\left(V_A+\frac{1}{2}u_a\right)u_a \tag{6-1-12}$$

因此，理想推进器推力的表达式为

$$(p_1'-p_1)\cdot A_0=\rho\left(V_A+\frac{1}{2}u_a\right)u_a\cdot A_0 \tag{6-1-13}$$

此表达式与式（6-1-8）形式相同。

理想推进器为了推船前进，付出的功是推水向后加速水流的功，单位时间内理想推进器消耗的功大小为

$$(V_A+u_{a1})\cdot mu_a=\left(V_A+\frac{1}{2}u_a\right)\cdot mu_a \tag{6-1-14}$$

此表达式为理想推进器消耗的功率。理想推进器推进的有效功率等于其推力大小乘

以其向前运动的速度，即 $mu_a \cdot V_A$。可方便地得到理想推进器的效率为

$$\eta_{iA} = \frac{mu_a \cdot V_A}{mu_a \cdot \left(V_A + \frac{1}{2}u_a\right)} = \frac{V_A}{V_A + \frac{1}{2}u_a} = \frac{1}{1 + \frac{1}{2}\frac{u_a}{V_A}} \tag{6-1-15}$$

从该表达式可以看出理想推进器的效率必定小于 1。由于 η_{iA} 由轴向诱导速度 u_a 和进速 V_A 的比值决定，因此 η_{iA} 也被称为轴向诱导效率。

根据推力的表达式（6-1-8），可以解得

$$\frac{u_a}{V_A} = \sqrt{1 + \frac{T_i}{\frac{1}{2}\rho A_0 V_A^2}} \tag{6-1-16}$$

定义推进器盘单位面积上产生推力的无因次量为推力载荷系数 σ_T：

$$\sigma_T = \frac{T_i}{\frac{1}{2}\rho A_0 V_A^2} \tag{6-1-17}$$

那么理想推进器效率的表达式可以写成

$$\eta_{iA} = \frac{2}{1 + \sqrt{1 + \sigma_T}} \tag{6-1-18}$$

可见，减小推力载荷系数有利于提高推进器的效率。螺旋桨在一定的进速下工作，要在保持推力不变的条件下提高螺旋桨的效率，可以采取增大螺旋桨直径的方法，这对于工程实际是具有指导意义的。

二、理想螺旋桨理论

理想推进器理论表明推进器要产生推力必须加速水流向后运动，不同的推进器有不同的加速水流的方法，但无法在理想推进器中考虑。对于螺旋桨而言，一个显然的事实是螺旋桨是通过旋转运动推动水流向后加速的，所以螺旋桨在使水流轴向加速的同时还会带动水流周向（旋转方向）加速。在动量定理中进一步考虑螺旋桨使水流周向加速的现象可以得到理想螺旋桨理论的相关表达式（图 6-1-6）。

图 6-1-6　螺旋桨推动水流旋转加速

设螺旋桨的进速为V_A，螺旋桨旋转加速水流的旋转角速度为ω。由于在螺旋桨盘面不同的半径处，螺旋桨旋转的线速度不同，因此引起水流的周向诱导速度也不同，为了分析问题方便，在桨盘面上取一个半径为r宽度为dr的圆环，以此圆环为基础，从圆环处沿流线向上游回溯至远前方，得到远前方水流尚未受螺旋桨影响的位置；从圆环处沿流线向下游延伸至远后方，得到远后方水流受推螺旋桨影响结束的位置，得到如图 6-1-7 所示的环柱状控制体。

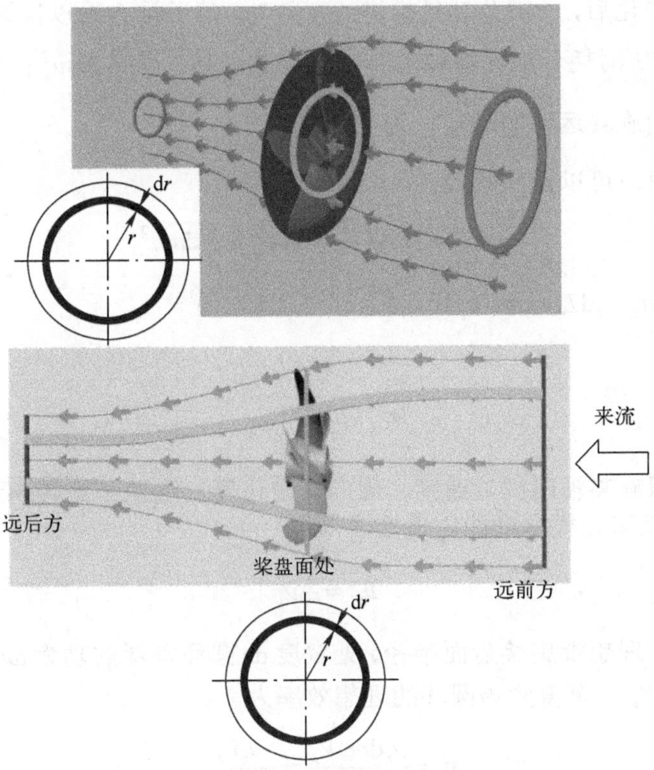

图 6-1-7　理想螺旋桨理论中的环柱状控制体

假定在圆环周向上螺旋桨对水流速度的周向和轴向扰动都是均匀的，即将螺旋桨假定为无限叶数的虚拟螺旋桨，不考虑周向位置的不同引起的差异。

根据运动转换，认为螺旋桨不向前运动而是远前方水流以V_A的速度大小流向螺旋桨，螺旋桨旋转的角速度为ω。

在远前方，未干扰的来流轴向速度为V_A、周向速度为 0，在远后方，受螺旋桨影响结束后的来流轴向速度变为V_A+u_a、周向速度变为u_t，在桨盘面处的水流轴向速度是V_A+u_{a1}、周向速度是u_{t1}。

设单位时间内流过环柱状控制体的流体质量为dm，在轴向上运用动量定理，可以得到桨盘面半径r处宽度为dr圆环的推力为

$$\mathrm{d}T_i=\mathrm{d}m\cdot u_a \tag{6-1-19}$$

在周向上运用动量定理，可以得到圆环对水流的周向作用力为

$$dF_i = dm \cdot u_t \tag{6-1-20}$$

根据作用力与反作用力的关系，水流对桨盘面半径 r 处宽度 dr 圆环的旋转阻力就为 $dm \cdot u_t$，则旋转阻力矩为 $dQ_i = r \cdot dm \cdot u_t$。即桨盘面半径 r 处宽度 dr 圆环只有在外界（带动推进器旋转的主机）克服了旋转阻力矩 dQ_i，使其能以角速度 ω 旋转起来才能产生 dT_i 的推力。

根据绝对运动观点看待理想螺旋桨的运动与做功，单位时间内，圆环从外界吸收的功为 ωdQ_i，经过转化后，一部分功是推进的有效功，等于推力乘以推进运动的绝对速度，为 $V_A dT_i$；一部分功消耗于水流增加的轴向运动的动能，为 $\frac{1}{2}dmu_a^2$；还有一部分功消耗于水流增加的周向旋转运动的动能，为 $\frac{1}{2}dmu_t^2$。

根据能量守恒，可以建立等式：

$$\omega dQ_i = V_A dT_i + \frac{1}{2}dmu_a^2 + \frac{1}{2}dmu_t^2 \tag{6-1-21}$$

将 $dQ_i = rdm \cdot u_t$、$dT_i = dm \cdot u_t$ 代入式（6-1-21）得

$$\frac{u_a}{u_t} = \frac{\omega r - \frac{1}{2}u_t}{V_A + \frac{1}{2}u_a} \tag{6-1-22}$$

该表达式为螺旋桨轴向诱导速度、周向诱导速度、进速和旋转角速度之间的关系。关于 u_t 和 u_{t1} 的关系可以根据动能定理推导得到

$$u_{t1} = \frac{1}{2}u_t \tag{6-1-23}$$

单位时间内，理想螺旋桨盘面半径 r 处宽度 dr 圆环消耗的功为 $\omega rdm \cdot u_t$，产生的推进有效功为 $u_a dm \cdot V_A$，可得到该圆环的理想效率为

$$\eta_i = \frac{u_a dm \cdot V_A}{\omega rdm \cdot u_t} = \frac{u_a V_A}{u + \omega r} \tag{6-1-24}$$

将 $\frac{u_a}{u_t}$ 的表达式代入式（6-1-24）可得

$$\eta_i = \frac{V_A}{V_A + \frac{1}{2}u_a} \cdot \frac{\omega r - \frac{1}{2}u_t}{\omega r} \tag{6-1-25}$$

式中：$\frac{V_A}{V_A + \frac{1}{2}u_a} = \eta_{iA}$ 为理想推进器的效率，也是轴向诱导效率，此项必定小于 1。对于螺旋桨而言，它是在旋转运动过程中加速水流向后运动、产生轴向诱导速度和推力的，螺旋桨的旋转会导致水流产生周向旋转的诱导速度 u_t，由于螺旋桨工作时周向诱导速度的存在，所以 $\eta_{iT} = \frac{\omega r - \frac{1}{2}u_t}{\omega r}$ 也必定小于 1，此项称为理想螺旋桨的周向诱导效率。可见，理想螺旋桨的效率小于理想推进器的效率。

第二节　螺旋桨的叶元体理论

理想推进器理论和理想螺旋桨理论是基于推进器在水中工作时水流运动的变化而得到理想推进器和理想螺旋桨的受力表达式，这两种理论有利于对推进器和螺旋桨的水动力产生原因的理解，但是由于这两种理论都是假定推进器为轴向尺度趋于零且水流可以自由通过的圆盘，完全忽略了螺旋桨的真实形状，理想螺旋桨理论尽管考虑了螺旋桨是在旋转过程中加速水流运动的，然而将螺旋桨假定为无限叶数的虚拟螺旋桨，严重脱离螺旋桨实际。

螺旋桨的水动力是桨叶几何特殊性和桨叶运动特点的巧妙结合而展现出的桨和水的相互作用。本节将结合螺旋桨桨叶几何特征和运动特性来分析桨叶的受力。

螺旋桨桨叶几何特征可以通过叶切面形状及对应的螺距三角形表达，如果将螺旋桨桨叶不同半径处的叶切面形状和对应的螺距三角形作出，并标明其侧斜与纵倾，那么螺旋桨的几何特征就得以准确表达。螺旋桨桨叶的运动特性可以根据相对运动转换的方式来描述。设螺旋桨的进速为V_A、旋转角速度为ω，任取一半径r处的叶切面（该叶切面的螺距三角形如图 6-2-1 所示）。

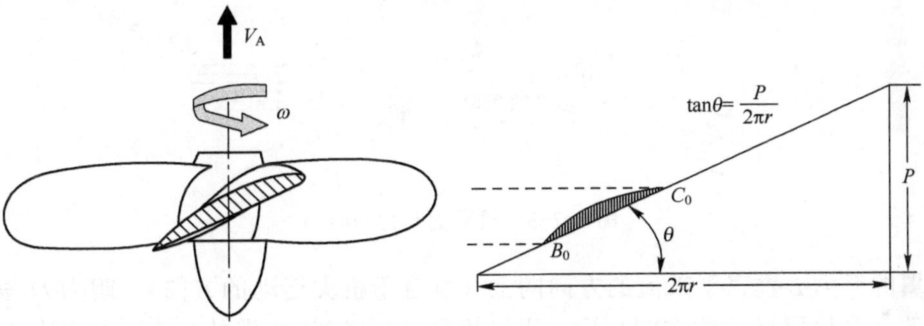

图 6-2-1　螺距三角形

将叶切面随螺旋桨的前进速度转换为远前方来流沿桨轴向的进速V_A，将叶切面随螺旋桨的转动速度转换为周围水流相对于叶切面沿桨周向的线速度ωr，由于螺旋桨的工作会引起水流的轴向诱导速度与周向诱导速度，螺旋桨远后方的轴向诱导速度u_a，周向诱导速度u_t，桨盘面处的轴向诱导速度$u_{a1}=\frac{1}{2}u_a$，周向诱导速度$u_{t1}=\frac{1}{2}u_t$，所以叶切面周围水流相对于叶切面的运动可描述成如图 6-2-2 所示的速度多角形。

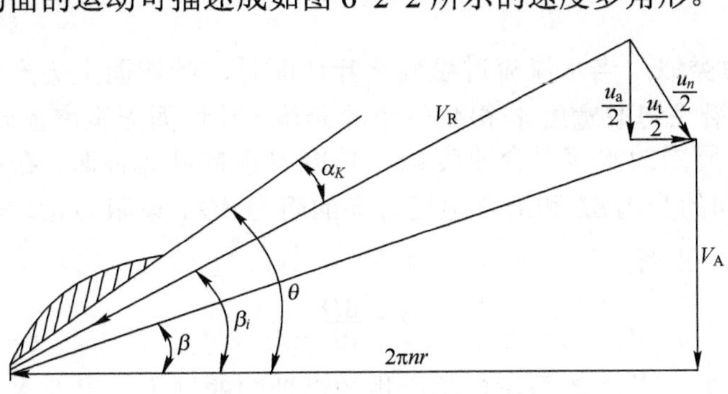

图 6-2-2　速度多角形

根据表达叶切面几何形状特征的螺距三角形，可知叶切面的倾斜角为θ，即为螺距角，其表达式为$\theta = \arctan\dfrac{P}{2\pi r}$。根据表达叶切面水流运动情况的速度多角形，在远前方（水流的速度未被干扰，轴向诱导速度和周向诱导速度都为零），水流的合速度方向相对叶切面的角度为β，β称为进角，进角的表达式为$\beta = \arctan\dfrac{V_A}{\omega r}$。在叶切面周围的水流由于具有轴向诱导速度$u_{a1} = \dfrac{1}{2}u_a$和周向诱导速度，叶切面周围水流的合速度方向相对叶切面的角度为β_i，β_i称为水动力螺距角，其表达式为

$$\beta_i = \arctan\frac{V_A + \frac{1}{2}u_a}{\omega r - \frac{1}{2}u_t} \tag{6-2-1}$$

根据机翼理论，来流以一定的攻角经过机翼时，流过机翼上表面的流体速度增加、压强减小，流过机翼下表面的流体速度减小、压强增大，上下表面的压力差构成了机翼的升力L。同时，在实际的流体中工作的机翼还会受到阻力D的作用（图 6-2-3）。

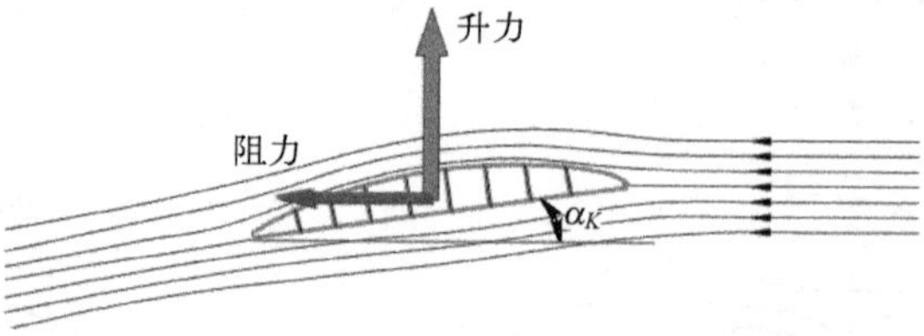

图 6-2-3　机翼的升力与阻力

机翼的升力L垂直于来流的方向向上（垂直于机翼运动的方向），阻力D与来流的方向一致（与机翼运动的方向相反，阻碍机翼的运动）。机翼的升力L与阻力D都可以基于升力系数C_L和阻力系数C_D进行计算，有

$$L = \frac{1}{2}\rho V^2 \cdot S \cdot C_L \tag{6-2-2}$$

$$D = \frac{1}{2}\rho V^2 \cdot S \cdot C_D \tag{6-2-3}$$

式中：ρ为流体的密度（kg/m^3）；V为来流的速度（m/s）；S为机翼平面的面积（m^2）；机翼升力L与阻力D的单位是 N；升力系数C_L和阻力系数C_D主要由机翼的形状和攻角的大小决定。

与机翼的受力类似，当水流流过螺旋桨叶切面时，叶切面上会产生水动力。基于半径r处的叶切面，沿径向取宽度dr得到一个叶元体（叶切面无宽度而叶元体有宽度）。根据速度多角形，当周围的水流以合速度V_R、角度β_i流向叶元体时，在叶元体上会产生垂直于合速度V_R方向的升力dL和沿合速度方向的阻力dD，设阻力dD与升力dL的比值为ε，ε称为阻升比，则有

$$\varepsilon = \frac{\mathrm{d}D}{\mathrm{d}L} \tag{6-2-4}$$

对于螺旋桨而言，关注的是螺旋桨产生的沿轴向的推力，以及水流对螺旋桨旋转周

向上的旋转阻力（矩），因此，将叶元体上的升力 $\mathrm{d}L$ 投影分解到轴向和周向，分别得到轴向上力的分量 $\mathrm{d}L_\mathrm{a}$ 和周向上力的分量 $\mathrm{d}L_\mathrm{t}$；同时将叶元体上的阻力 $\mathrm{d}D$ 投影分解到轴向和周向，分别得到轴向上力的分量 $\mathrm{d}D_\mathrm{a}$ 和周向上力的分量 $\mathrm{d}D_\mathrm{t}$；然后再分别合成得到叶元体产生的轴向上的合力 $(\mathrm{d}L_\mathrm{a}-\mathrm{d}D_\mathrm{a})$ 和周向上的合力 $(\mathrm{d}L_\mathrm{t}+\mathrm{d}D_\mathrm{t})$，如图 6-2-4 所示。

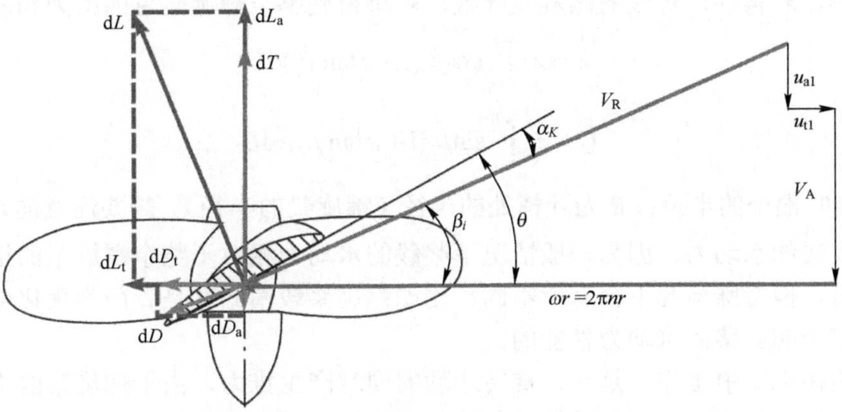

图 6-2-4　螺旋桨叶元体上的受力

很显然，叶元体产生的推力就是

$$\mathrm{d}T=\mathrm{d}L_\mathrm{a}-\mathrm{d}D_\mathrm{a}=\mathrm{d}L\cos\beta_i(1-\varepsilon\tan\beta_i) \tag{6-2-5}$$

叶元体旋转时水流对叶元体旋转的阻力矩就是

$$\mathrm{d}Q=r(\mathrm{d}L_\mathrm{t}+\mathrm{d}D_\mathrm{t})=\mathrm{d}L\sin\beta_i(1+\varepsilon\tan\beta_i)r \tag{6-2-6}$$

可见，叶元体要产生推力 $\mathrm{d}T$，外界必须克服叶元体以角速度 ω 旋转的阻力矩使其转动。从功率的角度看，叶元体的功能是产生推力，那么叶元体提供的有效功率为 $V_\mathrm{A}\cdot\mathrm{d}T$；而叶元体产生这么多的有效功率，是以外界克服叶元体相应的旋转阻力矩 $\mathrm{d}Q$、带动叶元体以角速度 ω 旋转为代价的，所以叶元体消耗的功率为 $\omega\mathrm{d}Q$，那么叶元体效率的表达式为

$$\eta_\mathrm{or}=\frac{V_\mathrm{A}\mathrm{d}T}{\omega\mathrm{d}Q}=\frac{V_\mathrm{A}\mathrm{d}L\cos\beta_i(1-\varepsilon\tan\beta_i)\mathrm{d}r}{\omega\mathrm{d}L\sin\beta_i(1+\varepsilon\tan\beta_i)r\mathrm{d}r} \tag{6-2-7}$$

根据图 6-2-4 中显示的几何关系可知：

$$\frac{\cos\beta_i}{\sin\beta_i}=\frac{1}{\tan\beta_i}=\frac{\omega r-\frac{1}{2}u_\mathrm{t}}{V_\mathrm{A}+\frac{1}{2}u_\mathrm{a}} \tag{6-2-8}$$

将式（6-2-8）代入叶元体效率 η_or 的表达式中可得

$$\eta_\mathrm{or}=\frac{V_\mathrm{A}}{V_\mathrm{A}+\frac{1}{2}u_\mathrm{a}}\cdot\frac{\omega r-\frac{1}{2}u_\mathrm{t}}{\omega r}\cdot\frac{1-\varepsilon\tan\beta_i}{1+\varepsilon\tan\beta_i} \tag{6-2-9}$$

式中：$\dfrac{V_\mathrm{A}}{V_\mathrm{A}+\frac{1}{2}u_\mathrm{a}}$ 为轴向诱导效率；$\dfrac{\omega r-\frac{1}{2}u_\mathrm{t}}{\omega r}$ 为周向诱导效率；$\dfrac{1-\varepsilon\tan\beta_i}{1+\varepsilon\tan\beta_i}$ 为叶元体的

结构效率，因为叶元体在有黏性的流体中运动时一定会产生阻力，所以ε一定大于零，即实际有黏性水流中工作的叶元体的效率一定低于不考虑流体黏性的理想螺旋桨的效率。

对于一片螺旋桨桨片，其推力和旋转阻力矩可以将dT和dQ沿半径方向从叶根至叶梢积分求得，若再乘以对应的螺旋桨叶数，就可得到整个螺旋桨总的推力和转矩：

$$T = z \cdot \int_{r_h}^{R} \cos\beta_i (1 - \varepsilon \tan\beta_i) \mathrm{d}L \tag{6-2-10}$$

$$Q = z \cdot \int_{r_h}^{R} \sin\beta_i (1 + \varepsilon \tan\beta_i) r \mathrm{d}L \tag{6-2-11}$$

式中：r_h为叶根处的半径；R为叶梢处的半径（螺旋桨的半径）。需要注意的是，该表达式忽略了桨毂的水动力，因为一般情况下桨毂的水动力相对于整个螺旋桨的推力和转矩而言是小量，但特殊情况下会有所不同，比如螺旋桨毂帽鳍就是专门为优化桨毂处的流动来提升整个螺旋桨的水动力性能的。

螺旋桨在水流中工作，是在作旋转运动的同时产生推力，由于螺旋桨的旋转运动会受到水流的旋转阻力矩，因此外界必须给螺旋桨提供相应大小的转矩。对于整个螺旋桨而言，设螺旋桨的进速为V_A、转速为n（r/s），螺旋桨的推力为T、转矩为Q，那么外界（通常是主机）提供给螺旋桨、使螺旋桨旋转的功率为$2\pi nQ$，螺旋桨产生推力作用的有效功率为TV_A，可得到螺旋桨的效率为

$$\eta_0 = \frac{TV_A}{2\pi nQ} \tag{6-2-12}$$

第三节　螺旋桨的环流理论简介

与螺旋桨的动量理论相比，叶元体理论更为严密地推导了桨叶的受力，但是要直接计算得到桨叶的推力和转矩必须先把各半径处叶元体的轴向诱导速度、周向诱导速度和升力、阻力等计算出来，这需要进一步利用环流理论来求解。

螺旋桨的桨叶可以看成三维扭曲机翼，桨叶水动力的求解可以运用有限展长机翼理论。流体流过翼型剖面时受到翼型的作用速度发生变化，在绕翼型一周的封闭曲线上对速度积分得到速度环量，由茹科夫斯基定理，作用在翼型剖面上的升力为

$$L = \rho V \Gamma \tag{6-3-1}$$

式中：ρ为流体的密度（kg/m^3）；V为来流的速度（m/s）；Γ为速度环量（m^2/s）。此处，升力L其实是单位展长的机翼升力（N/m）。

如果是翼型剖面外形不随展向变化的无限展长机翼，机翼的绕流可简化为垂直于展向的平面上二维绕流，每一展向位置处的速度环量都相等，无限展长机翼可以简化为二维机翼。对于实际的三维机翼，在展向的端部有从高压强面向低压强面的绕流，因此三维机翼的绕流形态在不同的展向位置剖面上不同，不同展向位置剖面的速度环量也不同，三维机翼端部的下洗涡如图6-3-1所示。

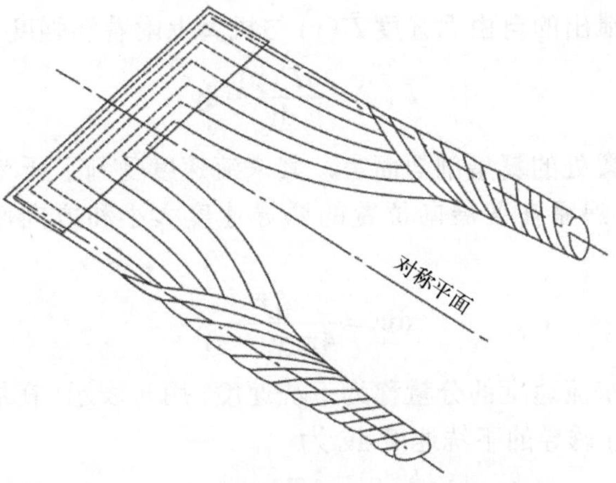

图 6-3-1　三维机翼端部的下洗涡

根据流体力学中涡强与速度环量的关系，在计算无限展长机翼的升力时，可以把机翼用一根沿展向无限长且强度沿展向不变的涡线来替代，涡线的涡强为Γ，此涡线相当于附着在机翼上，称为附着涡线（图 6-3-2）。

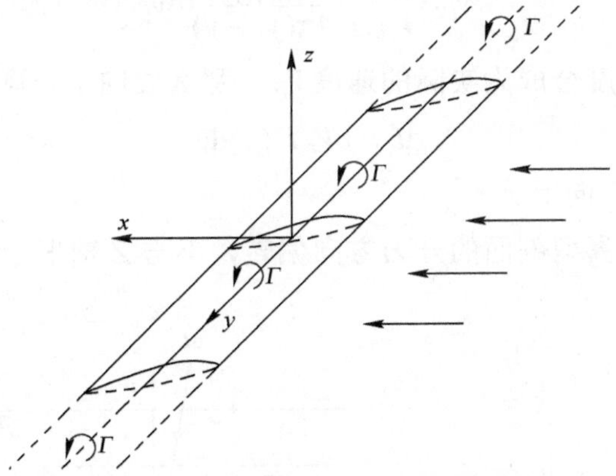

图 6-3-2　无限展长机翼的附着涡线

而在计算有限展长机翼的升力时，由于翼型剖面的速度环量沿展向在变化，所以仅由一根附着涡表达三维机翼的流场特点是不合理的，可以认为沿机翼的展向有涡从附着涡泄出到机翼的尾流中，泄出涡的涡强等于附着涡强度在展向上的改变量，此泄出涡称为自由涡（图 6-3-3）。

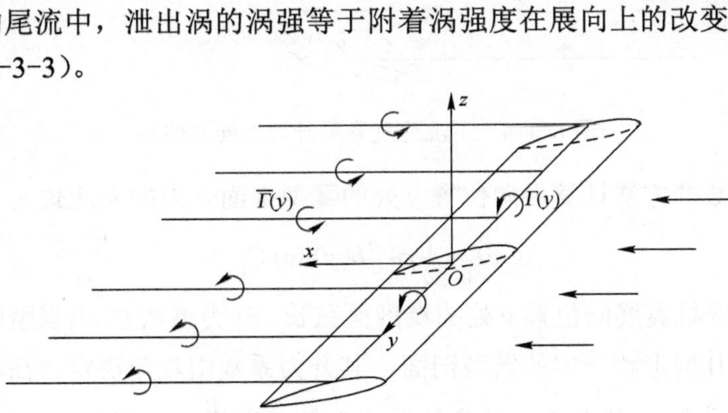

图 6-3-3　有限展长机翼的附着涡和自由涡

在展向位置 y 处泄出的自由涡强度 $\bar{\Gamma}(y)$ 与机翼上附着涡强度 $\Gamma(y)$ 的关系式为

$$\bar{\Gamma}(y)=\frac{\mathrm{d}\Gamma(y)}{\mathrm{d}y}\cdot\mathrm{d}y \tag{6-3-2}$$

对于每个展向位置处的翼型剖面而言，其来流速度受到了所有自由涡系所产生的诱导速度的影响。自由涡系在各展向位置的诱导速度大小和方向可以根据毕奥-萨伐公式求取。

$$\mathrm{d}w_i=\frac{\mathrm{d}\bar{\Gamma}}{4\pi(y_1-y)} \tag{6-3-3}$$

诱导速度垂直于来流速度的分量称为下洗速度，用 v_i 表示。在展向 y 处，受到展向 y_1 处泄出的自由涡 $\bar{\Gamma}(y_1)$ 诱导的下洗速度 $\mathrm{d}v_i$ 为

$$\mathrm{d}v_i=\frac{\bar{\Gamma}(y_1)}{4\pi(y_1-y)} \tag{6-3-4}$$

那么整个展长 L 的翼展范围（展向位置从 $-1/2L$ 到 $1/2L$）泄出的自由涡在展向 y 处诱导的下洗速度 v_i 为

$$v_i=\int_{-1/2L}^{1/2L}\frac{\mathrm{d}\Gamma(y_1)/\mathrm{d}y_1}{4\pi(y_1-y)}\mathrm{d}y_1 \tag{6-3-5}$$

下洗速度与来流速度合成为实际的速度 V_C，那么展向 y 处翼型剖面的升力 $\mathrm{d}L$ 为

$$\mathrm{d}L=\rho V_C\Gamma(y)\mathrm{d}y \tag{6-3-6}$$

$\mathrm{d}L$ 垂直于合速度 V_C 向上。

可见下洗速度导致翼型剖面的升力方向偏转，不与 Z 轴平行，增加了翼型剖面的阻力（图 6-3-4）。

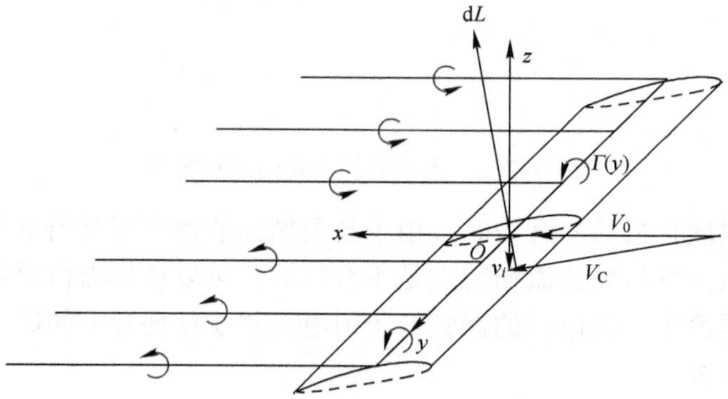

图 6-3-4　下洗速度导致升力方向的偏转

应用升力系数的方法计算展向位置 y 处的翼型剖面升力的表达式为

$$\mathrm{d}L=\frac{1}{2}\rho V_C^2 b(y)\mathrm{d}y\cdot C_L \tag{6-3-7}$$

式中：$b(y)$ 为三维机翼展向位置 y 处的翼剖面弦长。升力系数 C_L 由翼型的形状和攻角的大小决定，对于几何形状一定的翼型剖面，其升力系数由攻角决定。在攻角小于失速角的范围内，升力系数 C_L 随攻角 α 的变化近似为斜率为 $\frac{\mathrm{d}C_L}{\mathrm{d}\alpha}$ 的直线。

对于三维机翼，由于翼型剖面处的下洗速度减小了攻角，所以攻角为 α 时三维机翼展向 y 处的翼剖面升力为

$$\mathrm{d}L=\frac{1}{2}\rho V_{\mathrm{C}}^{2}b(y)\mathrm{d}y\cdot C_{L}=\frac{1}{2}\rho V_{\mathrm{C}}^{2}b(y)\mathrm{d}y\cdot\frac{\mathrm{d}C_{L}}{\mathrm{d}\alpha}\left(\alpha_{0}+\alpha+\frac{v_{i}}{V}\right) \tag{6-3-8}$$

下洗速度 v_i 的方向向下为负值。

根据表达式，可得

$$\mathrm{d}L=\rho V_{\mathrm{C}}\Gamma(y)\mathrm{d}y=\frac{1}{2}\rho V_{\mathrm{C}}^{2}b(y)\mathrm{d}y\cdot\frac{\mathrm{d}C_{L}}{\mathrm{d}\alpha}\left(\alpha_{0}+\alpha+\frac{v_{i}}{V}\right) \tag{6-3-9}$$

几何形状一定的翼型剖面，其升力系数曲线的斜率 $\frac{\mathrm{d}C_L}{\mathrm{d}\alpha}$ 可认为是已知的（通过试验或者是数值计算得到），$-\alpha_0$ 是零升力攻角。机翼的升力系数与阻力系数随攻角的变化曲线如图 6-3-5 所示。

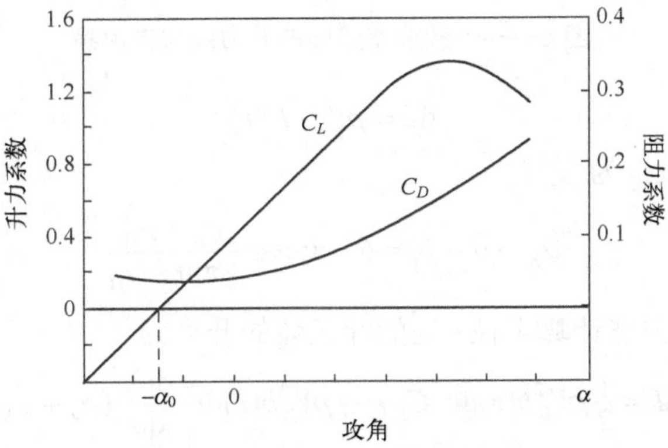

图 6-3-5　机翼的升力系数与阻力系数随攻角的变化曲线

式（6-3-9）的左边有三维机翼在某展向位置处的附着涡强度 $\Gamma(y)$，等式的右边下洗速度 v_i 是由三维机翼自由涡的强度和分布形状决定的，而自由涡的强度等于附着涡强度的变化量，若进一步假定自由涡的分布形状，则等式中仅有三维机翼附着涡强度 $\Gamma(y)$ 的表达式，因此在理论上附着涡强度是可以求解的。若附着涡强度解得，那么三维机翼的升力就可由翼型剖面的升力沿展向积分得到。

需要注意的是，下洗速度的计算、自由涡分布形状确定、附着涡强度的数值计算等都要开展专门的研究工作，可以查阅已有的三维机翼理论的研究成果。

对于转速为 n、进速为 V_{A} 的螺旋桨，将桨叶用一根从叶根到叶梢沿径向分布的附着涡替代，此涡线称为升力线。不同半径位置处升力线涡强 $\Gamma(r)$ 是不一样的，因此有涡泄出到桨叶的尾流中，即为自由涡（图 6-3-6）。

径向上某半径 r 处泄出的自由涡强度 $\bar{\Gamma}(r)$ 就等于附着涡强度的变化 $\bar{\Gamma}(r)=\frac{\mathrm{d}\Gamma(r)}{\mathrm{d}r}\cdot\mathrm{d}r$。桨叶尾流中自由涡在桨叶处产生轴向诱导速度 $u_{\mathrm{a1}(r)}$、周向诱导速度 $u_{\mathrm{t1}(r)}$、径向诱导速度 $u_{\mathrm{r1}(r)}$。

在半径 r 处取径向宽度为 $\mathrm{d}r$ 的叶元体，叶元体的螺距角 θ 由螺旋桨的几何形状特征

决定，根据速度多角形得到流向叶元体的合速度 V_R 和水动力螺距角 β_i。

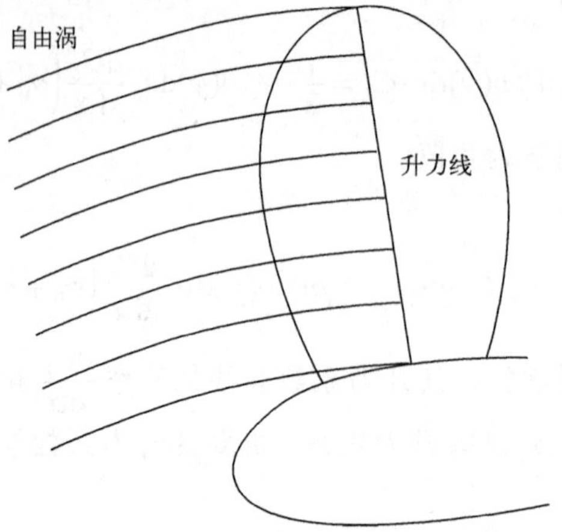

图 6-3-6　螺旋桨桨叶的升力线与自由涡

$$dL = \rho V_R \cdot \Gamma(r) \tag{6-3-10}$$

此叶元体的攻角 α_K 为

$$\alpha_K = \theta - \beta_i = \theta - \arctan\frac{V_A + u_{a1}}{2\pi nr - u_{t1}} \tag{6-3-11}$$

应用升力系数的方法计算半径 r 处的叶元体的升力为

$$\begin{aligned} dL &= \frac{1}{2}\rho V_R^2 b(r)dr \cdot C_L = \frac{1}{2}\rho V_R^2 b(r)dr \cdot \frac{dC_L}{d\alpha}(\alpha_0 + \alpha_K) \\ &= \frac{1}{2}\rho V_R^2 b(r)dr \cdot \frac{dC_L}{d\alpha}\left(\alpha_0 + \theta - \arctan\frac{V_A + u_{a1}}{2\pi nr - u_{t1}}\right) \end{aligned} \tag{6-3-12}$$

式中：$\frac{dC_L}{d\alpha}$ 为叶切面升力系数随攻角变化曲线线性段的斜率；$-\alpha_0$ 为叶切面的零升力角，α_K 中已经包含了桨叶尾流中自由涡系诱导速度的影响。

根据茹科夫斯基定理，叶元体的升力还可以表达为

$$dL = \rho V_R \Gamma(r) dr \tag{6-3-13}$$

所以有

$$\rho V_R \Gamma(r) dr = \frac{1}{2}\rho V_R^2 b(r)dr \cdot \frac{dC_L}{d\alpha}\left(\alpha_0 + \theta - \arctan\frac{V_A + u_{a1}}{2\pi nr - u_{t1}}\right) \tag{6-3-14}$$

在等式左边有需要求解升力线涡强随径向的分布函数 $\Gamma(r)$，在等式右边，轴向诱导速度 $u_{a1(r)}$、周向诱导速度 $u_{t1(r)}$ 是由 $\Gamma(r)$ 随径向变化而产生的自由涡引起的，在假定桨叶尾流中自由涡的分布形式后，可以根据升力线涡强随径向的分布函数 $\Gamma(r)$ 得到自由涡强的分布 $\bar{\Gamma}(r) = \frac{d\Gamma(r)}{dr} \cdot dr$，然后根据毕奥-萨伐公式计算得到轴向诱导速度 $u_{a1(r)}$ 和周向诱导速度 $u_{t1(r)}$。所以理论上此等式中的未知量只有升力线涡强随径向的分布函数 $\Gamma(r)$。

基于各半径位置处建立的等式就可以解得升力线涡强随径向的分布函数$\Gamma(r)$，以及各半径位置处叶切面的轴向诱导速度$u_{a1(r)}$和周向诱导速度$u_{t1(r)}$，半径r处径向宽度为dr的叶元体升力dL就可以计算出来。

在有黏性的实际流体中，叶元体的黏性阻力采用阻升比ε计算：

$$\mathrm{d}D=\varepsilon\cdot\mathrm{d}L \tag{6-3-15}$$

阻升比ε可以根据叶元体剖面力学性能的试验结果确定。

计算得到了桨叶各半径处叶元体的升力dL和阻力dD，就可以利用式（6-2-10）、式（6-2-11）计算整个螺旋桨的推力与转矩。本节只介绍了升力线理论的基本思路，涉及其中具体的计算可以参考专门的螺旋桨理论方面的书籍。

第四节 螺旋桨的水动力性能

几何形状一定的螺旋桨在水流中工作时，其产生的推力T、消耗的转矩Q以及螺旋桨的效率η_0等水动力特性是随着螺旋桨的进速V_A、转速n的变化而变化的，由于表达螺旋桨运动特征的参数有进速和转速两个特征量，不便于用来描述螺旋桨水动力特性随运动特征的变化规律，因此有必要引入能同时反映进速和转速影响的特征量。

（1）螺旋桨的进程：螺旋桨旋转一周在轴向上前进的距离，用h_P表示。螺旋桨的进速为V_A(m/s)、转速为n(r/s)，则进程为

$$h_P=\frac{V_A}{n} \tag{6-4-1}$$

进程是一个距离的概念，对于在原地旋转的螺旋桨，进程等于零。

（2）螺旋桨的滑脱：螺旋桨的螺距与进程的差值，用$P-h_P$表示，对于在原地旋转的螺旋桨，滑脱等于螺距P。

（3）进速系数：进程h_P与螺旋桨直径D的比值，用J表示：

$$J=\frac{h_P}{D}=\frac{V_A}{nD} \tag{6-4-2}$$

进速系数是一个无因次量。

（4）滑脱比：滑脱$(P-h_P)$与螺旋桨螺距D的比值，用s表示：$s=\dfrac{P-h_P}{P}$。滑脱比也是一个无因次量，滑脱比s与进速系数的关系是

$$J=\frac{P}{D}(1-s) \tag{6-4-3}$$

取螺旋桨有代表性的半径r处的叶元体，作出其螺距三角形，则依托该螺距三角形可以表示出螺旋桨的进程（图6-4-1），结合速度多角形（图6-2-2）可知，螺旋桨的进程越小，水流相对于叶元体的攻角越大。

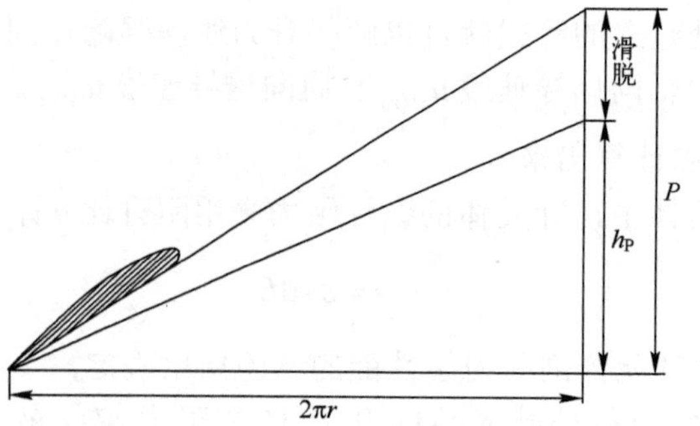

图 6-4-1 进程与滑脱的关系

螺旋桨以一定的转速 n 正常工作，当螺旋桨的进速 V_A 为零时，进程 h_P 和进速系数 J 都为零，相当于舰船的系柱工况，此时水流相对于叶元体的攻角很大，螺旋桨的推力和转矩都很大，此工况下水流相对于叶元体的速度和受力简图如图 6-4-2 所示，为了表达简洁，忽略了轴向诱导速度和周向诱导速度。

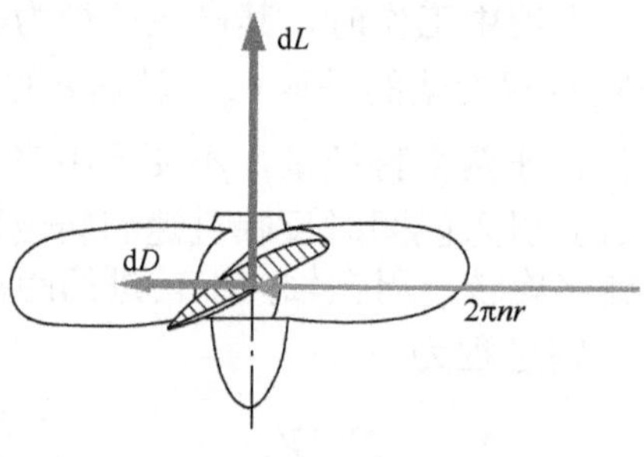

图 6-4-2 进程为零时叶元体的速度和受力简图

保持螺旋桨的转速不变，增加螺旋桨的进速，进程和进速系数增加，水流相对于叶元体的攻角减小，螺旋桨的推力和转矩减小。螺旋桨推船以一定航速正常前进时，其工况处于该工作范围内。此工况下水流相对于叶元体的速度和受力简图如图 6-4-3 所示。

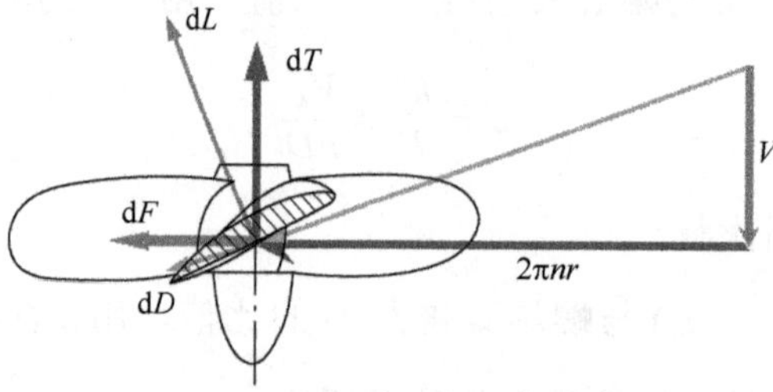

图 6-4-3 正常产生推力时叶元体的速度和受力简图

继续增大螺旋桨的进速，螺旋桨的推力和转矩持续减小，当进程增大到使螺旋桨的推力减小到零时，此进程称为无推力进程或者实效螺距 P_1，此时转矩并不为零；螺旋桨进程进一步增大到使螺旋桨的转矩减小到零时，此进程称为无转矩进程或者无转矩螺距 P_2，此时螺旋桨的推力为负值，是沿来流方向的阻力而不是向前的推力。这两种工况下叶元体的速度和受力简图如图 6-4-4、图 6-4-5 所示。

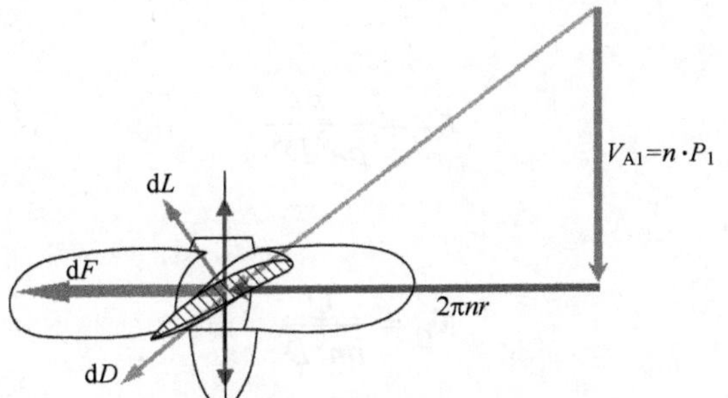

图 6-4-4　无推力进程时叶元体的速度和受力简图

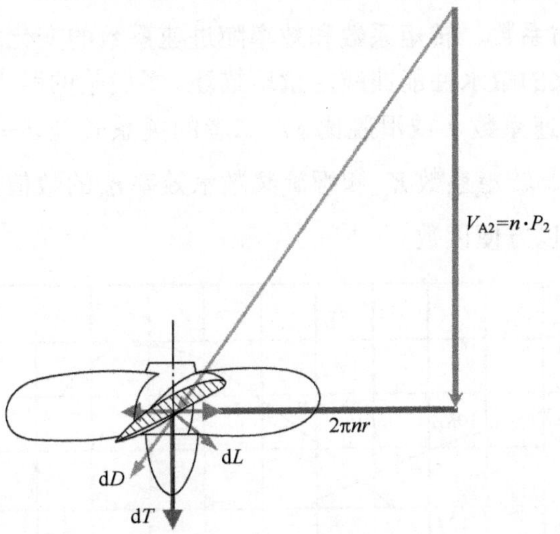

图 6-4-5　无转矩进程时叶元体的速度和受力简图

综合得到螺旋桨在保持转速不变时，其推力和转矩随进程的变化，如图 6-4-6 所示。

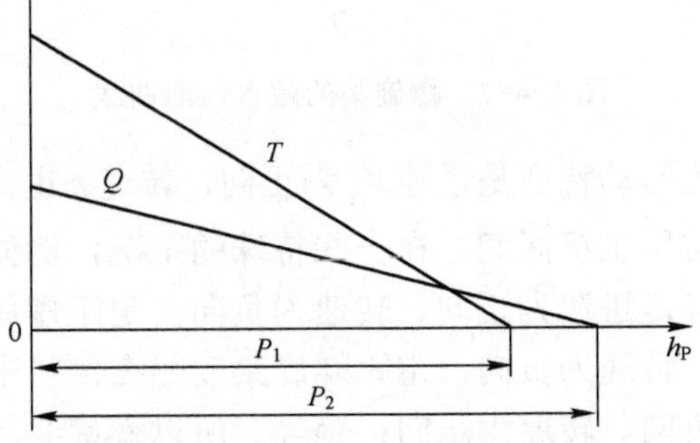

图 6-4-6　螺旋桨推力和转矩随进程的变化

将螺旋桨的推力 T 和转矩 Q 无因次化到推力系数 K_T、转矩系数 K_Q：

推力系数：

$$K_T = \frac{T}{pn^2D^4} \tag{6-4-4}$$

转矩系数：

$$K_Q = \frac{Q}{pn^2D^5} \tag{6-4-5}$$

式中：T 为推力（N）；Q 为转矩（N·m）；ρ 为水的密度（kg/m^3）；n 为螺旋桨的转速（r/s）；D 为螺旋桨的直径（m）。

进程 h_p 无因次化得到进速系数 J 。几何形状一定的螺旋桨，在无干扰的均匀水流中工作时，螺旋桨的推力系数、转矩系数和效率随进速系数的变化规律就是一定的，这个变化规律可以用螺旋桨的敞水性能曲线定量地描述。螺旋桨的敞水性能曲线（如图 6-4-7 所示），横坐标值是进速系数 J 或滑脱比 s 。二者的关系式是 $J = \frac{P}{D}(1-s)$ 。纵坐标值是无因次的推力系数 K_T 、转矩系数 K_Q 和螺旋桨敞水效率 η_0 的数值，由于转矩系数的数值通常很小，常乘以 10 以方便读数。

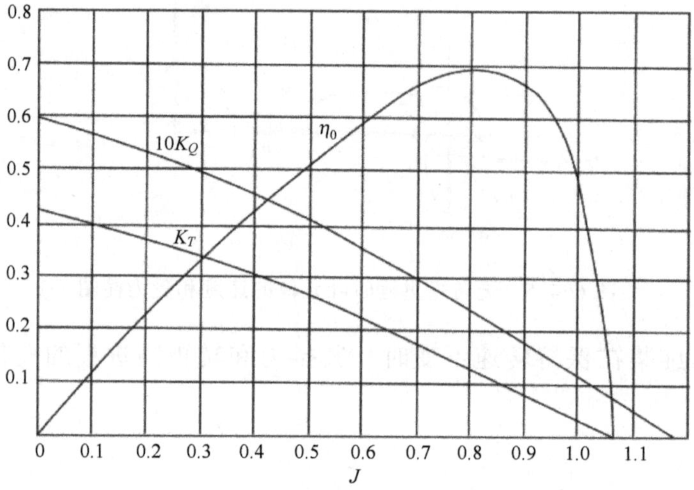

图 6-4-7　螺旋桨的敞水性能曲线

图 6-4-7 中螺旋桨的运动特征是进速 V_A 为正向，转速 n 也为正向，这是螺旋桨作为推进器推船向前运动的常用工况区间。在一些特殊的工况，例如：定距螺旋桨舰船紧急倒车，螺旋桨的运动工况是进速为正向、转速为负向；定距螺旋桨舰船倒航，螺旋桨的运动工况是进速为负向、转速为负向；定距螺旋桨舰船在倒航中要紧急向前推进，螺旋桨的运动工况是进速为负向、转速为正向；等等。所以螺旋桨的水动力随运动特征的变化可以扩展到其他工况区间。

以螺旋桨的推力系数为例，某螺旋桨扩展工况的水动力变化曲线如图 6-4-8、图 6-4-9 所示。

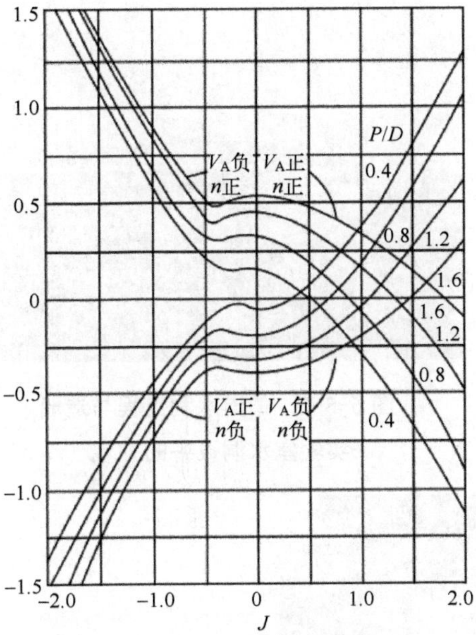

图 6-4-8　扩展工况区间的螺旋桨推力系数曲线

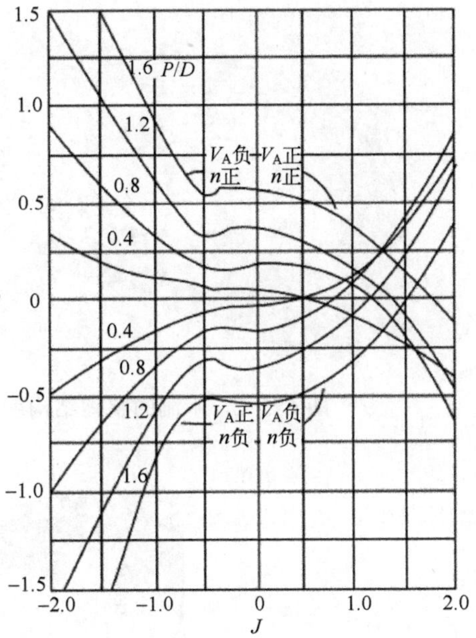

图 6-4-9　扩展工况区间的螺旋桨转矩系数曲线

第五节　螺旋桨模型敞水试验

螺旋桨最主要的水动力性能体现在进速为正、转速为正的工况区间，并由螺旋桨的敞水性能曲线表达。螺旋桨敞水性能曲线反映了螺旋桨推进器基本的水动力能力，是评价螺旋桨水动力性能、预报螺旋桨推进舰船快速性指标的依据。螺旋桨敞水性能曲线可以通过螺旋桨模型敞水试验测量得到。

一、螺旋桨模型敞水试验设施

由于船用螺旋桨的实桨几何尺寸大，推力、扭矩、驱动功率都大，无法在实验室环境中准确测量其水动力，所以都是按几何相似加工制作缩尺的螺旋桨模型进行试验，螺旋桨模型水动力试验可以在拖曳水池（与开展船模拖曳阻力试验的拖曳水池为同一类型）或者是循环水洞中开展，并且要通过特殊的试验设备和专门的试验方法保证螺旋桨模型是在无干扰的均匀水流中工作。

图 6-5-1 为水洞的整体结构图，当往水洞中加满水后，将水洞封闭，水洞下方的电机带叶轮泵转动，叶轮泵就驱动水流在水洞中循环运动，并在试验工作段中形成均匀流动的水流速度，且水流速度可以通过改变电机转速准确调节。水洞是垂直结构布置，具有较高的结构高度，图 6-5-2 是德国水利工程与造船实验室水洞设备的外观。水洞工作段尺寸的大小直接决定了水洞试验能力的大小，图 6-5-3 是美国海军水面武器中心的大型循环水洞，该水洞的工作段长度为 13m、工作段截面尺寸为 3.0m×3.0m。

图 6-5-1　水洞的整体结构图

图 6-5-2　德国水利工程与造船实验室水洞设备的外观

图 6-5-3　大型循环水洞工作段

螺旋桨模型就被安装于工作段内进行试验（图 6-5-4）。对于一个螺旋桨模型，要改变进速系数，既可以通过调节水洞工作段水流速度的方式实现，也可以通过调节螺旋桨模型转速的方式实现。

图 6-5-4　安装在水洞工作段中的螺旋桨模型

二、螺旋桨模型敞水试验的相似条件

同船模阻力试验一样，螺旋桨模型的敞水试验也应当满足几何相似、运动相似、动力相似，这样螺旋桨模型的推力系数、转矩系数、效率随进速系数的变化就与实桨的一致。

（1）几何相似。螺旋桨模型满足几何相似是指螺旋桨模型与实桨形状特征一样，只是尺度大小不同，即螺旋桨模型是根据实桨严格按一定缩尺比加工制作而得的。

（2）运动相似。螺旋桨的运动特征量包括进速 V_A 和转速 n，进速系数 $J=\dfrac{V_A}{nD}$ 是对螺旋桨运动特征的无因次表达。螺旋桨模型试验满足运动相似要求模型的进速系数 J_m 与实桨的进速系数 J_s 相等，即

$$J_m=\frac{V_{Am}}{n_m D_m}\quad J_s=\frac{V_{As}}{n_s D_s}\quad J_m=J_s \tag{6-5-1}$$

式中：V_{As}、V_{Am} 分别为实桨的进速与桨模的进速（m/s）；n_s、n_m 分别为实桨的转速与桨模的转速（r/s）；D_s、D_m 分别为实桨的直径与桨模的直径（m）。

（3）动力相似。根据流体力学基本理论，采用模型水动力测量试验的方法确定实物的水动力需要满足一定的条件。以下通过流体力学因次分析方法进行说明。

几何形状特征一定的螺旋桨（尺寸大小可以缩放变化）在流体中正常工作时，推力 T 的大小与螺旋桨的直径 D（m）、螺旋桨的转速 n（s^{-1}）、螺旋桨的进速 V_A（m/s）、流体的密度 ρ（kg/m^3）、流体的运动黏性系数 v（m^2/s）及重力加速度 g（m/s^2）有关，可以用以下表达式表达推力 T：

$$T=f(D,n,V_A,\rho,v,g) \tag{6-5-2}$$

根据因次分析方法将此表达式改写为

$$T=k_1\cdot D^a\cdot n^b\cdot {V_A}^c\cdot \rho^d\cdot v^e\cdot g^f \tag{6-5-3}$$

式中：k_1 为系数；a、b、c、d、e、f 为各物理量的指数，它们是由螺旋桨的几何特征决定的。将各物理量按照量纲用质量M、长度L、时间T这三个基本量表达，则有

$$\left[\frac{\mathrm{M\cdot L}}{\mathrm{T}^2}\right]=k_1\cdot[\mathrm{L}]^a\cdot\left[\frac{1}{\mathrm{T}}\right]^b\cdot\left[\frac{\mathrm{L}}{\mathrm{T}}\right]^c\cdot\left[\frac{\mathrm{M}}{\mathrm{L}^3}\right]^d\cdot\left[\frac{\mathrm{L}^2}{\mathrm{T}}\right]^e\cdot\left[\frac{\mathrm{L}}{\mathrm{T}^2}\right]^f \tag{6-5-4}$$

等式两边M、长度L、时间T的幂次相等，即

$$\begin{aligned}1&=d\\1&=a+c-3d+2e-f\\-2&=-b-c-2e-2f\end{aligned}$$

解得

$$\begin{aligned}a&=4-c-2e-f\\b&=2-c-e-2f\\d&=1\end{aligned}$$

代入 T 的表达式可得

$$T = k_1 \cdot D^{4-c-2e-f} \cdot n^{2-c-e-2f} \cdot V_A{}^c \cdot \rho^1 \cdot v^e \cdot g^f = k_1 \cdot \rho n^2 D^4 \cdot \left(\frac{V_A}{nD}\right)^c \cdot \left(\frac{v}{nD^2}\right)^e \cdot \left(\frac{gD}{n^2D^2}\right)^f \tag{6-5-5}$$

式中：$\frac{V_A}{nD}$、$\frac{v}{nD^2}$、$\frac{gD}{n^2D^2}$为无因次量。表达式的含义是，几何形状特征一定（尺寸大小可以缩放）的螺旋桨，其推力系数与$\frac{V_A}{nD}$、$\frac{v}{nD^2}$、$\frac{gD}{n^2D^2}$这三个无因次量相关。也就是说，采用螺旋桨缩尺模型进行敞水试验时，若能使得桨模的$\frac{V_A}{nD}$、$\frac{v}{nD^2}$、$\frac{gD}{n^2D^2}$都与实尺度桨的$\frac{V_A}{nD}$、$\frac{v}{nD^2}$、$\frac{gD}{n^2D^2}$相等，则桨模的推力系数等于实桨的推力系数。采用类似的因次分析法还可以得到，当桨模的$\frac{V_A}{nD}$、$\frac{v}{nD^2}$、$\frac{gD}{n^2D^2}$都与实尺度桨的$\frac{V_A}{nD}$、$\frac{v}{nD^2}$、$\frac{gD}{n^2D^2}$相等时，桨模与实桨的转矩系数、敞水效率也分别相等。

$\frac{V_A}{nD}$是对螺旋桨运动特征的无因次量，表达形式为进速系数。桨模的进速系数与实桨的进速系数相等已经在运动相似条件中满足。

$\frac{nD^2}{v}$是对流体黏性的无因次量，表达形式是特征线速度“nD”乘以特征尺度“D”除以流体运动黏性系数“v”，即为雷诺数。桨模的雷诺数与实桨的雷诺数相等反映的是黏性相似。

$\frac{gD}{n^2D^2}$是对重力的无因次量，若将$\frac{gD}{n^2D^2}$取倒数并开方，则得到$\frac{nD}{\sqrt{gD}}$，其表达形式是特征线速度“nD”除以重力加速度“g”与特征尺度“D”乘积的开方，即为傅汝德数。实桨和桨模傅汝德数相等代表的是兴波相似。水池中的螺旋桨模型敞水试验表明，当桨轴浸深达到一倍的直径时，桨模运动引起的表面兴波可以忽略不计；如果是在封闭的循环水洞中开展螺旋桨模型的水动力试验，由于不存在自由液面和兴波，所以傅汝德相似并无实际意义。对于一般的螺旋桨模型敞水试验，不需要满足傅汝德数相等。

在满足实桨和桨模进速系数相等的前提下，若进一步要求实桨和桨模的雷诺数相等，则是要求：

$$\frac{V_{Am}}{n_m D_m} = \frac{V_{As}}{n_s D_s} \tag{6-5-6}$$

$$\frac{n_s D_s^2}{v_s} = \frac{n_m D_m^2}{v_m} \tag{6-5-7}$$

式中：v_s为实桨工作所处水流环境的水的运动黏性系数，如15℃海水的运动黏性系数可取为$1.188 \times 10^{-6} \mathrm{m}^2/\mathrm{s}$；$v_m$为桨模在试验环境中的水的运动黏性系数，如15℃淡水的运动黏性系数可取为$1.139 \times 10^{-6} \mathrm{m}^2/\mathrm{s}$。

由于水的运动黏性系数相差很小，所以要求：

$$n_s D_s^2 \approx n_m D_m^2 \tag{6-5-8}$$

设螺旋桨桨模的缩尺比为λ，即有$\dfrac{D_s}{D_m}=\lambda$，为了满足实桨和桨模的雷诺数相等，要求$n_m=\lambda^2 D_s$，即在试验桨模的转速为对应实桨运行工况的λ^2倍，同时在实桨和桨模运动相似、进速系数必须相等的约束下，又要求$\dfrac{V_{As}}{n_s D_s}=\dfrac{V_{Am}}{n_m D_m}$，即试验桨模的进速为对应实桨运行工况的$\lambda$倍。同时满足$n_m=\lambda^2 D_s$和$V_{Am}=\lambda V_{As}$是异常困难的。

例如，某舰船螺旋桨直径4.4m，当螺旋桨转速达到210r/min（对于舰船上实桨转速的描述）时舰船航速25kn，按缩尺比1∶20加工桨模进行敞水试验，桨模的直径为0.22m。若同时满足实桨和桨模进速系数相等和雷诺数相等，则要求桨模的转速为84000r/min，同时桨模的进速为 500kn，这样的运动条件在一般的实验室环境中是难以达到的，即使桨模的运动条件可以实现，那么桨模上推力和转矩的数值大小与实桨上推力和转矩的数值大小一样，桨模和试验测量系统也无法承受。

可见，同时满足实桨和桨模进速系数相等和雷诺数相等是不现实的，进速系数相等反映的是运动相似，雷诺数相等反映的是黏性相似，对于螺旋桨水动力而言，显然是运动相似的重要性远大于黏性相似的重要性，所以在螺旋桨模型敞水试验中，要满足实桨和桨模进速系数相等，即

$$J_m = J_s \tag{6-5-9}$$

实桨和缩尺桨模的雷诺数难以相等，会对相同进速系数下实桨和桨模的推力系数、转矩系数、敞水效率造成差异。

根据进速系数的表达式：

$$J=\frac{V_A}{nD} \tag{6-5-10}$$

尺寸大小一定的螺旋桨模型，要实现某个给定的进速系数，可以采用较高的进速和较高的转速，也可以采用较低的进速和较低的转速。根据雷诺数的表达式：

$$Re=\frac{nD^2}{\nu} \tag{6-5-11}$$

在同一进速系数下，螺旋桨模型在较高进速和较高转速工况对应的雷诺数大于螺旋桨模型在较低进速和较低转速工况对应的雷诺数。而实尺度螺旋桨由于桨叶尺度大，雷诺数一般很大。雷诺数大小对桨叶表面边界层内的流动状态有直接影响，实尺度螺旋桨工作时雷诺数很大，桨叶表面边界层为充分发展的湍流状态，螺旋桨模型在敞水试验中虽然难以达到与实尺度螺旋桨相同的雷诺数，但是在满足进速系数相等的前提下，要保证螺旋桨模型桨叶表面边界层的流态达到湍流状态，从而使测量得到的推力系数、转矩系数和敞水效率数据可用。

保持螺旋桨模型的进速系数不变，不断提高桨模的进速和转速，雷诺数不断增大。国内外开展的雷诺数对螺旋桨模型敞水水动力性能影响的试验结果表明，桨模工作在很低的转速和很低的进速时，雷诺数很小，桨叶表面边界层内流态为层流状态，提高桨模的转速、进速和雷诺数，维持进速系数不变，测量得到的推力系数会增大、转矩系数会

减小、敞水效率会增大，当雷诺数超出一定的范围后，测量得到的推力系数、转矩系数、敞水效率随雷诺数的变化量极小，此时螺旋桨模型的水动力测量数据是可用的。螺旋桨模型进行敞水试验时需要超过的雷诺数称为临界雷诺数，用 Re_{cr} 表示。

1978 年国际船模试验池会议（ITTC）规定，螺旋桨的雷诺数以 0.75 倍半径处叶切面的弦长和来流的合速度为特征长度和特征速度来计算。实桨 0.75 倍半径处叶切面的弦长用 $b_{0.75R}$ 表示，0.75 倍半径处来流的合速度为

$$V_R=\sqrt{V_A^2+(0.75\pi nD)^2} \tag{6-5-12}$$

则雷诺数的表达式为

$$Re=\frac{b_{0.75R}\cdot\sqrt{V_A^2+(0.75\pi nD)^2}}{\nu} \tag{6-5-13}$$

将进速系数 $J=\dfrac{V_A}{nD}$ 代入式（6-5-13），可得

$$Re=\sqrt{J^2+(0.75\pi)^2}\cdot b_{0.75R}\cdot\frac{nD}{\nu} \tag{6-5-14}$$

螺旋桨模型在敞水试验中，各种试验工况的雷诺数都必须大于临界雷诺数。1978 年 ITTC 建议，临界雷诺数可取为 $Re_{cr}=3.0\times10^5$。

即使对于螺旋桨模型敞水试验有雷诺数必须超过临界雷诺数的要求，但是桨模的雷诺数毕竟还是小于实桨的雷诺数，仍然会导致相同进速系数下桨模的推力系数、扭矩系数、敞水效率不等于实桨推力系数、扭矩系数、敞水效率，这种影响称为尺度效应。有的试验单位会对螺旋桨模型敞水试验结果进行尺度效应的修正以预报实桨的敞水性能。尺度效应修正并无严格统一的方法，不同的试验单位有不同的经验做法，总体上看，修正后的转矩系数比修正前的转矩系数略小约 1%，修正后的推力系数比修正前的推力系数略大不到 1%。由于修正值如此小所以有的试验单位不进行修正。

三、螺旋桨模型敞水试验的方法

从严格的理论推导上看，通过螺旋桨模型敞水试验获得实桨的水动力性能，桨模与实桨应当同时满足几何相似、运动相似和动力相似，但是由于实际的限制，对于一般的在深水中工作的螺旋桨，开展螺旋桨模型的敞水试验满足以下条件即可：

（1）几何相似，桨模按照一定的缩尺比加工制造。

$$\frac{D_m}{D_s}=\lambda \tag{6-5-15}$$

（2）运动相似，桨模的进速系数与实桨的进速系数相等。

$$J_m=J_s \tag{6-5-16}$$

（3）螺旋桨工作时产生的表面兴波可以忽略。一般要求桨轴浸深 h_s 满足以下条件：

$$h_s>D_m \tag{6-5-17}$$

（4）桨模在敞水试验各工况的雷诺数大于临界雷诺数。

$$Re = \frac{b_{0.75R} \cdot \sqrt{V_A^2 + (0.75\pi nD)^2}}{v} > 3.0 \times 10^5 \tag{6-5-18}$$

此外，一般要求桨模的直径大于 0.2m，以减小模型尺度过小对测试数据精度的影响。

桨模的敞水试验可以在拖曳水池或者循环水洞中进行。在拖曳水池中试验时，螺旋桨模型安装在专门进行螺旋桨水动力测试的动力仪上，动力仪固定在水池拖车上，拖车以给定的速度向前运动形成螺旋桨的进速，动力仪带动桨模以给定的转速旋转形成螺旋桨的转速，动力仪可以测量桨模在不同进速和不同转速时的推力和转矩（图 6-5-5）。

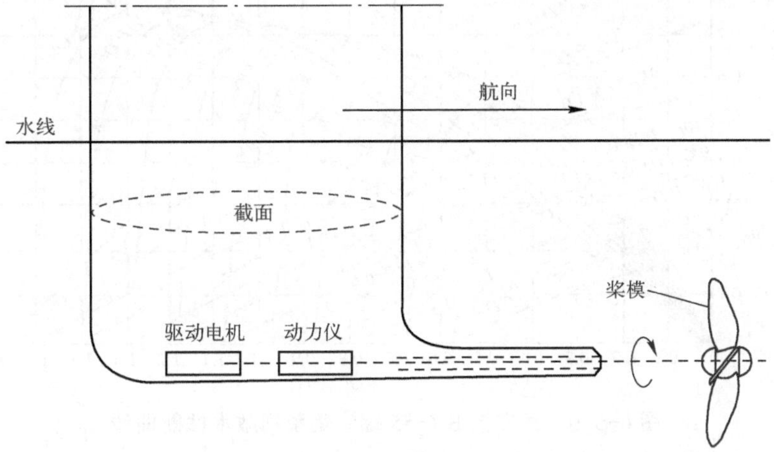

图 6-5-5　动力仪测量螺旋桨模型的推力和转矩简图

在循环水洞中试验时，循环水洞中封闭的水体可被叶轮泵驱动循环运动，且可以通过改变叶轮泵的转速精确调节水洞试验段处水流的速度以获得给定的进速，螺旋桨动力仪安装在水洞工作段处，动力仪带动桨模以给定的转速旋转形成螺旋桨的转速，这样也可以测量桨模在不同进速和不同转速时的推力和转矩。

螺旋桨模型的敞水试验结果一般是给出不同进速系数下的推力系数、转矩系数和敞水效率，可以表达成敞水性能曲线的形式，也可以是数值表格，即将给定螺旋桨每一进速系数下的推力系数、转矩系数和敞水效率的数值列表。

国际上专门从事舰船螺旋桨水动力性能试验和螺旋桨研发的单位，在长期的试验研究和工程实践过程中总结形成了若干种具有优良水动力性能的螺旋桨方案，并通过开展系统的螺旋桨模型敞水性能试验绘制了桨模系列的敞水性能曲线组，可用于舰船螺旋桨的设计选型。螺旋桨系列的命名一般按“系列简称—叶数—盘面比”的形式。如“AU 4-50”“MAU 5-65”“SSPA 4-53”“B 6-80”“G 3-65”等。“AU”代指日本船舶运输技术研究所研发的螺旋桨系列，“MAU”（包括 AU_W、MAU_W 等）是 AU 系列的改进型；“SSPA”代指瑞典国家船模试验水池研发的螺旋桨系列；“B”系列属于荷兰瓦宁根系列、“G”代指英国的高恩系列。同一系列螺旋桨的桨叶剖面形状特征相同。系列简称字母之后的数字“4”“5”等是螺旋桨的桨叶数，在 3～7 之间；叶数之后的数字代表盘面比，“50”“65”等代表螺旋桨的盘面比分别是 0.50、0.65 等。图 6-5-6～图 6-5-8 列举了典型的螺旋桨系列的敞水性能曲线组。

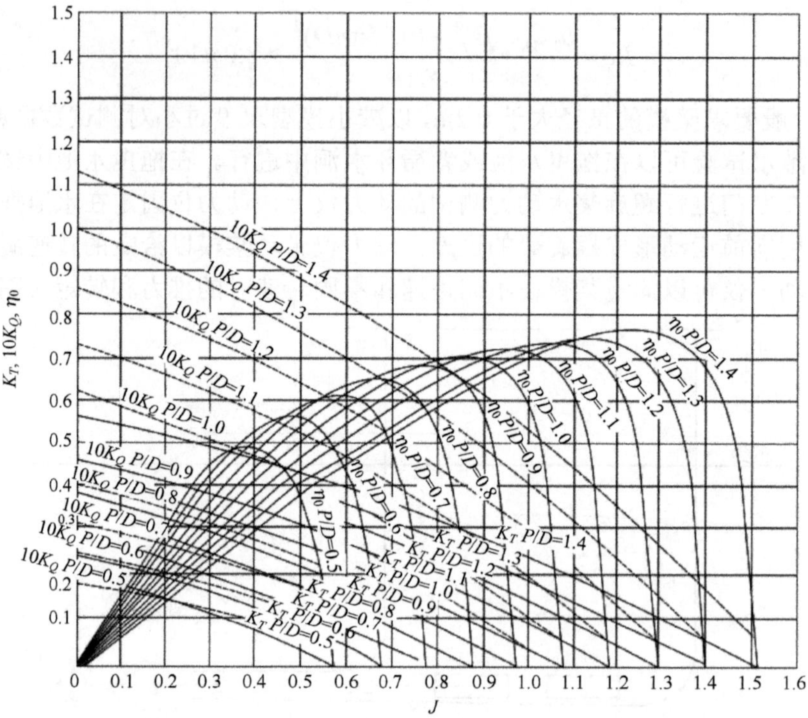

图 6-5-6 瓦宁根 B 4-55 螺旋桨系列敞水性能曲线

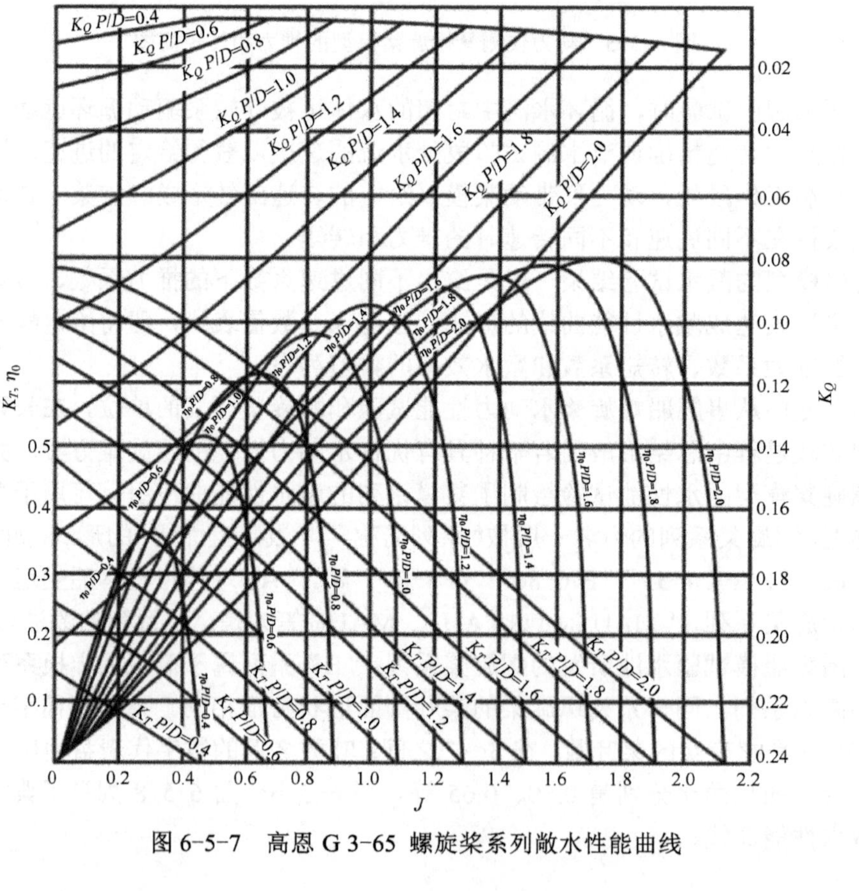

图 6-5-7 高恩 G 3-65 螺旋桨系列敞水性能曲线

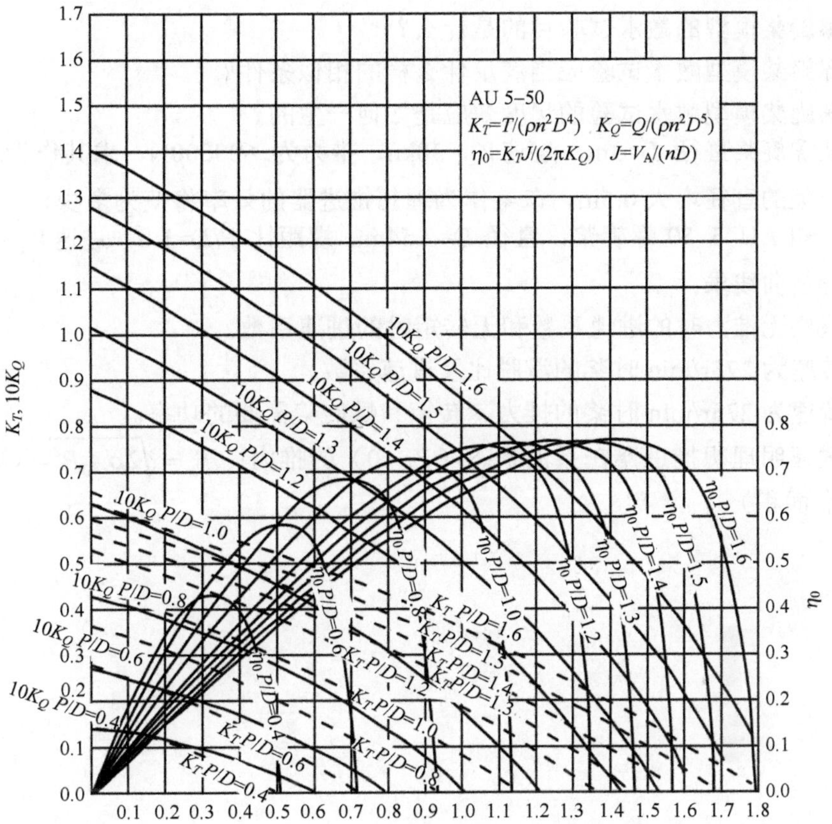

图 6-5-8　AU 5-50 螺旋桨系列敞水性能曲线

思　考　题

1．理想推进器理论与理想螺旋桨理论的相同点和不同点分别是什么？
2．理想推进器理论的推力表达式和效率表达式是什么？
3．理想螺旋桨理论的推力表达式和效率表达式是什么？
4．什么是轴向诱导速度？什么是周向诱导速度？
5．所有的船用推进器都有轴向诱导速度和周向诱导速度吗？
6．如何提高理想推进器的效率？
7．如何提高理想螺旋桨的效率？
8．什么是叶切面的螺距三角形和速度多角形？
9．叶元体的受力与螺旋桨的推力、转矩是如何联系的？
10．什么是螺旋桨的敞水性能？
11．螺旋桨的推力、转矩、进速是如何无因次化的？
12．螺旋桨敞水性能曲线的特点是什么？
13．当螺旋桨的转速一定时，为什么进速越大，推力越小？

14．螺旋桨模型的敞水试验目的是什么？

15．螺旋桨模型敞水试验应当满足什么样的相似条件？

16．螺旋桨模型敞水试验的尺度效应是如何产生的？

17．某螺旋桨直径 D=3m，进速 V_A =30kn，推力为 600000N，求其作为理想推进器的效率，若桨的直径增大 0.5m，该桨作为理想推进器的效率将变为多少？

18．已知 AU 5-50 螺旋桨，直径 D=2.54m，螺距比 P/D=1.0，进速 V_A =14.4kn，试按其敞水特征曲线求：

（1）该桨无推力时的进速系数和无转矩时的进速系数。

（2）转速为 275r/min 时桨的滑脱比及进速系数。

（3）转速为 275r/min 时桨的推力、转矩和螺旋桨需要的功率。

19．试证明理想推进器在系泊状态（V_A =0）的推力：$T_0=\sqrt[3]{2\rho A_0 P^2}$。（$P$ 为消耗功率；A_0 为盘面积）

第七章　船体与螺旋桨的相互作用

前面讲述的船体阻力性能和螺旋桨的水动力性能，是不包含螺旋桨影响的船体阻力性能和不包含船体影响的螺旋桨的敞水性能。但是在舰船推进过程中，作为主推进器的螺旋桨，是在舰艇尾部旋转工作从而产生推力克服船体阻力使船前进的，船体和螺旋桨一定存在相互干扰，所以舰船推进过程中的舰艇阻力性能与单独的船体阻力性能不一样，船后螺旋桨的水动力性能与螺旋桨的敞水性能也不一样，船体和螺旋桨之间存在相互影响、双向作用，要进行舰艇的快速性分析必须分析清楚船体与螺旋桨的相互影响。目前对于这一问题的处理方法是：分别研究船体对螺旋桨的单方向影响和螺旋桨对船体的单方向影响，并提取相关的影响因子来定量表达这些影响，然后“合成”为船体与螺旋桨的相互影响。实际上这种处理方法并不是真正的耦合处理方法，但由于现在关于这方面的研究并不充分，并且这种处理方法为舰艇推进问题的分析提供了一种在工程上可行的手段，所以在舰艇快速性的研究中还是采用这种方法。

第一节　船体对螺旋桨的影响

孤立的螺旋桨在均匀且无干扰的敞水环境中沿轴向向前运动时，螺旋桨前进的速度为V，相当于前方的水流以V的速度流向螺旋桨，那么螺旋桨的进速$V_A = V$。螺旋桨装在船尾推船前进时，螺旋桨与船体以同样的航速V_S前进，相当于前方的水流以V_S的速度先流向舰船，水流承受船体的影响与干扰以后，再到达船尾的螺旋桨，因此，船尾螺旋桨的进速V_A就不直接等于舰艇的航速V_S，这就是船体对螺旋桨的影响，主要表现在船体对尾部工作的螺旋桨进流状态的影响。

一、伴流的成因

船对螺旋桨的影响表现为伴流。舰船向前航行，船体会扰动周围的水流产生运动，形成一种伴随船体的扰动速度场，船体周围的这种扰动速度场称为伴流。其实，船体的伴流是一种围绕船体的空间三维流场，本章关注的是船体对螺旋桨的影响，所以此处的伴流特指船尾桨盘面处的伴流。由于船尾螺旋桨是在一个区域内工作而不是在一个“点”上工作，所以桨盘面上不同位置处的伴流是不相同的；而且，桨盘面每一点的伴流速度都是矢量，可以分解为轴向、周向和径向三个方向的分量。轴向是平行于螺旋桨轴线的方向，周向是沿桨盘面上流场点所在圆周的旋转方向（圆周在该点处的切向），径向是沿桨盘面上流场点的半径增长方向（圆周在该点处的法向）。其中，轴向伴流速度相比周向伴流速度和径向伴流速度要大得多，对螺旋桨的水动力性能影响也最大，所以是研究的重点。对伴流速度的方向通常是这样规定的：如果伴流运动方向与舰船的航向相同，这种伴流称为正伴流，反之称为负伴流。

根据伴流产生的原因可将伴流分为势伴流、摩擦伴流和兴波伴流。

舰艇在水中运动，靠近舰艇前部的水流会被向前运动的船体推开，靠近舰艇后部的水流具有填充船体向前运动后产生的空间空缺的趋势，所以船体扰动在周围形成的流线分布如图 7-1-1 所示，这种船体伴流就是势伴流，可见，舰艇尾部的势伴流速度一定为正值。势伴流速度用符号 u_p 表示。

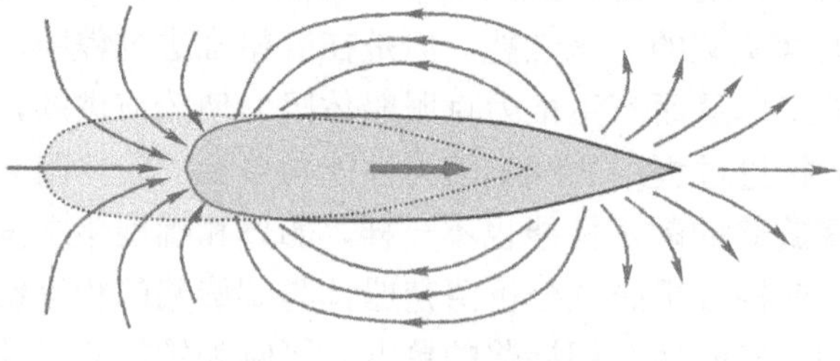

图 7-1-1　船体周围的流线

由于黏性的影响，舰艇在水中航行，会在船体与水接触的表面外形成边界层，并且在船尾形成黏性尾流，会带动水流产生与舰艇航行方向同向的速度（图 7-1-2），即摩擦伴流。摩擦伴流速度一定为正值。船体两侧的边界层较薄，并且沿船体表面法线向外摩擦伴流速度迅速减小，但船体尾部的黏性尾流具有一定的厚度，布置在船体中纵对称面上的尾部螺旋桨主要受摩擦伴流的影响。摩擦伴流速度用符号 u_f 表示。

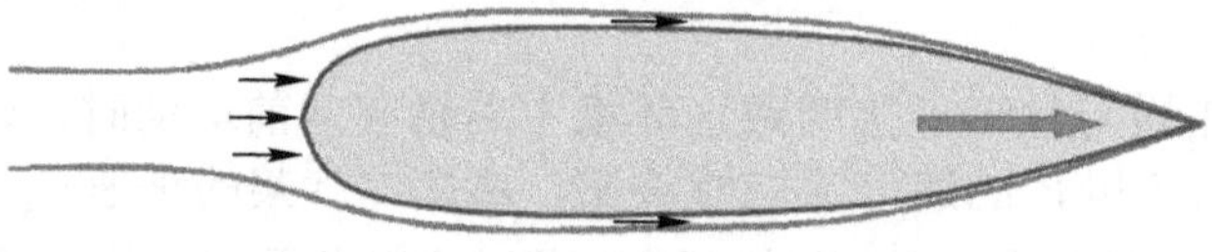

图 7-1-2　船体边界层与黏性尾流

舰艇在海面航行会兴起波浪（图 7-1-3），波浪的传播方向与舰艇航向相同，而波浪的本质是水质点的轨圆运动，所以也是由船体干扰产生的水流运动，即兴波伴流。由于处于波峰的水质点轨圆运动恰好与波浪传播方向相同，而波浪传播方向又与舰艇航向相同，所以波峰的兴波伴流是正伴流，同理，波谷的兴波伴流是负伴流。可见，若船尾螺旋桨处于波峰，则兴波伴流为正值；若船尾螺旋桨处于波谷，则兴波伴流为负值。兴波伴流速度用符号 u_w 表示。

势伴流、摩擦伴流和兴波伴流叠加起来就是总的伴流，即 $u = u_p + u_f + u_w$。

二、伴流速度与伴流分数

舰艇尾部螺旋桨所处的位置是一个盘面，桨盘面上每一点的伴流情况都不相同，舰艇的伴流是一个不均匀的速度场，目前对于桨盘面伴流速度的处理还是先采取平均的方法，然后对不均匀的影响进行一定的补充考虑。由于舰艇桨盘面的伴流以轴向伴流为主要考虑对象，为了叙述方便，将公式$u = u_p + u_f + u_w$，其中u_p特指桨盘面势伴流速度的轴向分量的平均值、u_f特指桨盘面摩擦伴流速度的轴向分量的平均值、u_w特指桨盘面兴波伴流速度的轴向分量的平均值，那么u就是桨盘面总的轴向平均伴流速度。

图 7-1-3　船体兴波

从螺旋桨的敞水性能来讲，几何形状一定的螺旋桨，其推力系数和转矩系数是由螺旋桨的进速系数决定的，进速系数的表达式是

$$J = \frac{V_A}{nD} \tag{7-1-1}$$

船后工作的螺旋桨推动舰船达到稳定的航速V_S，由于船体伴流的影响，船后螺旋桨的实际进速V_A不等于V_S，而是

$$V_A = V_S - u \tag{7-1-2}$$

为了能够确定船后螺旋桨的实际进速以计算船后螺旋桨的水动力性能，必须先获得船体伴流。

一种获得船体伴流的方法是直接测量法。船体运动时引起的船体绕流场是可以通过流场测试的方法测量得到的。毕托管（耙）、激光多普勒测速仪（laser Doppler velocimeter，LDV）、粒子成像测速仪（particle image velocimeter，PIV）等测试技术都可以用于船体绕流场的测量。对船体桨盘面处的流场直接测量，一般需要加工制作缩尺船模，若船体上安装有轴支架、轴包套等附体，这些附体会影响桨盘面的流场，那么也要制作附体模型安装于船模上。将船模置于水洞（水运动模型不动）或者拖曳水池（模型被拖车拖曳运动）中形成船模绕流场，采用一定的测速技术就可以进行流场测量，但主要的问题在于：在测量船后桨盘面处的流场时必须把螺旋桨从船尾摘除，否则桨盘面的流场是不可测试的。

图 7-1-4 为某单桨船模尾部桨盘面的流场轴向速度无因次值V_x/V_0的分布。V_0是水洞中水流速度或者船模的拖曳速度（船模远前方无干扰的均匀来流速度），为一固定值；V_x是桨盘面上某点的轴向流速，随测点位置的变化（在桨盘面上的半径r、周向角θ的变化）而改变，可以写成$V_{x(r,\theta)}$。单桨船的螺旋桨安装在船体后部对称面上，桨盘面流场分布对称，因此只绘制了半个盘面的速度分布。双桨船模和潜艇模型尾部桨盘面的流场轴向速度无因次值V_x/V_0的分布如图 7-1-5 所示，从桨盘面的速度分布可以看出双桨船模在桨前方

安装的支架的尾流对桨盘面速度分布的影响，以及潜艇螺旋桨前方尾舵、尾翼、指挥台围壳等附体对桨盘面速度分布的影响。

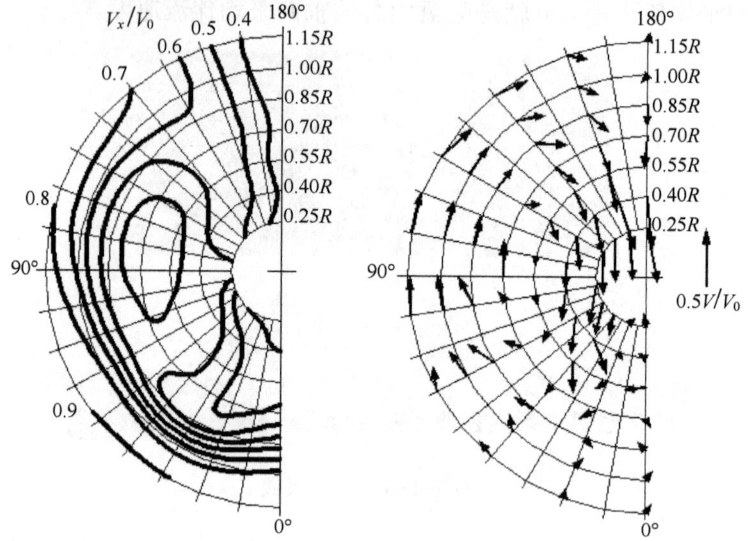

图 7-1-4　某单桨船模尾部桨盘面的流场轴向速度无因次值 V_x/V_0 的分布

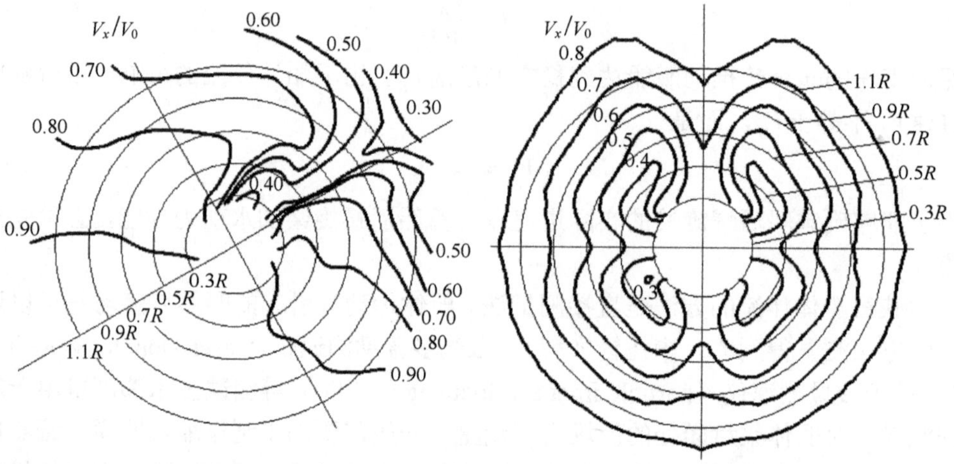

(a)　　(b)

图 7-1-5　某双桨船模和潜艇模型尾部桨盘面的流场轴向速度无因次值 V_x/V_0 的分布

（a）双桨船模；（b）潜艇模型。

桨盘面某点的轴向流速 $V_{x(r,\theta)}$ 测得以后，该测点位置的伴流速度为

$$u_{(r,\theta)} = V_0 - V_{x(r,\theta)} \tag{7-1-3}$$

在工程上通常以伴流分数表示伴流速度的大小，伴流分数的表达式为

$$w_{(r,\theta)} = u_{(r,\theta)}/V_S = (V_0 - V_{x(r,\theta)})/V_0 = 1 - V_{x(r,\theta)}/V_0 \tag{7-1-4}$$

已经测得桨盘面流场轴向速度分布后，利用式（7-1-4）很容易得到伴流分数的分布。

螺旋桨在船尾旋转工作过程中，各半径叶元体旋转到不同角度遭遇的当地局部伴流速度不一样，这说明了伴流的周向不均匀性。将图 7-1-5 中潜艇模型桨盘面的速度等值线图转化为各半径不同周向角处伴流分数随周向角的变化图，如图 7-1-6 所示。

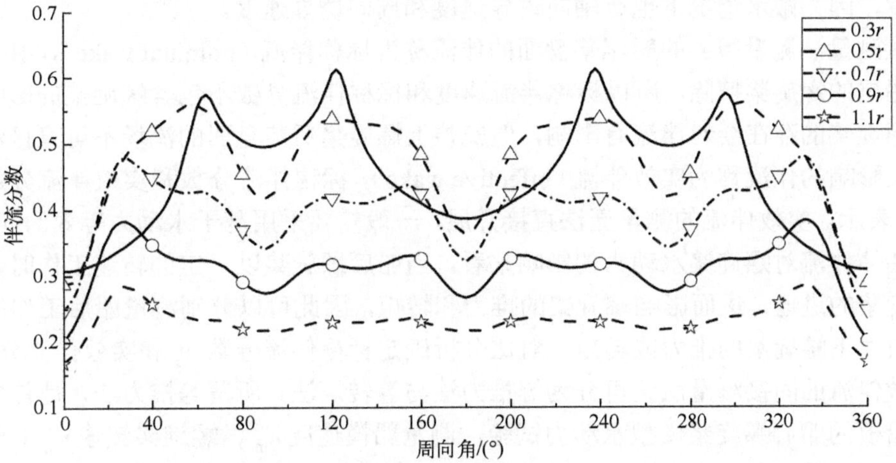

图 7-1-6　某潜艇模型尾部桨盘面不同半径处伴流分数随周向角的变化

在运用环流理论设计螺旋桨时，需要根据桨盘面各半径处平均伴流分数大小确定合适的螺距角大小，各半径 r 的圆周上的周向平均伴流分数 $w_{(r)}$ 计算表达式为

$$w_{(r)}=\frac{\int_0^{2\pi} w_{(r,\theta)}\cdot r\mathrm{d}\theta}{2\pi r} \tag{7-1-5}$$

图 7-1-7 为周向平均伴流分数随径向变化的示意图。

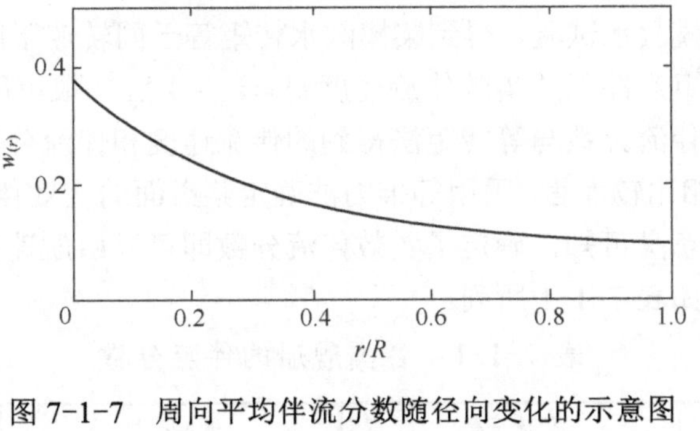

图 7-1-7　周向平均伴流分数随径向变化的示意图

将周向平均伴流分数进一步求平均值，得到整个桨盘面的平均伴流分数 w：

$$w=\frac{\int_{R_H}^{R} w_{(r)}\cdot 2\pi r\mathrm{d}r}{\pi(R^2-R_H^2)} \tag{7-1-6}$$

盘面各点伴流速度 $u_{(r,\theta)}$ 的平均值 u 与桨盘面的平均伴流分数 w 的关系是

$$w=\frac{u}{V_{\mathrm{S}}} \tag{7-1-7}$$

需要注意的是，直接测量法测量船尾桨盘面的伴流必须将螺旋桨摘除，这就忽略了实际螺旋桨工作时对尾流场的影响。这种影响是螺旋桨旋转加速水流造成的对船体周围流线运动、船体边界层和黏性尾流、尾部兴波的影响，而不包括桨盘面的轴向诱导速度和周向诱导速度，因为敞水情况下也有轴向诱导速度和周向诱导速度。

直接测量法测量得到的船尾桨盘面的伴流称为标称伴流（nominal wake），由于测量试验中将船尾的螺旋桨摘除，所以标称伴流速度和标称伴流分数不包含螺旋桨的影响，实际情况是螺旋桨的存在会对伴流有影响，但安装上螺旋桨后桨盘面的流场不可直接测量。考虑螺旋桨影响的伴流称为实效伴流（effective wake），标称伴流分数和实效伴流分数分别用 w_n 和 w_e 表示。实效伴流的测量无法直接开展，一般需要采用基于水动力等效的间接方法。

从船体伴流对螺旋桨水动力的影响来看，当船后螺旋桨以一定的转速工作时，伴流会影响螺旋桨的进速，进而影响螺旋桨的推力和转矩，因此可以分别测量船后工作的螺旋桨与敞水条件下螺旋桨的推力或转矩，对比分析确定标称伴流分数 w_n 和实效伴流分数 w_e。

实效伴流的间接测量法又可分为等推力法与等转矩法。所谓等推力法，是首先开展带桨缩尺船模的船后螺旋桨模型水动力试验，测量船模速度 V_m、螺旋桨转速 n_m 工况下船后螺旋桨模型的推力 T_B 和转矩 Q_B。然后将螺旋桨模型进行敞水试验，敞水试验中保持螺旋桨模型的转速与船后桨模水动力测试时的转速 n_m 不变，改变进速的大小并持续测量敞水桨模的推力，得到桨模敞水推力等于同转速下船后桨模的推力时对应的进速 V_{Am}。比较同一个桨模以相同的转速在船后工况与敞水工况的水动力试验结果，可以认为船体对船后螺旋桨进速的影响是 $V_m - V_{Am}$，此可视为螺旋桨影响下的船体实效伴流速度 u_e，即

$$u_e = V_m - V_{Am} \tag{7-1-8}$$

在此试验方案中，是根据船后螺旋桨与敞水螺旋桨推力相等来设计实效伴流间接试验的，称为等推力法。螺旋桨的水动力既包括推力又包括转矩，当采用等转矩法测量实效伴流时，就是在进行桨模敞水试验，得到桨模敞水转矩等于同转速下船后桨模的转矩时对应的进速 V'_{Am}，和等转矩条件下的实效伴流速度 $u'_e = V_m - V'_{Am}$。很可能出现的情况是等推力法得到的伴流速度和伴流分数与等转矩法得到的伴流速度和伴流分数不相等，这是由伴流的不均匀性导致的，相比较而言，采用等推力法确定桨盘面的实效伴流分数应用得更广泛。

根据伴流分数的意义可知，确定了实效伴流分数即可以由航速推算出船后桨的进速。各种舰船的伴流分数如表 7-1-1 所列。

表 7-1-1　各类舰船的伴流分数

舰船类型	伴流分数	舰船类型	伴流分数
快速船和邮船	1.10～0.18	轻巡洋舰	0.04～0.10
单桨商船（C_B=0.5～0.7）	0.20～0.30	大型驱逐舰	0.00～0.10
双桨商船（C_B=0.5～0.7）	0.08～0.20	驱逐舰和护卫舰	0.00～0.03
肥大型船（C_B为 0.8 左右）	0.30～0.40	潜艇	0.10～0.25
主力舰及重巡洋舰	0.15～0.20	鱼雷艇	0.00～0.04

运用间接法测量桨盘面实效伴流无法得到伴流分布，只能得到等效的平均值 w_e，可以采用以下的修正方法确定各半径处的周向平均实效伴流分数 $w_{(r)e}$，以作为船后螺旋桨设计

的输入条件。

$$1 - w_{(r)\mathrm{e}} = (1 - w_{(r)\mathrm{n}}) \times \frac{1 - w_{\mathrm{e}}}{1 - w_{\mathrm{n}}} \tag{7-1-9}$$

三、伴流不均匀性

舰艇尾部安装的螺旋桨受到的船体影响其实是不均匀的，即桨盘面不同位置的伴流速度应该是不相同的，为了能够利用螺旋桨敞水性能来计算船后螺旋桨的推力、转矩水动力性能，在第七章第一节“二、伴流速度与伴流分数”中引入了平均伴流速度和伴流分数，并用式（7-1-2）和式（7-1-4）计算船后螺旋桨的进速。这种处理方法显然忽略了伴流的不均匀性。

几何形状一定的螺旋桨，当它在敞水条件下以进速V_{A}、转速n工作时，螺旋桨的推力为T_0，转矩为Q_0；当这个螺旋桨在以航速V_{S}航行的舰艇尾部工作时，转速也为n，并且螺旋桨的进速按平均的实效伴流分数来计算$V_{\mathrm{S}}(1-w_{\mathrm{e}})$，数值也等于$V_{\mathrm{A}}$，此时船后螺旋桨的推力为$T_{\mathrm{B}}$、转矩为$Q_{\mathrm{B}}$。很可能出现这样的情况：

（1）当实效伴流分数是采用等推力法获取时，船后螺旋桨的推力T_{B}等于敞水条件下的推力T_0，但船后螺旋桨的转矩Q_{B}不等于敞水条件下的转矩Q_0；

（2）当实效伴流分数是采用等转矩法获取时，船后螺旋桨的转矩Q_{B}等于敞水条件下的转矩Q_0，但船后螺旋桨的推力T_{B}不等于敞水条件下的推力T_0。

这就是伴流的不均匀性对螺旋桨水动力影响的一种表现。

为了处理伴流不均匀性对船后螺旋桨水动力的这种影响，引入两个影响系数：

$i_1 = T_{\mathrm{B}} / T_0$为伴流不均匀性对推力的影响；

$i_2 = Q_{\mathrm{B}} / Q_0$为伴流不均匀性对扭矩的影响。

那么，当船后的螺旋桨进速V_{A}采用平均伴流速度的方法$V_{\mathrm{A}} = V_{\mathrm{S}} - u = V_{\mathrm{S}}(1-w_{\mathrm{e}})$计算得到后，根据船后螺旋桨的转速和进速系数的表达式计算进速系数得$J = \dfrac{V_{\mathrm{A}}}{nD}$。

然后查该螺旋桨的敞水性能曲线，得到这个进速系数下的螺旋桨敞水推力系数K_T和转矩系数K_Q，计算敞水螺旋桨在该进速系数下的敞水推力T_0和敞水扭矩Q_0。

考虑船后螺旋桨盘面处伴流不均匀性对推力的影响，得到船后螺旋桨的推力：

$$T_{\mathrm{B}} = i_1 \cdot T_0 \tag{7-1-10}$$

考虑船后螺旋桨盘面处伴流不均匀性对转矩的影响，得到船后螺旋桨的转矩：

$$Q_{\mathrm{B}} = i_2 \cdot Q_0 \tag{7-1-11}$$

螺旋桨的敞水效率表达式为

$$\eta_0 = \frac{T_0 V_{\mathrm{A}}}{2\pi n Q_0} \tag{7-1-12}$$

定义船后螺旋桨的效率：

$$\eta_{\mathrm{B}} = \frac{T_{\mathrm{B}} V_{\mathrm{A}}}{2\pi n Q_{\mathrm{B}}} \tag{7-1-13}$$

可以计算得到螺旋桨敞水效率与船后效率的关系式：

$$\frac{\eta_B}{\eta_0}=\frac{T_B}{T_0}\cdot\frac{Q_0}{Q_B}=\frac{i_1}{i_2} \tag{7-1-14}$$

即

$$\eta_B=\frac{i_1}{i_2}\cdot\eta_0 \tag{7-1-15}$$

不同的舰艇、不同的螺旋桨，或者一艘舰艇在不同的航速，伴流分数 w_e 和影响系数 i_1、i_2 都是不同的，需要设计专门的试验去测量。

由于在测量伴流分数 w_e 的过程中，常常采用等推力法，所以往往有

$$\begin{cases}T_0=T_B & (i_1=1)\\ Q_0=Q_B & (i_2\neq 1)\end{cases} \tag{7-1-16}$$

此时，螺旋桨敞水效率与船后效率的关系：

$$\eta_B=\frac{1}{i_2}\cdot\eta_0=\eta_R\cdot\eta_0 \tag{7-1-17}$$

式中：$\eta_R=\frac{1}{i_2}$ 为相对旋转效率。

可见，船体对螺旋桨的影响是伴流，伴流影响了船后螺旋桨的进速，可以用平均的伴流速度或伴流分数来处理，此外，伴流还具有不均匀性，可以通过相对旋转效率来处理。

第二节　螺旋桨对船体的影响

螺旋桨在水中旋转时，会引起水流向后加速运动，并导致螺旋桨盘面前部水流压强的降低。对于船尾有螺旋桨工作的舰船而言，船体后部受到螺旋桨诱导的速度场和压强场的影响，船体后部压强降低，引起船体前后压差阻力增大，此外，水流速度增加船体的摩擦阻力也增大，但相对于压差阻力增量而言是小量（图 7-2-1）。

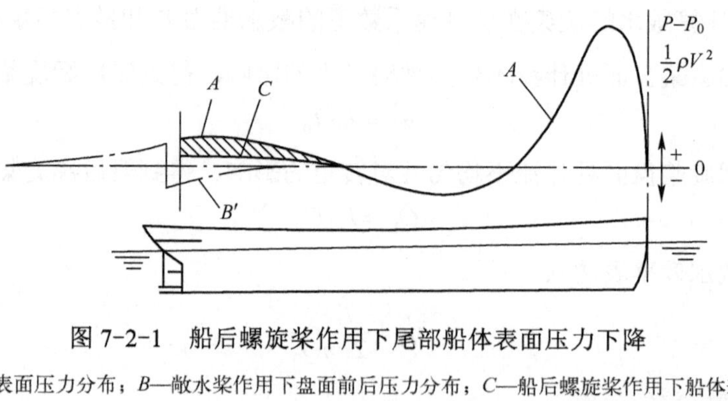

图 7-2-1　船后螺旋桨作用下尾部船体表面压力下降

A—不带桨体船表面压力分布；*B*—敞水桨作用下盘面前后压力分布；*C*—船后螺旋桨作用下船体表面压力分布。

螺旋桨对船体的影响就是螺旋桨在工作时会引起船体阻力增大，这个增加量称作阻力增额 ΔR，它与螺旋桨抽吸水流加速向后运动的工作方式有关，这部分阻力增加量在舰船

的阻力预报中并不计入。所以，舰船在航行过程中，螺旋桨实际的推力T不仅要克服该航速舰船原来的阻力R，还要克服这部分阻力增额ΔR。

由于这部分阻力增加量是由螺旋桨工作引起的，故将它理解为螺旋桨推力减小量，分配到螺旋桨上的这种推力减小量称为推力减额，记作ΔT：

$$\Delta T = \Delta R \tag{7-2-1}$$

按推力减额的概念，在船后工作的螺旋桨作用下的舰船阻力不发生变化，只是螺旋桨本身的推力损失了一部分。记入推力减额后的螺旋桨推力称为有效推力，有时也称为船后桨推力，记作T_E。有效推力T_E与敞水桨推力T之间的关系为

$$T_E = T - \Delta T \tag{7-2-2}$$

ΔT与T的比值称为推力减额分数，记作t：

$$t = \frac{\Delta T}{T} = 1 - \frac{T_E}{T} \tag{7-2-3}$$

于是有效推力表示为

$$T_E = (1 - t)T \tag{7-2-4}$$

各种舰船的推力减额分数t如表 7-2-1 所列。

表 7-2-1　各类舰船的推力减额分数

舰船类型	推力减额分数	舰船类型	推力减额分数
快速船和邮船	0.06～0.15	轻巡洋舰	0.05～0.10
单桨商船（C_B=0.5～0.7）	0.08～0.20	大型驱逐舰	0.07～0.08
双桨商船（C_B=0.5～0.7）	0.10～0.22	驱逐舰和护卫舰	0.06～0.08
肥大型船（C_B为 0.8 左右）	0.17～0.25	潜艇	0.10～0.18
主力舰及重巡洋舰	0.18～0.22	鱼雷艇	0.01～0.03

第三节　舰船推进过程中的效率

舰船在航行过程中，舰船的船体、主机和螺旋桨构成一个推进系统，从能量的角度来看，由于船体在海洋上航行一定会受到阻力，船体要克服运动阻力以一定的速度前进，船体就是能量的需求者。舰船要航行，主机得开动起来，主机是舰船的心脏、能量之源。主机的输出功率P_S经过轴系传送给尾部的螺旋桨，螺旋桨收到功率为P_D。由于机械传动过程中轴系的摩擦损耗，螺旋桨收到功率P_D要小于主机输出功率P_S，定义轴系传送效率为η_S，则有$\eta_S = P_D/P_S$。

对于船后螺旋桨的收到功率P_D，它直接的作用就是驱动螺旋桨旋转，设螺旋桨的转速为n（r/s），该转速下船后螺旋桨的转矩为Q_B，那么船后螺旋桨收到功率的表达式可写为

$$P_D = 2\pi n Q_B \tag{7-3-1}$$

式中：n为船后螺旋桨的转速（r/s）；Q_B为船后螺旋桨的转矩（N·m）；P_D为船后螺旋桨

的收到功率（W）。

船后螺旋桨的水动力要与敞水螺旋桨的水动力联系起来，必须将船后螺旋桨的收到功率转化为螺旋桨的敞水收到功率（为驱动在敞水条件下工作的螺旋桨所需要的功率），螺旋桨的敞水收到功率 P_{D_0} 的表达式为

$$P_{D_0} = 2\pi n Q_0 \quad (7\text{-}3\text{-}2)$$

式中：n 为螺旋桨的转速（r/s）；Q_0 为敞水螺旋桨的转矩（N·m）；P_{D_0} 为螺旋桨的敞水收到功率（W）。

计算船后螺旋桨的收到功率 P_D 与螺旋桨的敞水收到功率 P_{D_0} 的关系：

$$\frac{P_{D_0}}{P_D} = \frac{2\pi n Q_0}{2\pi n Q_B} \quad (7\text{-}3\text{-}3)$$

根据第七章第一节伴流不均匀性对转矩的影响：$Q_B = i_2 \cdot Q_0$，可得

$$\frac{P_{D_0}}{P_D} = \frac{1}{i_2} = \eta_R \quad (7\text{-}3\text{-}4)$$

螺旋桨的敞水收到功率 P_{D_0} 与船后螺旋桨的收到功率 P_D 和主机的轴功率 P_S 关系为

$$P_{D_0} = \eta_R \cdot P_D = \eta_R \cdot \eta_S \cdot P_S \quad (7\text{-}3\text{-}5)$$

螺旋桨的敞水收到功率还是一种旋转的功率，螺旋桨的功能就是把旋转的功率转化为推船前进的功率，这是对螺旋桨作为推进器的本质要求，螺旋桨的推功率的定义是螺旋桨的推力 T 乘以螺旋桨的进速 V_A，即

$$P_T = T \cdot V_A \quad (7\text{-}3\text{-}6)$$

式中：T 为敞水螺旋桨的推力（N），根据测量桨盘面伴流分数的等推力法，螺旋桨的敞水推力与船后推力应该相等；V_A 为敞水螺旋桨的进速（m/s）；P_T 为螺旋桨的推功率（W）。

从螺旋桨的敞水收到功率 P_{D_0} 转化为螺旋桨的推功率 P_T，存在一个转化效率，这个转化效率就是这两种功率的比值：

$$\frac{P_T}{P_{D_0}} = \frac{T \cdot V_A}{2\pi n Q_0} \quad (7\text{-}3\text{-}7)$$

此式为螺旋桨的敞水效率 η_0 的表达式。

螺旋桨的推功率 P_T 与螺旋桨的敞水收到功率 P_{D_0}、船后螺旋桨的收到功率 P_D 和主机的轴功率 P_S 关系为

$$P_T = \eta_0 \cdot P_{D_0} = \eta_0 \cdot \eta_R \cdot \eta_S \cdot P_S \quad (7\text{-}3\text{-}8)$$

对于在海洋中航行的舰艇而言，其航速为 V_S、在该航速下受到的阻力为 R，那么它要保持该航速稳定前进所需要的有效功率 P_E 为

$$P_E = R \cdot V_S \quad (7\text{-}3\text{-}9)$$

计算有效功率与螺旋桨推功率的关系式为

$$\frac{P_E}{P_T} = \frac{R \cdot V_S}{T \cdot V_A} = \frac{(1-t)T \cdot V_S}{T \cdot (1-w) V_S} = \frac{1-t}{1-w} \quad (7\text{-}3\text{-}10)$$

这个比值只与船体与螺旋桨相互影响的伴流分数和推力减额分数有关，称为船身效率，用η_H表示。

舰艇航行的有效功率P_E与螺旋桨的推功率P_T、螺旋桨的敞水收到功率P_{D_0}、船后螺旋桨的收到功率P_D和主机的轴功率P_S关系为

$$P_E = \eta_H \cdot P_T = \eta_H \cdot \eta_0 \cdot P_{D_0} = \eta_H \cdot \eta_0 \cdot \eta_R \cdot P_D = \eta_H \cdot \eta_0 \cdot \eta_R \cdot \eta_S \cdot P_S \qquad (7\text{-}3\text{-}11)$$

为更清晰地表示螺旋桨推进效率成分和各种功率间的关系，给出功率转换关系示意图，如图 7-3-1 所示。

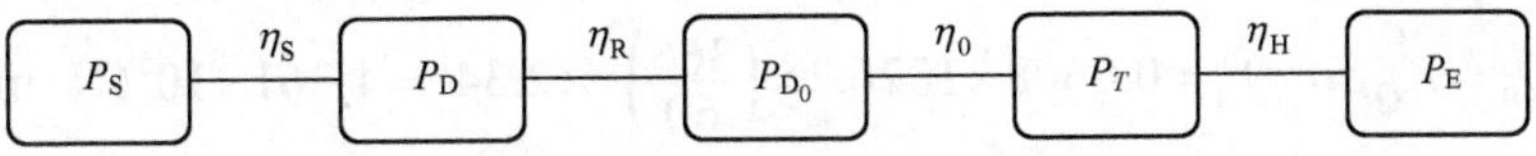

图 7-3-1　螺旋桨推进效率成分与功率转换关系示意图

综上所述，由主机功率转化为有效功率的总效率分为机械效率和水动力效率两部分，通常以$P.C.$表示：

$$P.C. = \frac{P_E}{P_S} = \eta_H \cdot \eta_0 \cdot \eta_R \cdot \eta_S \qquad (7\text{-}3\text{-}12)$$

$P.C.$称为推进系数。

第四节　船后螺旋桨性能计算

舰船在航行过程中，螺旋桨是在船后工作的，船后螺旋桨的水动力性能与舰船的航速、主机的转速、船体与螺旋桨的相互影响有关，船后螺旋桨性能计算就是根据敞水螺旋桨性征曲线、有关的螺旋桨参数求出某航速V和螺旋桨转速n下的有效推力T_E、转矩Q和主机功率P_S，现举一例说明具体计算过程。

例：某双桨舰船的螺旋桨数据为：螺旋桨直径$D = 2.34\text{m}$，螺旋桨螺距比$P/D = 1.32$，螺旋桨盘面比$A/A_0 = 0.8$，螺旋桨敞水性征的数据见表 7-4-1。实船试航测速得当转速$N = 366\text{r/min}$时舰船的航速$V_S = 26\text{kn}$。实效伴流分数$w_e = 0.06$，推力减额分数$t = 0.07$，相对旋转效率$\eta_R = 0.98$，轴系传送效率$\eta_S = 0.98$，求该舰此时的推进效率η_D、推进系数$P.C.$，每个螺旋桨的有效推力T_E、转矩Q_B、收到功率P_D、主机功率P_S。（海水密度$\rho = 1026.2\ \text{kg/m}^3$）

表 7-4-1　螺旋桨敞水性征的数据

J	0.6	0.7	0.8	0.9	1.0	1.1	1.2
K_T	0.370	0.322	0.275	0.225	0.180	0.131	0.086
$10K_Q$	0.707	0.641	0.570	0.490	0.415	0.325	0.238
η_0	0.500	0.560	0.614	0.658	0.691	0.705	0.600

解：进速 $V_A = V(1-w_e) = 0.5144V_S(1-w_e) = 0.5144\times 26\times(1-0.06) = 12.6(\text{m/s})$

进速系数 $J = \dfrac{V_A}{nD} = \dfrac{12.6}{\dfrac{366}{60}\times 2.34} = 0.882$

由 $J = 0.882$ 查敞水性征曲线得 $K_T = 0.235$，$K_Q = 0.0508$，$\eta_0 = 0.649$

有效推力与转矩分别为

$$T_E = T(1-t) = K_T\rho n^2D^4(1-t) = 0.235\times 1026.2\times\left(\frac{366}{60}\right)^2\times 2.34^4\times(1-0.07)$$

$$= 2.502\times 10^5(\text{N})$$

$$Q_0 = K_Q\rho n^2D^5 = 0.0508\times 1026.2\times\left(\frac{366}{60}\right)^2\times 2.34^5 = 1.361\times 10^5(\text{N}\cdot\text{m})$$

$$Q_B = i_2\cdot Q_0 = \frac{1}{\eta_R}\cdot Q_0 = \frac{1}{0.98}\times 1.361\times 10^5 = 1.389\times 10^5(\text{N}\cdot\text{m})$$

推进效率 $\eta_D = \eta_R\eta_0\eta_H = \eta_R\eta_0\dfrac{1-t}{1-w} = 0.98\times 0.649\times\dfrac{1-0.07}{1-0.06} = 0.629$

收到功率 $P_D = 2\pi nQ_B = 1.389\times 10^5\times 2\pi\times\dfrac{366}{60} = 5.32\times 10^3(\text{kW})$

或收到功率 $P_D = \dfrac{T_EV_S}{\eta_D} = \dfrac{2.502\times 10^5\times 26\times 0.5144}{0.629} = 5.32\times 10^3(\text{kW})$

推进系数 $P.C. = \eta_S\eta_D = 0.98\times 0.629 = 0.616$

主机功率 $P_S = \dfrac{P_D}{\eta_S} = \dfrac{5.32\times 10^3}{0.98} = 5.43\times 10^3(\text{kW})$

或主机功率 $P_S = \dfrac{T_EV}{\eta_S\eta_D} = \dfrac{2.502\times 10^2\times 0.5144\times 26}{0.616} = 5.43\times 10^3(\text{kW})$

思 考 题

1．伴流的成因是什么？水下航行潜艇的伴流速度一定为正值吗？

2．如果不考虑流体的黏性，是否会存在势伴流、摩擦伴流、兴波伴流？

3．舰船航速、伴流分数、螺旋桨进速之间存在何种关系？

4．推力减额的成因是什么？

5．某巡逻艇航速 V_S=25kn，螺旋桨转速 N=540r/min，轴数 Z_p=2，螺旋桨直径 D=1.5m，伴流分数 w=0.07，推力减额分数 t=0.08，相对旋转效率 η_R=0.97，轴系效率 η_S=0.98。敞水性征曲线见题后图。试计算：

（1）有效推力 T_E；

（2）船体阻力 R_t；

（3）推进效率 η_D 和螺旋桨收到功率 P_D；

（4）推进系数 $P.C$ 和主机功率 P_S；

（5）若主机功率不得超过（4）的计算结果，系泊试验时螺旋桨的最大转速。

（计算时 ρ 取 1026.2kg/m^3）

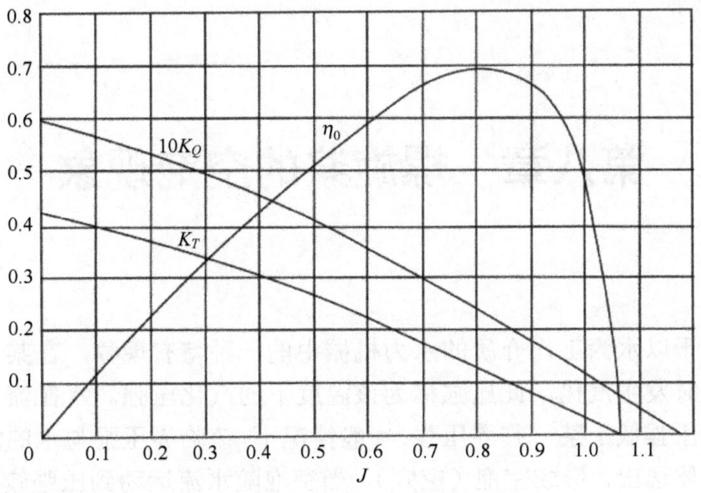

题 5 图　螺旋桨敞水性征曲线

6．某双桨舰船航速为 15.5kn，船体有效功率为 P_E=1300kW，设伴流分数 w=0.104，推力减额分数 t=0.198，相对旋转效率 η_R=1.044，敞水效率 η_0=0.62，求螺旋桨发出的推力及所需的船后收到功率。

第八章　螺旋桨的空泡现象

空化是发生于以水为工作介质的水力机械中的一种特有现象。在某个温度下，水的压强低到某一值时发生汽化，此压强称为该温度下的汽化压强。水在流动过程中，如果流到某一部位其压强低于某一临界压强(一般情况下,该临界压强与水的汽化压强接近)，不溶解于水的气体逸出，形成空泡（空穴），当空泡随水流运动到压强较高的地方时，空泡迅速凝结而溃灭，空泡的产生、发展与溃灭过程称为空化现象，因此，空化包括了气泡的积聚、流动、分裂到溃灭的整个过程。

螺旋桨在水中正常工作产生推力推船前进时，桨叶的叶背压强降低形成吸力面，若某处的压强降至临界值以下时，导致爆发式的汽化，水汽通过界面，进入气核并使之膨胀，形成气泡，即是空泡。螺旋桨作为舰船推进器广泛应用以后，随着舰船向高速化发展，螺旋桨空泡现象导致的问题开始显现。

1894 年，英国新建的小型驱逐舰“勇敢”号初次试航时，出现了主机发出的总功率比额定功率低 7.5%、实际航速比设计航速 27kn 差 3kn 以上的现象。英国的工程师帕森斯建造的首艘汽轮机船“透平尼亚”号设计航速为 30kn，但试航时只能达到 24kn。后来经过详细的分析，认为是由于螺旋桨在高速旋转工作的过程中出现了剧烈的空泡现象，导致螺旋桨产生的推力远小于期望的推力，所以舰船的航速达不到设计要求。

在 20 世纪 70 年代中期，国内几型沿海客货船发生严重的尾部振动，有的尾部舱壁因振动严重出现裂纹，经过多次修补、加强结构均不见效，经过进一步分析，发现舵机舱内可听到“噼啪”的爆炸声，才找到问题出在螺旋桨发生了空泡上。

可见，螺旋桨发生空泡后，会带来诸如螺旋桨推力性能下降、振动与噪声等方面的危害。由于螺旋桨是在船后水中工作，不采取特殊的观测手段是难以观察到空泡现象的，因此以前是螺旋桨空泡出现且导致了明显的恶劣影响后，人们才寻找抑制螺旋桨空泡的方法。海军舰船的航速较高，螺旋桨空泡是需要关注的重点问题，在选择和设计舰船螺旋桨时，就要通过理论分析或试验测量的手段对螺旋桨的空泡性能进行专门研究，以在保证舰船航速和推进效率的基础上，尽可能改善螺旋桨的空泡性能。

第一节　空泡的成因

实际上，空泡动力学是一门学科，是流体力学的一个分支，有一套关于气核、空泡、受力、运动的完整理论。

空泡的产生与发展取决于液体的状态（温度和压强）以及液体本身的物理性质（所

含杂质量及所溶解的气体等），在空泡溃灭过程中伴随着复杂的物理、电化、热力、化学等变化过程，空化过程可以发生在液体内部，也可以发生在固体边界上。空蚀是指由于空泡的溃灭，过流表面的材料被损坏，空蚀是空化的直接后果，空蚀只发生在固体边界上。

液体中总存在着微量气泡，只是肉眼无法看到，气泡能否从液体中析出取决于该液体的汽化特性。在一个标准大气压下，把水加热到 100℃，水就开始沸腾汽化。压强越低，水开始汽化的温度也越低（高原区水的沸点下降），如当压强下降到 2338Pa 时，水在 20℃时就会开始沸腾汽化。为了区别上述两种情况，通常把水在一定压强下加温而汽化的现象称为沸腾；而把环境温度不变，压强降低而引起的汽化称为空化。在一定温度下水开始空化的压强称为汽化压强，见图 8-1-1，一般认为，某环境温度下水的汽化压强 p_V（或称饱和蒸汽压强）为空泡起始压强。

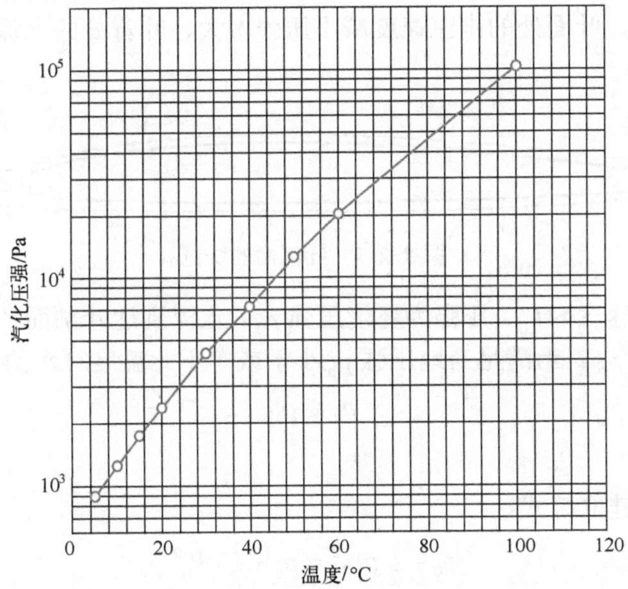

图 8-1-1　温度和汽化压强的关系

空化是液体中压强下降的结果。液体在流动过程中，当速度发生变化时，其压强也会同时发生变化，如果压强下降到使该液体汽化的临界压强之下，就将发生空化。根据伯努利方程，局部流速过高会导致压强降低，固体表面粗糙时流动脱离边界层形成湍流也会导致压强降低，如非流线翼型绕流、流道的突然扩散或收缩等都会造成不良的流动条件。

水的压强降低是空泡产生的关键因素，同时水中的气核对空泡的产生也有很大影响。自然界中的水并不是绝对连续存在的，气核相当于是水的“间隙”或“缺陷”。液体分子因降压到饱和蒸汽压强导致爆发式的汽化，汽化的气态水通过界面进入气核并使之膨胀，这是汽化空泡产生的原因；原溶解于水中的气体，由于降压或过饱和，以扩散的方式通过界面逸到气核中并成长到肉眼能见的程度，所形成的空泡称为汽化空泡；当外界压强降低，存在于水中的气核膨胀到肉眼可见的程度，所形成的空泡称为似是空泡。除汽化空泡外，似是空泡可能在大于、等于或小于饱和蒸汽压强 p_V 时出现。即使是汽化空泡，气核含量高时汽化压强高、汽化空泡容易产生；气核含量低时汽化压强低、汽化空泡不容易产生，所以空泡问题具有复杂性。本章仅介绍一般情况下的汽化空泡。

第二节　减压系数与空泡数

汽化空泡是指水的压强下降到水所处温度的汽化压强时而产生的空泡现象。螺旋桨一般安装于船后，在水线以下的位置，因此承受一定的静水压强，其正常旋转工作时，叶面的压强高而叶背的压强低才会产生推动舰船向前的压强差。

取螺旋桨桨叶上某一典型半径位置的叶剖面进行分析，根据相对运动的观点，将叶剖面在水中的运动视为叶剖面不动、前方水流以一定的合速度流向叶剖面。当叶剖面与来流处于正攻角时，叶面处的水流速度减小压强增大、叶背处的水流速度增大压强减小（图 8-2-1）。

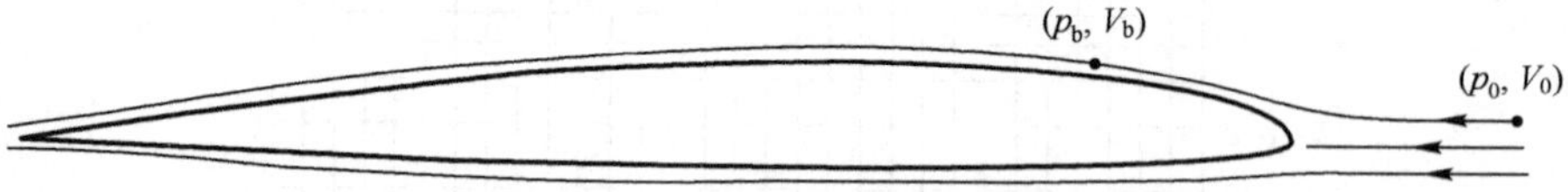

图 8-2-1　叶剖面的绕流

设远前方水流速度为 V_0，压强为环境压强 p_0，水流到达叶剖面叶背某点的速度增加为 V_b，压强降低为 p_b。当满足当地压强 p_b 小于或等于此温度时水的汽化压强时，即

$$p_b \leqslant p_V \tag{8-2-1}$$

该处会产生空泡。

由伯努利方程建立等式：

$$p_0 + \frac{1}{2}\rho V_0^{\,2} = p_b + \frac{1}{2}\rho V_b^{\,2} \tag{8-2-2}$$

将等式转换为

$$p_0 - p_b = \frac{1}{2}\rho V_b^{\,2} - \frac{1}{2}\rho V_0^{\,2} \tag{8-2-3}$$

等式的左边 $(p_0 - p_b)$ 表达的是水流从远前方流到叶剖面叶背某点位置压强下降的幅度，将其无因次化得到减压系数 ξ_b：

$$\xi_b = \frac{p_0 - p_b}{1/2 \cdot \rho V_0^{\,2}} \tag{8-2-4}$$

减压系数越大说明水流流动过程中压强下降的幅度越大，就越有可能降低到小于汽化压强的程度而产生空泡。结合式（8-2-3）对减压系数进一步计算得到

$$\xi_b = \frac{p_0 - p_b}{1/2 \cdot \rho V_0^{\,2}} = \frac{1/2 \cdot \rho V_b^{\,2} - 1/2 \cdot \rho V_0^{\,2}}{1/2 \cdot \rho V_0^{\,2}} = \left(\frac{V_b}{V_0}\right)^2 - 1 \tag{8-2-5}$$

可见，减压系数只与水流远前方无干扰速度和流到叶剖面叶背某点处当地速度的比值$\frac{V_b}{V_0}$相关，而与速度大小绝对值无关，$\frac{V_b}{V_0}$主要取决于叶切面外形、攻角大小和该点所在的位置。减压系数ξ_b大于零是指速度增大压强减小，减压系数ξ_b小于零是指速度减小压强增大。

图 8-2-2 显示了叶剖面处于不同来流攻角时叶背和叶面减压系数的分布。

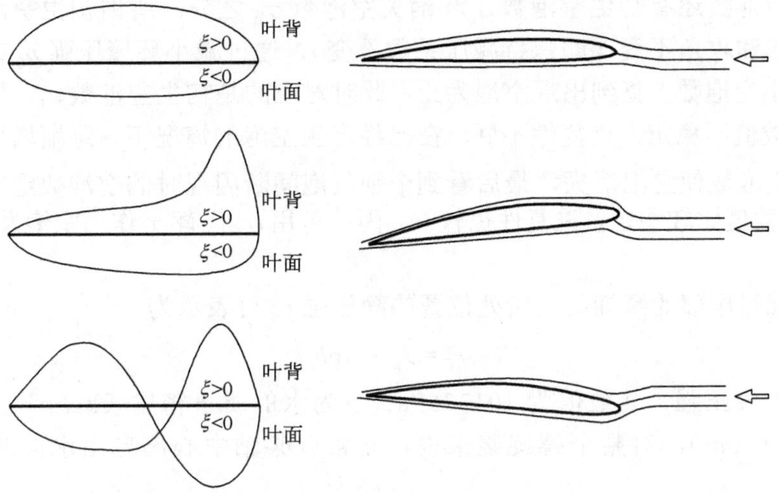

图 8-2-2　叶剖面处于不同来流攻角时叶背和叶面减压系数的分布

采用减压系数ξ_b表达水流压强的变化后，相当于将绝对的水流压强p_b转变成压强降低的幅度后再无因次化。按照同样的处理方式，将汽化压强p_V也无因次化处理得到空泡数σ的表达式为

$$\sigma = \frac{p_0 - p_V}{1/2 \cdot \rho V_0^2} \tag{8-2-6}$$

空泡数与水流的环境压强p_0（螺旋桨或者叶剖面工作区域的环境压强）有关，与前方水流的速度V_0有关（也可视为与螺旋桨或者叶剖面的运动参数有关），与当地环境下水的汽化压强p_V有关。

根据空泡产生的条件可知，当叶剖面上某位置处的减压系数$\xi \geqslant \sigma$时，该位置处会产生空泡。对于整个叶剖面而言，其周围区域压强最低位置满足减压系数$\xi \geqslant \sigma$时就会产生空泡。当翼型剖面处于较大的正攻角时，压强最低、减压系数最大位置是在叶背的导边处，这种情况下若出现了空泡，空泡呈现出片状附着在叶背上，称为背片空泡；当翼型剖面的攻角较小时，压强最低、减压系数最大位置是在中部厚度最大处，这种情况下若出现了空泡，空泡呈现出气泡状，称为泡状空泡；当翼型剖面处于较大的负攻角时，压强最低、减压系数最大位置是在叶面的导边处，这种情况下若出现了空泡，空泡呈现出片状附着在叶面上，称为面空泡。

根据桨叶剖面的减压系数ξ和空泡数σ关系可以判定是否发生空泡，改变叶剖面的形状特征、攻角大小、运行参数、环境压强等可以改变ξ与σ的数值，使空泡现象提早或延缓发生。对于叶剖面来说，最大减压系数越大者越易发生空泡，从这个角度讲，空泡数σ可看成发生空泡的ξ的上限，因此应追求较小的ξ。而对于空泡数来说，σ越小者越易发生空泡，从这个角度讲，追求较大的σ可以减免空泡。

$\xi \geqslant \sigma$所表示的发生空泡的极限条件仅对汽化空泡才近似正确，而且即使是汽化空泡，也是在空泡数σ略低于ξ时才出现可见的空泡，因为汽化空泡由气核的尺寸成长到肉眼可见的尺寸需要一定的时间。

此外，空泡数还有初生空泡数σ_i和消失空泡数σ_d之分。所谓初生空泡通常是指保持叶剖面外形和攻角不变（即保持减压系数不变），通过减小环境压强p_0或者增大来流速度V_0来减小空泡数，直到出现空泡为止，此时对应的是初生空泡数σ_i，实验表明初生空泡数σ_i的数值不稳定，重复性不好。在已经产生空泡的情况下，逐渐增压或减小来流速度以增大空泡数使空泡消失，最后看到个别气泡间断闪现时的空泡数定义为消失空泡数σ_d，σ_d的数值比较稳定，重复性也较好，因此可用σ_d代替σ_i作为空泡发生的衡准数，通常$\sigma_d > \sigma_i$。

安装在舰船尾部的螺旋桨，所处位置的静压强p_0可表示为

$$P_0 = P_a + \rho g h_s \tag{8-2-7}$$

式中：P_a为大气压强，其数值为101325Pa；ρ为水的质量密度（kg/m^3）；h_s为桨叶剖面的浸没深度（m），对整个螺旋桨来说，h_s常以桨轴中心离自由水面的高度来计算（图 8-2-3）。

图 8-2-3　螺旋桨浸深

螺旋桨的进速为V_A，螺旋桨旋转时的速度三角形使各叶剖面的入流速度为V_0，若忽略诱导速度，则可表示为

$$V_0 = \sqrt{(2\pi rn)^2 + {V_A}^2} \tag{8-2-8}$$

螺旋桨正常工作产生推力推船前进时，螺旋桨叶面的水流速度小于V_0，压强大于P_0，形成“压力面”；叶背的水流速度大于V_0，压强则小于P_0，形成“吸力面”。

设桨叶背某点的压强为P_b，该点无因次减压系数为

$$\xi_b = \frac{P_0 - P_b}{\frac{1}{2}\rho {V_0}^2} \tag{8-2-9}$$

可见吸力面的$P_b < P_0$，那么究竟小到什么程度会产生空化呢？就是压强减小到饱和蒸汽压P_V，也就是减压系数大于或等于空泡数（$\xi_b \geqslant \sigma$）会产生空泡。

第三节　螺旋桨空泡的形态

螺旋桨在水中旋转工作，会对水流形成扰动导致螺旋桨周围水流压强变化，当桨周围区域局部压强低于汽化压强时会形成空泡。由于螺旋桨是三维实体，不同位置区域满足空泡起始条件会产生不同形态的空泡。

一、涡空泡

螺旋桨桨叶类似于三维扭曲状机翼，三维机翼在端部会形成下洗涡向下游传播。发端于各片桨叶梢部的涡称为梢涡，每个桨叶梢部都会形成一根梢涡，梢涡在螺旋桨的尾流中呈螺旋线状传播。发端于各片桨叶叶根处的涡在桨毂的引导下汇集成一根粗壮的汇聚涡，称为毂涡，毂涡沿轴线向后传播。流场中涡的特点是涡中心压强低，当涡中心压强降至汽化压强时即发生空泡，这就形成了螺旋桨的梢涡空泡和毂涡空泡（图 8-3-1）。

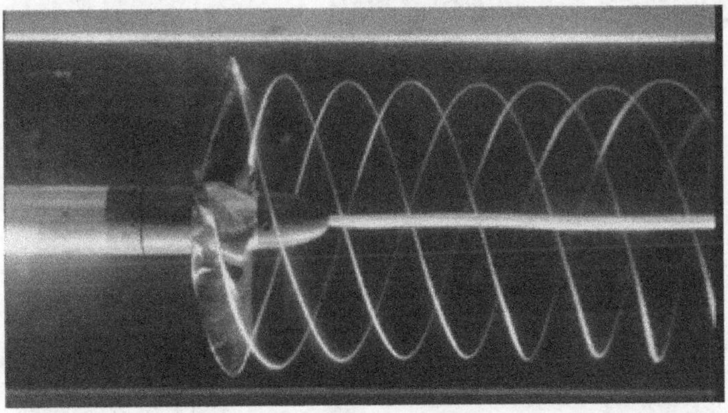

图 8-3-1　螺旋桨毂涡空泡和梢涡空泡

二、背片空泡

螺旋桨正常工作产生推力，推力就是叶面与叶背的压力差，螺旋桨提高转速增大推力，是伴随叶背压强进一步减小而实现的。对于桨叶而言，在大攻角工况下工作时叶背导边区域压强最低，容易满足空泡产生的条件导致空泡出现，空泡在叶背导边起始向随边的方向发展，由于大攻角工况下叶背导边最低压强区之后往随边方向压强会迅速增加，所以空泡一般发展到一定范围后会达到不满足空泡产生条件的区域而终止，空泡呈现出一段连续的片状附着在叶背上，称为背片空泡。不严重的背片空泡只出现在叶背导边很小的区域，且沿径向容易和梢涡空泡连接在一起；严重的空泡会大面积覆盖桨叶叶背（图 8-3-2）。

三、泡状空泡

当桨叶剖面的攻角很小时，叶背上压强最低点不是在导边处而是在叶剖面厚度最大的位置，此工况下若产生起始于叶背最大厚度处的空泡则呈气泡状，称为泡状空泡

（图 8-3-3）。由于此工况下，叶背厚度最大位置附近区域，从导边往随边压强先减小后增大，且变化趋势缓和，所以泡状空泡会充分经历从初生、膨胀到压缩、溃灭的完整过程，甚至有的情况下还会有回弹现象，即泡状空泡压缩后又膨胀扩展，然后再次压缩，多次反复最后溃灭。

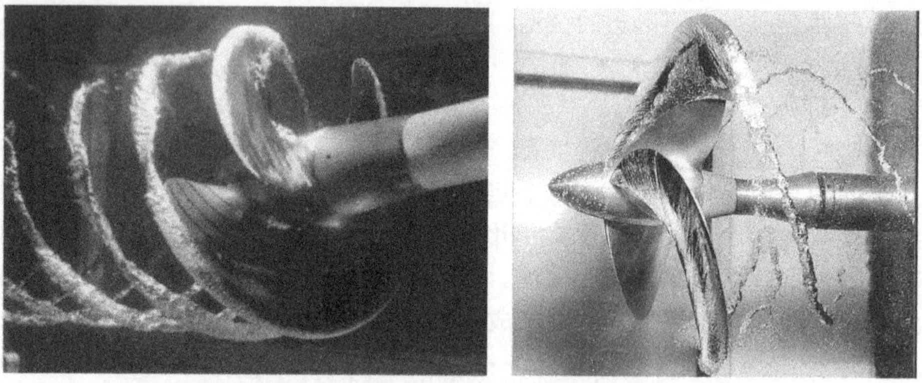

图 8-3-2　螺旋桨背片空泡和梢涡空泡

图 8-3-3　螺旋桨叶背上的泡状空泡

四、面空泡

有的螺旋桨在运行过程中，在某些特殊工况下，桨叶剖面会处于负攻角，此时叶剖面压强最低点会出现在叶面靠近导边的区域，叶面导边处容易达到空泡产生条件而出现空泡，这种空泡称为面空泡。舰船在航行过程中，螺旋桨旋转工作时一般情况是叶面压强增大、叶背压强减小而产生推力，所以面空泡并不常见。实验室环境中的某复合材料螺旋桨模型面空泡如图 8-3-4 所示。

五、云雾状空泡

螺旋桨工作于船尾部流场中，若伴流具有高度的周向不均匀性，则螺旋桨叶剖面旋转运动到不同的角度时遭遇的来流进速就不同，对应的叶剖面攻角大小就会周期性变化，叶剖面上压强最低点位置也会周期性变化。另外，叶剖面转动到不同的角度有可能出现最低点压强时而满足空泡产生的条件、时而不满足空泡产生的条件，导致空泡时有时无，再加上螺旋桨不同半径处叶剖面的情况不尽相同，所以使得螺旋桨的空泡状态非常不稳定，呈现出云雾状形态，一团一团地出现然后脱落在螺旋桨尾流中溃灭。

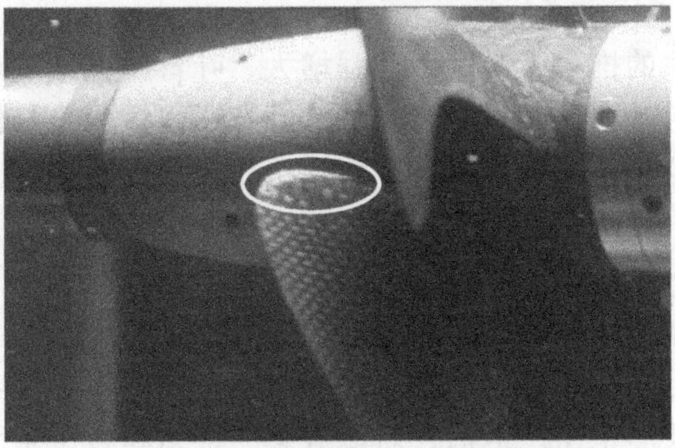

图 8-3-4　螺旋桨叶背上的面空泡

以上五种空泡类型是较为典型的，一般会发生一种或两种，但未经优化设计的螺旋桨有时也会同时发生几种空泡形态，如图 8-3-5 所示。

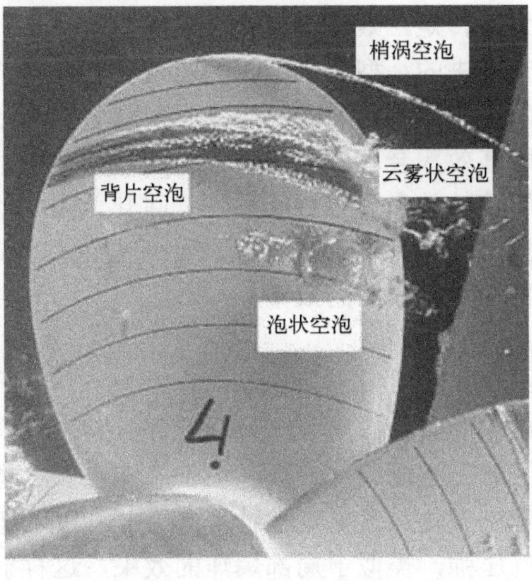

图 8-3-5　螺旋桨的多种空泡形态

第四节　空泡对螺旋桨的影响

螺旋桨空泡最开始引起人们的注意，是由于空泡发展到一定程度后对螺旋桨产生了影响，人们在研究这些影响的过程中发现其根本原因在于螺旋桨的空泡现象。造船工程师最早发现高速舰船的螺旋桨提高转速到一定程度后，螺旋桨推力并不会按预想的增加，导致不能推动舰船达到设计航速，从而开启了对螺旋桨空泡的专门研究，后来人们又发现螺旋桨空泡的影响不仅限于水动力性能方面，一直到现在，螺旋桨空泡现象及其影响仍然是舰船推进器领域的热点问题。

一、空泡对螺旋桨水动力性能的影响

螺旋桨工作时产生的推力就是叶面压强增大、叶背压强减小形成的压力差。舰船航行时增加螺旋桨转速，叶面压强进一步增加、叶背压强进一步降低，所以螺旋桨的推力进一步增大并推动舰船加速。若螺旋桨叶背由于压强降低达到了空泡产生的条件，在叶背上空泡覆盖的区域，由于空泡内的压强近似恒等于水的汽化压强，即使增加螺旋桨转速，空泡覆盖的叶背区域压强也难以继续降低，推力难以像无空泡状态时那样增加，所以空泡会影响到螺旋桨的水动力性能。

对于螺旋桨的推力和转矩而言，并不是螺旋桨一旦出现空泡其推力和转矩就会受到明显的影响，当螺旋桨产生了空泡后，若螺旋桨的推力和转矩未受影响，则称为螺旋桨第一阶段空泡；若空泡严重到使螺旋桨的推力和转矩下降，则称为螺旋桨第二阶段空泡。

背片空泡的第一阶段往往呈现出局部空泡的形态，空泡覆盖的范围不大，螺旋桨整体的推力和转矩几乎不会受到影响，背片空泡的第二阶段往往呈现出空泡覆盖整个叶切面叶背的形态，导致叶切面叶背的压强恒等于汽化压强，螺旋桨整体的推力和转矩都小于螺旋桨无空泡时的推力和转矩，效率也会随之下降。

对于一些采用螺旋桨推进的小型快艇，艇的航速快、螺旋桨转速高且浸深小，空泡数很低，螺旋桨出现大范围空泡不可避免。研究发现随着空泡数的减小，螺旋桨空泡从第一阶段发展到第二阶段其效率会下降，但是若空泡数持续减小，螺旋桨空泡充分发展到空泡“饱和”时，螺旋桨的效率会“触底反弹”回升。因此，对于无法避免螺旋桨大范围空泡的小型快艇，往往采用特殊的螺旋桨设计，使空泡尽快产生并可以达到“饱和”，从而较好地实现快速性目标并有较高的效率。

二、空泡的剥蚀

螺旋桨周围的水流在螺旋桨的作用下，若压强下降达到空泡产生的条件会出现空泡，空泡发展到压强增加的区域会被压缩至溃灭，由于液态水和气态水密度差异很大，空泡溃灭伴随流体中体积的急剧变化，形成高速射流与冲击，射流速度为100m/s以上，冲击压高达成百上千倍的大气压强，类似于局部爆炸的效果，这种射流和冲击压若直接作用在桨叶材料上，会对桨叶材料产生物理损伤，称为剥蚀。螺旋桨的梢涡空泡和毂涡空泡在螺旋桨尾流中溃灭，因此空泡溃灭时的射流和冲击压不作用在桨叶上，桨叶不会剥蚀，但有的研究表明，舰船螺旋桨的涡空泡在桨后的舵上溃灭会导致舵叶剥蚀。

由于背片空泡的第一阶段往往呈现出局部空泡的形态，空泡在叶背导边处起始然后在导边下游不远处溃灭，所以空泡对螺旋桨的剥蚀一般发生在导边附近靠下游的位置（图 8-4-1），开始时金属表面失去光泽而变成暗灰色，接着形成麻点状，如不抑制会迅速扩散，会因局部坑洞而产生低压涡流，使得空化更加严重，导致大面积剥蚀，表征为条形坑洞，周围环绕着麻点，类似于蜂窝状，严重影响桨叶的结构强度。

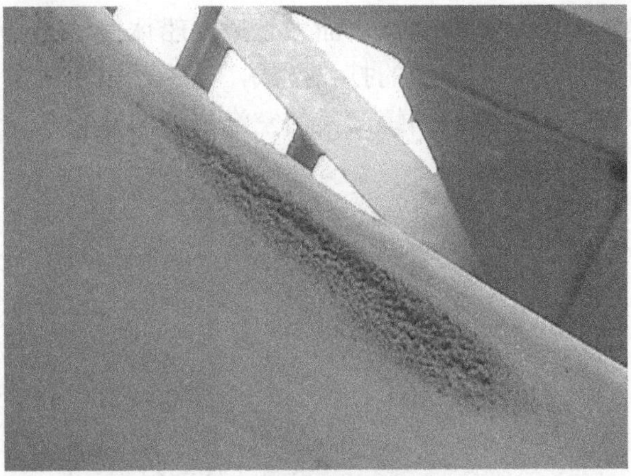

图 8-4-1　桨叶空泡剥蚀

空泡的剥蚀与海水腐蚀不同，腐蚀的表征为大范围内的一般磨损或表面变粗糙，而空泡剥蚀会使桨叶局部变薄或脆弱，尤其是作为主承载部位的叶根的空化，再进一步发展就会产生金属局部脱落，甚至穿孔，会有变形或断裂的危险。

螺旋桨空泡发展到第二阶段，空泡往往覆盖整个桨叶切面，空泡溃灭是在桨叶下游的螺旋桨尾流中发生，因此第二阶段空泡往往不会造成桨叶材料的剥蚀。超空泡螺旋桨也是如此。

需要指出的是，对于螺旋桨空泡第一阶段和第二阶段的划分，根本的标准是空泡对螺旋桨整体的推力和转矩有无影响，无影响为第一阶段空泡，有影响为第二阶段空泡，空泡的覆盖区域大小和空泡剥蚀产生与否并不作为划分空泡阶段的依据，只是其一般的外延表现。

三、螺旋桨空泡诱导的激振力与噪声

螺旋桨在船后工作，会引起船体尾部结构的振动，有的情况下这种振动不明显，有的情况下振动非常恶劣。振动的根源在于非定常力的作用，螺旋桨推力和转矩是螺旋桨水动力的表现形式，螺旋桨的非定常力也是螺旋桨水动力的表现形式。这种由螺旋桨诱发的能激起船体结构振动的力，称为螺旋桨激振力。螺旋桨激振力包括：①轴承力，是螺旋桨通过轴系直接传递给船体的非定常力。②表面力，是螺旋桨工作引起的作用于桨上方船体底部的非定常力。③非定常舵力，是螺旋桨尾流引起的作用于舵上的非定常力。

螺旋桨在无空泡状态下就已经有激振力。螺旋桨工作于船后的周向不均匀流场中，每片桨叶旋转到不同的角度受力大小不同，螺旋桨总的推力大小和转矩大小都呈周期性变化，且总的推力中心也会偏离桨轴中心线而周期性变化，使螺旋桨上产生了复杂的多维度变化的力和力矩，这就是非定常轴承力的基本成因。并且，螺旋桨的旋转会引起桨上方船体底部的非定常表面力。

螺旋桨出现严重的空泡后，特别是再加上螺旋桨处于不均匀的尾流场中，螺旋桨在旋转过程中由低压区运动到高压区再到低压区，空泡会经历发生、发展和溃灭的周期性变化过程，产生强烈的周期性空泡压强的脉动，极大地增加螺旋桨上方船体的非定常表面力。此时，螺旋桨空泡诱导的非定常表面力是激励船体振动的主要因素。螺旋桨表面力的测量通常会采用如图 8-4-2 所示的打孔方式，在船底相应位置嵌入脉动压强传感器来测量表面力的大小，从而定量评估螺旋桨的空泡诱导的非定常表面力。

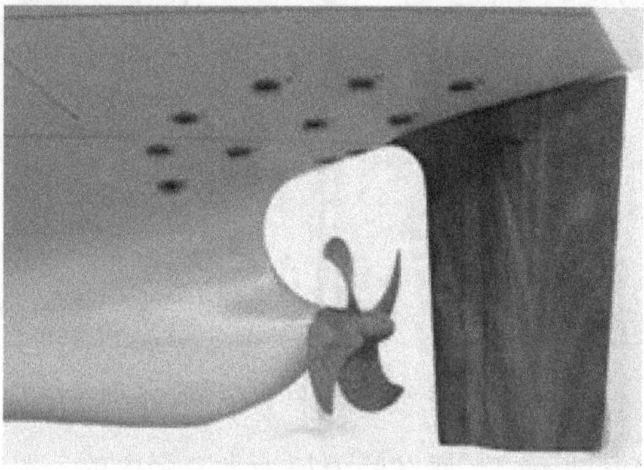

图 8-4-2　螺旋桨上方船体非定常表面力的测量

随着舰艇技术的进步与海战样式的发展，舰船隐身性能受到各国海军的高度重视。螺旋桨辐射噪声是舰艇主要噪声源之一。大量的研究表明，舰艇的螺旋桨一旦出现空泡现象，螺旋桨的空泡噪声马上成为压倒其他噪声源的最主要辐射噪声源。螺旋桨发生空化，其噪声级往往会立即提升数十分贝，严重破坏舰船隐蔽性。

潜艇下潜到足够深度时，由于空泡数增大，往往可以避免螺旋桨空泡，但水面舰船常常有充分发展的螺旋桨空泡，尤其对于大功率、高航速、高负荷的螺旋桨，空泡几乎是无法避免的。空泡作为螺旋桨水下噪声源，具有 5Hz～100kHz 的全部辐射频谱，因此将空泡及空泡噪声的机理与螺旋桨的水动力关系结合起来，阐明螺旋桨空泡噪声的基本特性，研究减弱或抑制螺旋桨空泡噪声的方法具有十分重要的现实意义。

第五节　抑制螺旋桨空泡发生的措施

螺旋桨出现空泡后，有的情况下会导致水动力性能下降，有的情况下会引起剥蚀，同时会增大螺旋桨噪声，所以需要采取措施避免或者控制舰船螺旋桨空泡。从螺旋桨空泡产生的条件看，当螺旋桨周围水的压强减小到汽化压强以下会产生空泡，也就是说减压系数 ξ 大于空泡 σ 数时会产生空泡。为了避免或控制螺旋桨空泡，应当减小螺旋桨的最大减压系数，提高螺旋桨空泡数。

一、减小螺旋桨最大减压系数

螺旋桨出现空泡，容易从压强最低、减压系数最大的位置初生。螺旋桨叶切面的最大减压系数取决于叶切面的外形和攻角。在保证螺旋桨总推力不变、舰船的快速性不下降的前提下，通过优化叶切面外形来调整叶切面叶背的压强分布变得更均匀，避免叶背导边处局部压强过低的现象，使叶切面的最大减压系数得到控制。比如弓型切面与机翼型切面相比，弓型切面的压强分布就比较均匀，最大减压系数的数值相应较小，对延缓空泡的发生有利，所以某些系列螺旋桨（如 B 系列及 AU 系列螺旋桨）在近梢部处采用弓型切面。

在保持螺旋桨推力不变的前提下，增加螺旋桨的桨叶面积可以减小单位面积上的平均推力，相当于桨叶各个局部位置处就不必使压强降低幅度过大而导致减压系数过大，因此能起到降低螺旋桨最大减压系数的作用，在螺旋桨直径一定时，增加螺旋桨的桨叶面积就是增加螺旋桨的盘面比，盘面比的增加相当于叶剖面弦长加大，故可用较小的攻角来产生同样的升力，最大减压系数必然降低（图 8-5-1）。

图 8-5-1　不同盘面比的螺旋桨

有的螺旋桨在叶根处容易产生空泡，由于叶根剖面处产生的推力对螺旋桨总的推力贡献很小，故可将根部切面的螺距适当减小，从而使该处的最大减压系数降低，并宜保持相当的叶宽以免厚度过大。另一种控制螺旋桨叶根处空泡的措施是在叶根处打小孔穿透叶面与叶背，以卸掉叶背上较大的负压避免空泡和空泡剥蚀现象出现，但是这种方式必须充分考虑叶根的强度问题（图 8-5-2）。

图 8-5-2　叶根防剥蚀孔

二、提高螺旋桨空泡数

螺旋桨的空泡数主要取决于水流环境静压强和叶剖面来流合速度。水静压强等于大气压强加上螺旋桨浸深引起的水压强，很显然，增大水静压强以提高螺旋桨空泡数的有效手段是增加螺旋桨的浸深。潜艇在水下航行时，可以增大下潜深度以提高空泡数，水面舰艇螺旋桨的浸深受到吃水深度限制，不可能任意增大，只能适当增大。

减小螺旋桨叶剖面来流合速度是提高螺旋桨空泡数的另一种手段，叶剖面来流合速度是进速与旋转线速度的合速度，舰艇要保证一定的航速，进速无法减小，但是可以适当降低螺旋桨转速，通过优化设计螺旋桨使螺旋桨在较低转速下能产生足够的推力推动舰艇达到设计航速，当然此时对舰艇的主机也提出了要求，要求主机在较低转速下输出足够的轴功率。

此外，可以采取以下措施避免、延缓、控制螺旋桨空泡：提高桨叶的加工精度，使表面光滑平整以避免水流的局部突变；改善船尾部分的形状与正确安置桨轴位置减小斜流及伴流不均匀性的影响；针对螺旋桨特定工况下的空泡性能进行梢部卸载抑制空泡初生；采用自适应变形的复合材料螺旋桨以顺应多种工况下的来流攻角；等等。如何恰当选择抑制螺旋桨空泡的措施，需要结合舰船船型、航行工况、主机特性、螺旋桨选型等多方面因素，进行细致而充分的理论设计和模型试验，最后评估得到最佳方案。

第六节　螺旋桨空泡的模型试验

螺旋桨工作在舰船尾部船体之外的水流中，舰船在海上航行时舰员无法直接看到螺旋桨是否产生了空泡和螺旋桨空泡的具体形态。为了观察螺旋桨的空泡形态、掌握螺旋桨空泡起始工况、测量螺旋桨空泡对桨水动力性能的影响，乃至测量螺旋桨空泡辐射噪声特性，人们提出了螺旋桨空泡模型试验的研究方法。

一、相似条件与要求

就像螺旋桨的敞水性能试验无法采用直径数米的实尺度螺旋桨直接进行测试一样，螺旋桨的空泡试验也不可能以实桨为试验对象，而是用加工缩尺桨模来进行试验。螺旋桨空泡的模型试验在空泡水洞中进行。要通过小尺度的桨模试验反映大尺度的实桨空泡特点，需要在试验中遵循一定的相似准则。

在为了得到螺旋桨敞水性能曲线而开展的螺旋桨模型敞水试验中，已经有一些需要满足的基本要求和相似条件：螺旋桨模型与实桨满足几何相似，螺旋桨模型的直径不小于 0.2m；试验中螺旋桨模型的进速系数 J_m 与实桨的进速系数 J_s 相等；试验中螺旋桨模型的雷诺数 Re 要大于临界雷诺数 $Re_{cr}=3.0\times10^5$；螺旋桨模型的桨轴浸深大于 1 倍的螺旋桨直径。螺旋桨空泡的模型试验是在空泡水洞中进行的，螺旋桨模型安装在充满水的水洞工作段内，所以对桨模的桨轴浸深要求无意义，除此条件以外，其他的要求和相似条件在螺旋桨空泡的模型试验中也都要满足以下要求。

（1）关于几何相似桨模的要求：

$$\frac{D_s}{D_m}=\lambda \qquad D_m \geqslant 0.2\text{m} \tag{8-6-1}$$

（2）关于进速系数的要求：

$$J_s=\frac{V_{As}}{n_sD_s}\qquad J_m=\frac{V_{Am}}{n_mD_m}\qquad J_s=J_m \tag{8-6-2}$$

（3）关于雷诺数的要求：

$$Re=\frac{b_{0.75}\sqrt{V_A^2+(0.75\pi nD)^2}}{v}\geqslant 3.0\times10^5 \tag{8-6-3}$$

以上公式中各符号的意义与 6.5 节“螺旋桨模型敞水试验”中是一样的。

此外，根据螺旋桨空泡产生的判定条件：减压系数ξ大于或等于空泡数σ产生空泡，所以在螺旋桨空泡的模型试验中，还应当满足：螺旋桨模型的减压系数ξ_m等于实桨的减压系数ξ_s，螺旋桨模型的空泡数σ_m等于实桨的空泡数σ_m。根据减压系数的意义，螺旋桨各半径处叶切面每点减压系数的大小与叶切面的外形和来流攻角相关，对于几何相似的螺旋桨实桨和桨模，各对应半径的叶切面外形也是相似的；当相似的实桨和桨模进速系数相等时，对应叶切面的攻角也相等，所以“螺旋桨模型的减压系数ξ_m等于实桨的减压系数ξ_s”已经得到满足。

（4）关于空泡数的要求：

$$\sigma_s=\sigma_m \tag{8-6-4}$$

二、螺旋桨空泡模型试验环境减压的必要性

在螺旋桨空泡模型试验中，要求螺旋桨模型试验工况的空泡数等于实桨航行工况的空泡数，即

$$\sigma_s=\frac{p_{0s}-p_{vs}}{\frac{1}{2}\rho_sV_{As}^2},\quad \sigma_m=\frac{p_{0m}-p_{vm}}{\frac{1}{2}\rho_mV_{Am}^2},\quad \sigma_s=\sigma_m \tag{8-6-5}$$

式中：p_{0s}、p_{vs}分别为实桨航行时的静水压强和汽化压强；p_{0m}、p_{vm}分别为桨模试验工况时的静水压强和汽化压强；ρ_s、V_{As}分别为实桨航行时水的密度和螺旋桨进速；ρ_m、V_{Am}分别为桨模试验工况时水的密度和螺旋桨进速。

由于实桨航行环境海水的密度ρ_s与桨模试验环境的淡水密度ρ_m差距很小，舰船实际的航速往往可以达到 20～30kn，但是空泡水洞中桨模的进速难以超过 10m/s，所以空泡数表达式中$\frac{1}{2}\rho_mV_{Am}^2$往往远小于$\frac{1}{2}\rho_sV_{As}^2$，因此要求螺旋桨空泡的模型试验中$p_{0m}-p_{vm}$远小于实桨航行工况的$p_{0s}-p_{vs}$。实桨航行工况水的汽化压强$p_{vs}$与桨模试验工况水的汽化压强$p_{vm}$相当，$p_{0s}$、$p_{0m}$分别为实桨和桨模环境下水的静压，都为大气压强加上桨轴浸深对应的水压强。对于水面舰船而言，如果不进行压强调节，桨模在实验室环境中的$p_{0m}-p_{vm}$不会远小于实桨航行工况的$p_{0s}-p_{vs}$以刚好满足

$$\frac{p_{0s}-p_{vs}}{\frac{1}{2}\rho_sV_{As}^2}=\frac{p_{0m}-p_{vm}}{\frac{1}{2}\rho_mV_{Am}^2} \tag{8-6-6}$$

为了达到空泡数相等的条件，在螺旋桨空泡的模型试验中，需要减压以降低螺旋桨模型试验中的环境压强p_{0m}。所以，空泡水洞都配有减压设备，可以准确调节试验环境

压强 p_{0m} 以达到桨模试验工况的空泡数与实桨航行工况的空泡数相等，并且，在试验中还可以不断调节试验环境压强 p_{0m} 得到不同的试验工况空泡数，以研究空泡数的变化对螺旋桨空泡现象和空泡对螺旋桨性能的影响。

三、螺旋桨空泡模型试验方法

螺旋桨空泡模型试验包括螺旋桨空泡影响下的水动力性能测量试验、螺旋桨不同工况下的空泡形态测量试验、螺旋桨空泡噪声测量试验。螺旋桨空泡影响下的水动力性能测量试验，先按照敞水试验的方法，调节螺旋桨模型的转速和进速，得到需要测量的进速系数，通过螺旋桨动力仪测量得到桨模的推力和转矩，计算得到推力系数和转矩系数，此时由于没有减压，螺旋桨模型一般不会产生空泡，因此这是该螺旋桨模型在该进速系数下无空泡的推力系数和转矩系数。接下来通过空泡水洞的减压设备减小桨模的环境静压到 p_{0m}，根据水温查找得到水的汽化压强 p_{vm}，根据试验工况计算得到桨模空泡数。桨模空泡数根据计算方式的不同，可以分为进速空泡数 σ_{V_A}、转速空泡数 σ_n 和合速空泡数 σ_{V_R}，表达式分别为

$$\sigma_{V_A}=\frac{p_{0m}-p_{vm}}{\frac{1}{2}\rho_m V_{Am}^2} \tag{8-6-7}$$

$$\sigma_n=\frac{p_{0m}-p_{vm}}{\frac{1}{2}\rho_m (n_m D_m)^2} \tag{8-6-8}$$

$$\sigma_{V_R}=\frac{p_{0m}-p_{vm}}{\frac{1}{2}\rho_m [V_{Am}^2+(0.75\pi n_m D_m)^2]} \tag{8-6-9}$$

在试验中，由于进速系数是已知的，所以三种空泡数很容易相互转换，但是试验中一定要明确指出使用的是何种空泡数。

此时，试验测量得到的桨模的推力和转矩就是该桨在该进速系数和该空泡数下的推力和转矩，进一步转换成该空泡数下的推力系数和转矩系数，然后再通过减压设备改变桨模的环境压强得到各个不同的空泡数，测量得到该进速系数螺旋桨模型在各个不同空泡数下的推力系数和转矩系数。依次改变进速系数，采用同样的方法得到各进速系数下螺旋桨模型在不同空泡数时的推力系数和转矩系数，可以得到不同空泡数对螺旋桨敞水性能曲线的影响（图 8-6-1）。

在试验过程中，利用频闪仪可以观察水洞工作段中螺旋桨模型在不同进速系数和不同空泡数时空泡的形态，观察者可以根据螺旋桨空泡出现的位置、覆盖的范围等细节，绘制空泡图像。

由于舰船在航行过程中，船体的伴流场对螺旋桨的空泡有明显的影响，有的情况下需要进一步开展船体伴流场影响下的螺旋桨模型空泡试验。若水洞工作段的尺寸足够大，可以按照实桨与桨模的缩尺比，加工制作相同缩尺比的带附体的船体模型，在无法将船模置于水洞工作段进行试验的情况下，可以在桨模上游布置网格，通过改变网格的疏密程度形成不均匀的流场，也可以明确的不均匀流场为目标，有目的性地改变网格的疏密，

以获取需要的不均匀流场分布，然后测试螺旋桨模型在不均匀流场中的空泡性能。

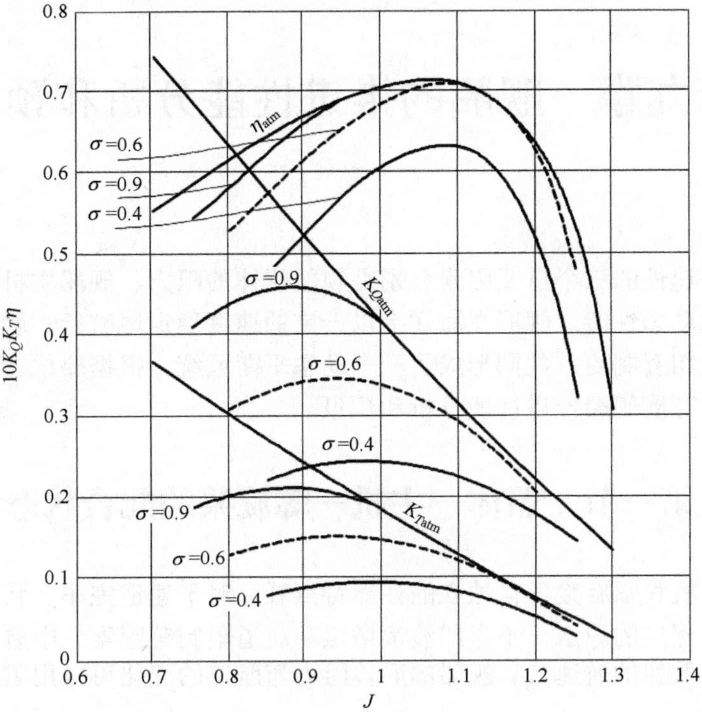

图 8-6-1　不同空泡数下螺旋桨敞水性能曲线

思　考　题

1．螺旋桨的空泡是如何产生的？
2．螺旋桨空泡的判定原则是什么？
3．什么是空泡数？什么是减压系数？与哪些因素有关？
4．第一阶段空泡与第二阶段空泡是如何划分的？
5．螺旋桨的空泡有哪些形态？
6．螺旋桨模型的空泡试验相似条件是什么？
7．螺旋桨空泡的危害体现在哪些方面？
8．可以采取哪些方面的措施减免螺旋桨的空泡？

第九章　舰船的推进性能分析和预报

影响舰船快速性的三个重要因素分别是舰船船体的阻力、舰船主机的输出功率以及舰船推进器的水动力性能。舰船在海洋上以一定的速度稳定地航行，船体、主机和螺旋桨会相互影响、相互制约，共同形成了一个动态平衡系统，根据船体、主机和螺旋桨的相互关系，可以开展舰船推进性能分析和预报。

第一节　船体—主机—螺旋桨的配合状态

从船体、主机和螺旋桨各自独立的性能特点看，对于建造完毕、状态一定的舰船，在理想的、无限深广的静水（不考虑波浪增阻和航道限制等因素）中航行时，船体的阻力 R 主要取决于舰船的航速 V_S，舰船的船体阻力随航速的变化可以用阻力曲线的形式来表达（图 9-1-1）。

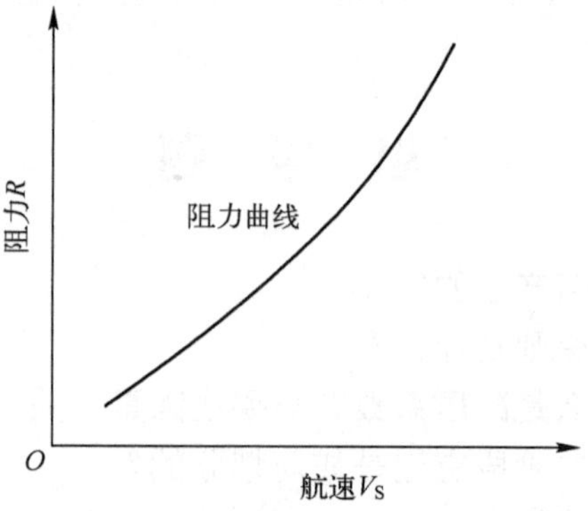

图 9-1-1　舰船阻力性能曲线

舰船航行对主机的需要是输出功率的需求，主机的输出功率通过轴系传递，称为轴功率，根据主机的特性，一般地，主机输出的轴转速有一个范围，即存在最高可达转速和最低可达转速，并且在转速范围内的任意转速下，主机输出的功率也有一个范围，即存在最大输出的轴功率，主机的这种转速和输出功率的特性称为主机的外特性，简化的主机外特性曲线的示意图如图 9-1-2 所示。

螺旋桨是舰船的推进器，其功能是在轴系的带动下旋转，从而产生推船前进的推力，螺旋桨在水流中要产生推力 T，必须旋转起来，而螺旋桨的旋转必定会受到水流的旋转阻力矩 Q 影响，所以主机通过轴系带动螺旋桨旋转，就是克服该转速下螺旋桨的旋转阻

力矩 Q 使螺旋桨旋转，这样螺旋桨才能够产生推力 T。对于给定的螺旋桨，其在水流中运动时的推力 T 和转矩 Q 是随转速 n 和进速 V_A 而变化的，这种关系称为螺旋桨的水动力性能，可以通过螺旋桨敞水性能曲线反映（图 9-1-3）。

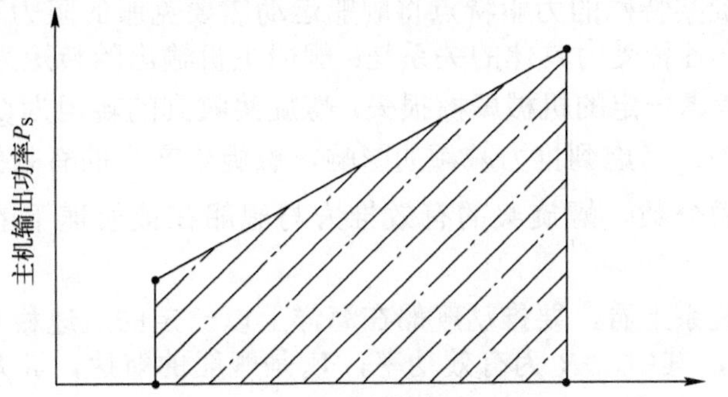

图 9-1-2　主机转速与输出功率范围简化示意图

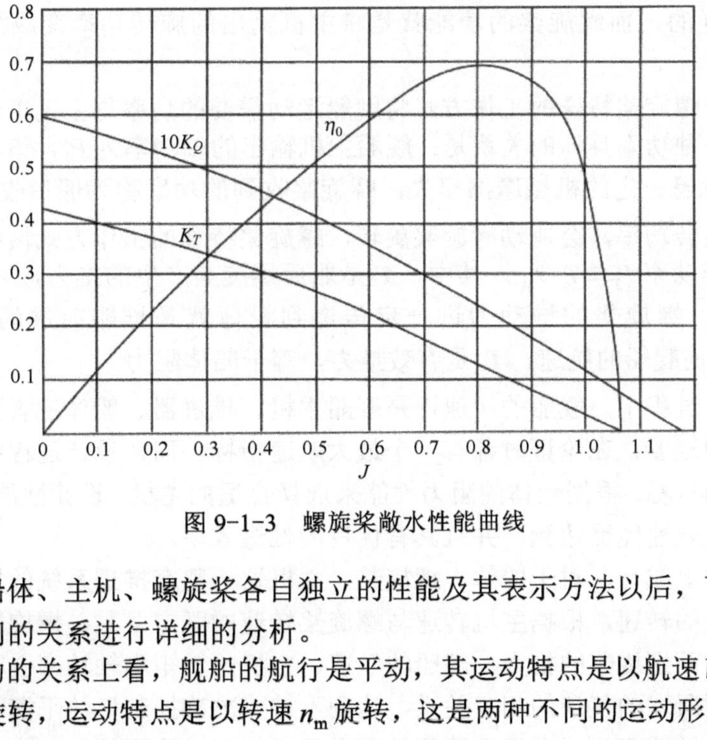

图 9-1-3　螺旋桨敞水性能曲线

在描述了船体、主机、螺旋桨各自独立的性能及其表示方法以后，下面对船体、主机和螺旋桨之间的关系进行详细的分析。

（1）从运动的关系上看，舰船的航行是平动，其运动特点是以航速 V_S 前进，主机开动后带动轴系旋转，运动特点是以转速 n_m 旋转，这是两种不同的运动形式，而螺旋桨的运动特点是一边前进一边旋转。

可见，正是螺旋桨特殊的运动特点将舰船的运动和主机的运动紧密地联系起来。各种运动具体的关系是：舰船前进的航速是 V_S，船尾螺旋桨的进速是 V_A，根据伴流的概念 $V_A=(1-w)V_S$，其中，w 为伴流分数；主机的转速是 n_m，有的舰船装有减速齿轮箱，设减速比为 j，那么螺旋桨的转速 $n=j\cdot n_m$，若主机与螺旋桨直连，则 $n=n_m$。

（2）从受力的关系上看，舰船在海洋上航行，受到的是船体阻力 R，主机开动后，是将转矩Q_m输送到轴系上，这是两种不同的力的形式，而螺旋桨的力学特点是既有转矩又有推力，主机通过轴系将转矩传递给螺旋桨，并带动螺旋桨以一定的转速转动，那么螺旋桨就会产生推力，螺旋桨产生的推力可以克服舰船运动的阻力推船前进。

可见，正是螺旋桨特殊的力学特点将舰船运动需要克服的阻力和主机工作产生的转矩紧密地联系起来。各种受力具体的关系是：舰船主机输出的转矩为Q_m，该转矩通过轴系传递给螺旋桨，考虑一定的机械摩擦损失，螺旋桨收到的转矩为Q_D，螺旋桨被带动旋转后产生的推力为T，考虑到推力减额的影响，螺旋桨产生的有效推力为$T_E=(1-t)T$，其中，t为推力减额分数，螺旋桨的有效推力与舰船在该航速下的船体阻力平衡，即$T_E=R$。

（3）从能量的关系上看，要推动舰船在海洋上以一定的航速稳定地航行，必须付出的功率为$P_E=R\cdot V_S$，其中，P_E为有效功率，V_S是舰船的航速，R是该航速下舰船的阻力；舰船前进的能量来自主机，主机工作的方式是在带动轴系旋转的过程中输出能量，主机输出的功率为$P_S=2\pi n_m\cdot Q_m$，其中，P_S为轴功率，n_m是主机带动轴系旋转的转速，Q_m是旋转过程中主机在轴系上输出的转矩。主机输出的功率形式与舰船前进需要的功率形式是不一样的，而螺旋桨的功能就是将主机输出的旋转功率变成推船前进需要的推功率。

可见，正是螺旋桨特殊的工作方式将舰船运动需要的功率与主机工作输出的功率紧密联系起来。各种功率具体的关系是：舰船主机输出的轴功率为P_S，该功率通过轴系传递给螺旋桨，考虑一定的机械摩擦损失，螺旋桨收到的功率称为船后收到功率P_{DB}，船后收到功率是旋转功率，会驱动螺旋桨旋转，螺旋桨特殊的工作方式恰好可以将船后收到功率转化为推功率$P_T=T\cdot V_A$，其中，T是船后螺旋桨产生的推力，V_A是船后螺旋桨盘面处的进速，螺旋桨的推动力进一步传递到船体就是推船前进的有效功率P_E，$P_E=T_E\cdot V_S$，V_S是舰船的航速，T_E是有效推力，等于船体阻力。

在舰船航行过程中，舰船的快速性是舰船主机、推进器、船体三者共同作用所表现出的性能。每艘舰船，在论证时都有一个最大航速指标，而在设计过程中，需要以这个最大航速指标为目标，根据船体的阻力性能来选择合适的主机、设计性能良好的螺旋桨，保证舰船的最大航速能够达到，并且具有优良的推进效率。

舰船在海洋上航行，对于船体、螺旋桨、主机这一整套推进系统的控制，最方便的是控制主机输出的转速，根据主机转速与螺旋桨转速的既定关系，螺旋桨转速也就随着被准确控制了，而螺旋桨的推力、舰船的航速、主机的转矩和轴功率会在一些因素的影响下，根据前面所述的复杂的相互关系，达到不被“准确控制”的平衡状态。比如，舰船以同样的主机转速工作，在风平浪静的海洋环境下可以达到的航速与在狂风巨浪中可以达到的航速不一样，同一海况下满载出航时可达到的航速与油水大量消耗后返航时可达到的航速不一样，并且主机的功率、螺旋桨的推力也都不一样，从而影响到船体—主机—螺旋桨的配合状态。特别是对于主机，其作用是要带动螺旋桨克服水流的旋转阻力矩而旋转，而螺旋桨旋转的转矩与其转速和进速都有关系。当要求主机达到某一个转速时，若舰船航速低于设计的正常航行速度（如拖带其他船舶、风浪中增阻很大等情况），那么螺旋桨进速减小、旋转阻力矩（转矩）增大，要求主机输出的转矩和功率都会增大；

反之，若舰船航速高于设计的正常航行速度（如设计时预报舰船的阻力偏大、实际航行时阻力较小），那么螺旋桨进速增大、旋转阻力矩（转矩）减小，要求主机输出的转矩和功率都会减小。

下面进一步进行具体的分析。设舰船从停泊状态开始启动，主机的转速为n_m，开始由于舰船的航速几乎为零，所以螺旋桨的进速为零、进速系数为零，根据螺旋桨的敞水性能曲线，此时的推力系数和转矩系数都很大，螺旋桨产生的推力和需要主机提供的转矩都很大，在螺旋桨推力的推动下，舰船逐渐加速。随着舰船航速的增大，螺旋桨的进速增大，在主机转速不变的情况下，螺旋桨的进速系数增大，推力系数和转矩系数减小，螺旋桨产生的推力和需要主机提供的转矩逐渐减小，舰船向前航行的加速度也减小，但舰船仍然处于加速状态，舰船航速会继续增大，那么舰船的航行阻力一直增大、螺旋桨的推力一直减小，直到某一航速舰船的航行阻力和螺旋桨的有效推力平衡，此时舰船的航速、主机输出的转矩和轴功率都稳定，舰船的船体、主机、螺旋桨构成的系统达到平衡。可见，舰船的主机在一定转速下，其输出的转矩和轴功率与舰船的航行状态有密切的关系。

舰船在航行过程中，如果当舰船的主机转速等于额定转速$n_{m定}$，主机的输出功率刚好等于主机额定功率$P_{S定}$，那么此时称船体、主机、螺旋桨的配合状态是匹配的，此时舰船的航速为V_S，该航速下舰船的阻力$R_{(V_S)}$与螺旋桨的有效推力T_E平衡：$R_{(V_S)}=T_E$。

一种可能的情况是：如果舰船装载很少，即各航速下阻力减小，当舰船的主机转速等于额定转速$n_{m定}$，舰船航速达到V_S时，由于舰船的阻力小于$R_{(V_S)}$，所以螺旋桨的有效推力大于舰船阻力，舰船速度还会增大，航速增大则舰船阻力增大，而进速增大、进速系数增大、螺旋桨的推力减小，直至达到新的航速V_{S1}时，螺旋桨的有效推力T_{E1}与舰船的阻力$R_{(V_{S1})}$平衡，此时舰船的航速$V_{S1}>V_S$，螺旋桨的转矩$Q_{m1}<Q_{m定}$，主机输出的轴功率小于额定功率$P_{S1}<P_{S定}$，说明此状态主机在额定转速下工作还有一部分功率的富余，即螺旋桨对主机的功率需求小于主机的额定功率，此时称螺旋桨处于“轻载”状态。

若主机转速可以适当超过额定转速以充分发挥主机的功率，那么舰船航速还能够进一步提高。

另一种可能的情况是：如果舰船遭遇恶劣风浪，即各航速下阻力增大，当舰船的主机转速等于额定转速$n_{m定}$时，由于舰船的阻力增大，所以可达到的航速$V_{S2}<V_S$，对于螺旋桨而言，进速减小、进速系数减小、螺旋桨的推力和转矩都变大，此时螺旋桨的有效推力T_{E2}与该航速下舰船增大的阻力$R_{(V_{S2})}$平衡，但由于螺旋桨的转矩增大$Q_{m2}>Q_{m定}$，主机输出的轴功率大于额定功率$P_{S2}>P_{S定}$，说明此状态螺旋桨对主机的功率需求大于主机的额定功率，主机要在超额定负荷的状态下工作，此时称螺旋桨处于“重载”状态。

有的主机不能超负荷工作，那么主机转速必然下降，螺旋桨的推力减小，舰船航速会进一步降低。

以上分析表明，舰船在航行过程中，舰船的航速、主机的输出功率以及船机桨的配合状态很容易受到影响，往往会偏离理想的匹配良好的状态。而不匹配的状态有两种，要么是螺旋桨处于“轻载”状态，要么是螺旋桨处于“重载”状态。很显然，螺旋桨处于“轻载”状态主机的负担小，螺旋桨处于“重载”状态主机要超负荷工作，主机长时间超负荷工作是会导致主机使用寿命减短、容易出现故障的，因此在舰船螺旋桨设计、主机选型和快速性确定时必须考虑这一问题。“重载”的危害性显然大于“轻载”，而舰船在航行中，遭遇风浪、船体污损导致阻力增加、主机长时间工作后老化性能下降、螺旋桨表面污损转矩增大等问题都会导致船机桨的配合状态向“重载”方向发展，为了避免舰船服役后出现螺旋桨“重载”，一般需要在螺旋桨设计与快速性预报时留储备，通常有三种方法：

（1）主机功率储备：将主机 100%额定转速和主机 85%～90%额定功率作为螺旋桨设计的输入；

（2）主机转速储备：将主机 100%额定功率和主机 103.5%～105%额定转速作为螺旋桨设计的输入；

（3）船体阻力储备：将 110%～115%船体阻力作为螺旋桨设计的输入。

这些方法都是在设计时主动让船机桨的配合处于“轻载”状态，当舰船实际航行过程中由于各种因素向“重载”方向发展时，有一定的储备。

第二节　舰船快速性分析

舰船在海洋上航行，根据船体阻力性能、主机的外特性和螺旋桨的敞水性能，就可以进行舰船的快速性分析。舰船快速性分析主要有两个方面的问题：一是对于主机的某一转速，预报舰船的航速和对应的主机输出的轴功率；二是若舰船要达到某一航速，预报主机的转速和轴功率。进行舰船快速性分析的基本原则有两个方面：一是推力平衡，即螺旋桨的有效推力等于舰船的航行阻力；二是功率平衡，即主机能够输出的功率要能满足螺旋桨对主机轴功率的需求。

几何形状一定的螺旋桨，其有效推力只与螺旋桨的运动——螺旋桨的进速和转速相关，螺旋桨的进速主要取决于舰船的航速（在考虑伴流的情况下），螺旋桨的转速由主机的转速决定。在一定转速下，在某一航速时，螺旋桨的有效推力若刚好与该航速下舰船的航行阻力相等，则满足了推力平衡原则，那么该转速下一定可以达到该航速吗？还必须看主机能否克服该工况下螺旋桨的旋转阻力矩使其达到这个转速，即该转速下螺旋桨对主机功率的需求是不是在主机的能力范围内，即功率也要平衡。

为了对舰船的快速性进行预报，一般的方法是，设定螺旋桨一系列典型工况的转速，在每一转速下设定一系列的舰船航速，分别计算螺旋桨在各运动状况下的有效推力和要求主机提供的轴功率，然后再根据舰船的阻力性能和主机的外特性综合分析判定舰船的航行状态。其计算流程如图 9-2-1 所示。

通过系列改变螺旋桨的转速和每一转速下的舰船航速，可以得到螺旋桨在不同工况下的有效推力和在该工况运行时要求主机输出的轴功率，将计算结果绘制成如图 9-2-2 所示的曲线图，该图称为航行特性曲线图或校核曲线图。

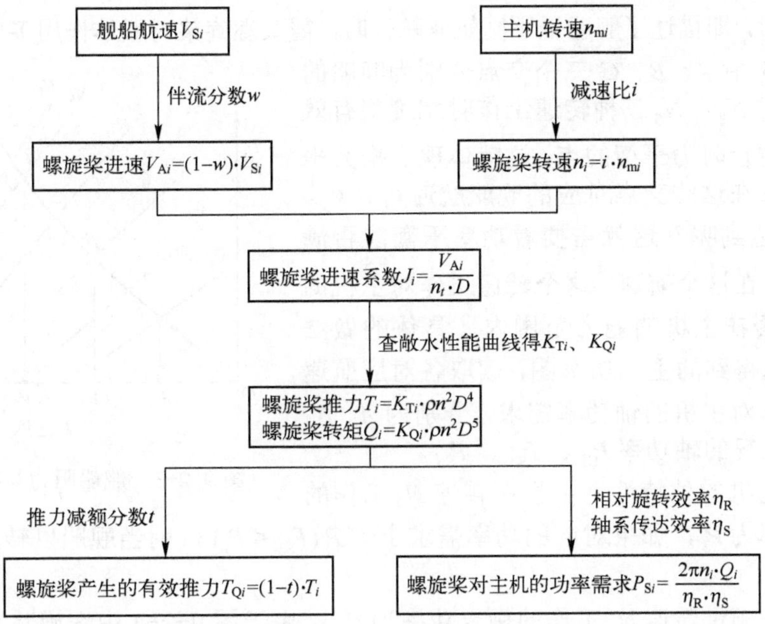

图 9-2-1　螺旋桨有效推力与螺旋桨对主机有效功率计算流程图

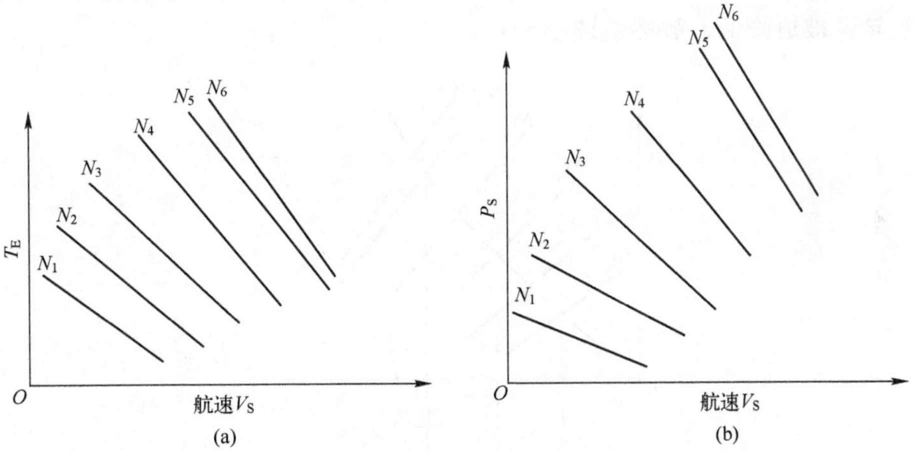

图 9-2-2　航行特性曲线图

（a）螺旋桨能产生的推力曲线；（b）螺旋桨对主机功率需求曲线。

需要注意的是，航行特性曲线图的本质是仅从螺旋桨的角度给出了螺旋桨在不同的转速和进速时的水动力，虽然计算过程中考虑到了船体和螺旋桨的相互作用，但也只是考虑了伴流分数、推力减额分数、相对旋转效率等对螺旋桨进速、有效推力和功率传递的影响，并没有考虑船体、主机、螺旋桨的配合，曲线图中的航速不过是人为设定的航速，要进一步确定舰船的航速和主机的输出功率，就必须考虑船体、主机、螺旋桨的配合和推力平衡及功率平衡两个原则。

其具体的做法是：在有效推力图中，根据舰船的实际状态，给出舰船的阻力性能曲线图（图 9-2-3），即描述了舰船以不同航速航行时，需要螺旋桨对船体作用多大的有效推力。

图 9-2-3 中 A、B、C 三个交点分别为舰船的螺旋桨以 N_1、N_3、N_5 三种转速工作时螺旋桨有效推力与舰船航行阻力平衡的点，这就体现了推力平衡原则，那么在这些交点对应的舰船航速 V_1、V_3、V_5 是否能够达到呢？这就需要看功率平衡能否满足，即螺旋桨在这个航速、这个转速工作对主机的功率需要是否在主机的能力范围内。具体的做法是：通过计算得到的主机功率图，读取各对应航速螺旋桨的工作对主机的轴功率需求，分别为 A、B、C 三点对应工况的轴功率 P_{S1}、P_{S3}、P_{S5}。

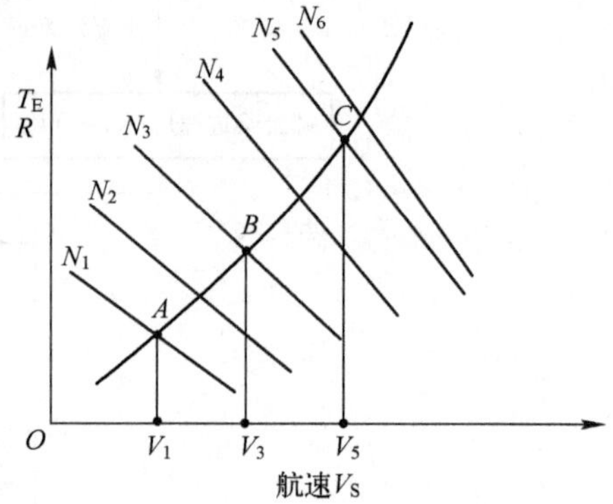

图 9-2-3　舰船阻力与有效推力平衡

若根据主机的外特性，主机在转速 N_3 工作的最大输出功率为 P_3，如果对应的功率需求小于 $P_3(P_{S3}<P_3)$，则当舰船以转速 N_3 工作时，航速就为 V_3。

若主机在额定转速 N_5 工作的额定功率为 $P_{S_定}$，由于图 9-2-4 中螺旋桨转速 N_5、舰船航速 V_5 对应的功率需求 P_{S_5} 大于额定功率 $P_{S_定}$，那么，当主机不降转速且超额定功率工作，航速能够达到 V_5，但是此时螺旋桨处于“重载”状态；若不允许主机超额定功率工作，那么主机转速被迫降低，舰船航速小于 V_5。

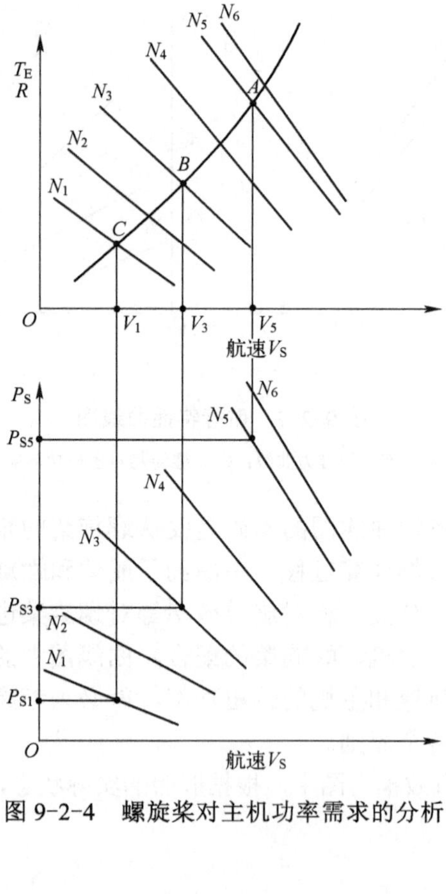

图 9-2-4　螺旋桨对主机功率需求的分析

如果舰船装载的载荷量很少，各对应的航速的阻力降低，那么当主机在额定转速 N_5 工作时，对应的螺旋桨有效推力与阻力平衡的航速大于 V_5，此时螺旋桨对主机输出的轴功率要求小于主机在额定转速下的额定功率 $P_{S_{定}}$，此时，船体、主机、螺旋桨就处于“轻载”状态。

如果当主机在额定转速 N_5 工作时，对应航速下螺旋桨对主机输出的轴功率要求恰好等于主机在额定转速下的额定功率 $P_{S_{定}}$，此时，船体、主机、螺旋桨就刚好处于“匹配”状态。

第三节　舰船螺旋桨的图谱设计

每型舰船都有一个合适的速度指标要求，舰船在设计过程中要将达到舰船航速指标作为一项重要的设计任务开展设计，舰船建造完毕下水试航要测试舰船的航速是否达到了指标要求。舰船在一定装载情况下的最大航速取决于舰船的阻力性能、主机的功率性能、推进器的水动力性能和船体—主机—推进器的配合状态。在舰船船型设计完毕后，舰船在一定装载情况下的阻力性能就确定了，为了达到舰船航速指标，需要为舰船选择合适的主机、设计确定螺旋桨，并使船体、主机、螺旋桨处于良好的配合状态，从而实现舰船的航速指标要求。

一、舰船螺旋桨设计的任务

舰船螺旋桨设计的主要目的就是根据舰船在一定装置状态下的阻力性能，选择舰船的主机，设计舰船的螺旋桨，实现舰船的最大航速指标。所以，舰船螺旋桨的设计，既要设计螺旋桨，还要选择合适的主机。

舰船主机的选择，主要是确定主机的最大输出功率和最大转速，其目标是使主机能驱动螺旋桨产生足够的推力推动舰船达到设计航速，因此选择舰船主机的过程中也需要设计螺旋桨，这个阶段的螺旋桨设计称为螺旋桨初步设计。

螺旋桨初步设计完成后，会得到具体的主机最大输出功率的数值和最大转速的数值，但是主机厂生产的主机，其最大输出功率和最大转速是成系列定型的，因此只能为舰船选配功率和转速与设计结果接近的主机。由于选配的主机的输出功率和转速与初步设计得到的主机输出功率和转速是不一样的，因此需要根据选配的主机参数和舰船的阻力性能，最终设计能充分发挥主机功率的螺旋桨，并确定舰船能达到的最大航速。这个阶段的螺旋桨设计称为螺旋桨的终结设计。有的舰船服役一段时间后，进行了现代化改装，舰船的静力学状态和阻力性能发生了很大变化，但是主机没有更换，需要根据舰船新的阻力性能重新设计螺旋桨，这种螺旋桨设计也是螺旋桨终结设计。

舰船螺旋桨的设计可以采用图谱设计法和理论设计法。图谱设计法是在国际上发展成熟的螺旋桨系列图谱中“挑”出合适的螺旋桨，理论设计法是运用环流理论进行螺旋桨的设计得到一个“独特”的螺旋桨。本章以讲解螺旋桨图谱设计法为主，对于螺旋桨图谱设计过程的理解掌握，也是对螺旋桨水动力性能、船体与螺旋桨相互作用、舰船推进过程中主机功率传递、舰船航速预报和船体、主机、螺旋桨配合特点等相关知识的深化认识和综合运用。

二、舰船螺旋桨设计的基本原则

舰船螺旋桨的设计主要围绕快速性进行，其中还会衍生出螺旋桨空泡、螺旋桨噪声、螺旋桨的强度等问题，但是快速性指标实现是基本的设计目标。简单而言，螺旋桨设计就是要通过一定的方法为舰船确定螺旋桨方案，使舰船达到航速指标。无论采用什么方法进行螺旋桨设计，基本的设计原则有：

（1）螺旋桨的有效推力与舰船的航行阻力平衡。螺旋桨的作用是产生推力克服舰船的阻力使舰船以一定的航速稳定前进，根据舰船的阻力性能，舰船在不同的航速下航行阻力不同；根据螺旋桨水动力性能原理，螺旋桨安装在舰船尾部随舰船一起运动，螺旋桨的推力不仅与螺旋桨转速有关，而且与舰船的航速也有关，并且螺旋桨实际推力与有效推力的关系、舰船航速与螺旋桨进速的关系还与推力减额分数和伴流分数有关，这些因素都需要在螺旋桨设计时予以考虑。

（2）螺旋桨对主机的功率需求与主机的能力匹配。螺旋桨产生推力的前提是螺旋桨要在水流中按设定的转速旋转，螺旋桨在水流中旋转会遭受旋转阻力矩，因此螺旋桨必须由主机带动旋转，螺旋桨对主机有旋转功率的需求，主机要能够输出足够的功率带动螺旋桨旋转工作，这是确定主机参数的重要依据，此外，主机输出功率到螺旋桨敞水收到功率之间的传递过程需要考虑轴系效率和相对旋转效率的影响。

（3）具有优良的推进效率。舰船以一定的速度在海洋上航行会消耗主机的能量，推进系数反映了舰船航行有效功率与主机输出功率的比值，推进系数越大说明效率越高，螺旋桨敞水效率是构成推进系数的一项重要效率成分。不同的进速系数下螺旋桨的敞水效率是不同的，因此，通过螺旋桨设计应该使螺旋桨运行在较高的敞水效率工况。

根据螺旋桨设计的基本原则，对设计问题进一步明确。

螺旋桨的初步设计：已知舰船在一定排水量下的阻力性能曲线 $R = f(V_s)$、舰船的最大航速指标 $V_{s\max}$ 和伴流分数 w、推力减额分数 t、相对旋转效率 η_R、轴系传送效率 η_s，通过螺旋桨初步设计确定主机需要达到的转速 N_m 和输出的轴功率 P_s，以及螺旋桨方案。螺旋桨方案的要素众多，即使是在已有的螺旋桨系列图谱中“挑选”一个螺旋桨方案，也需要确定螺旋桨转速 N、螺旋桨的直径 D、叶数 Z、螺距比 P/D、盘面比 A_E/A_0 等，但是依据目前的三条螺旋桨设计原则无法将这一系列的要素全部确定，必须从其他方面确定部分要素，比如：主机的转速与螺旋桨的转速关系是一定的，确定了螺旋桨的转速 N 就随之确定了主机转速 N_m。螺旋桨叶数需要根据螺旋桨振动、空泡、效率等综合确定，增加叶数可以控制螺旋桨的激振力、降低螺旋桨的振动，有利于延缓背片空泡出现，但有降低效率的趋势，舰船的螺旋桨叶数都是在 3～7 个之间，潜艇减振降噪要求严格，一般采用 7 叶大侧斜螺旋桨（也有很多潜艇采用泵喷推进器），驱逐舰、护卫舰等大中型水面舰船一般采用 5 叶螺旋桨，民船的航速不高，且主要从提高推进效率的角度考虑，多采用 4 叶或 3 叶螺旋桨。盘面比 A_E/A_0 从控制螺旋桨空泡的角度进行考虑，增大盘面比有利于延缓空泡的出现，但效率可能会降低。

因此，按照图谱方法进行舰船螺旋桨的初步设计，主要是：根据舰船在一定排水量下的阻力性能曲线 $R=f(V_s)$、舰船的最大航速指标 $V_{s\max}$ 和伴流分数 w、推力减额分数 t、相对旋转效率 η_R、轴系传送效率 η_s，确定螺旋桨转速 N、螺旋桨的直径 D、螺距比 P/D 和主机的轴功率 P_s。当先选定好螺旋桨的叶数 Z 和盘面比 A_E/A_0 后，就可以运用对应的图谱以螺旋桨设计原则为依据进行螺旋桨设计了，比如选定了螺旋桨叶数为 5 叶、盘面比为 0.55 的 AU 系列螺旋桨，就直接应用 AU 5-55 系列图谱。由于初步设计要确定的要素有螺旋桨转速 N、螺旋桨的直径 D、螺距比 P/D 和主机的轴功率 P_s 四个，但是设计原则只有三条，只能确定三个要素，所以初步设计任务又进一步分为：①在给定螺旋桨转速 N 的前提下确定螺旋桨的直径 D、螺距比 P/D 和主机的轴功率 P_s；②在给定螺旋桨直径 D 的前提下确定螺旋桨转速 N、螺距比 P/D 和主机的轴功率 P_s。

螺旋桨的终结设计，则是：根据舰船在一定排水量下的阻力性能曲线 $R=f(V_s)$、主机的额定轴功率 P_s 和额定转速 N_m、伴流分数 w、推力减额分数 t、相对旋转效率 η_R、轴系传送效率 η_s，确定螺旋桨的直径 D、螺距比 P/D 和舰船可达到的最大航速 $V_{s\max}$。

三、采用系列螺旋桨敞水性能曲线组设计螺旋桨的过程

根据螺旋桨设计的已知条件，按照三条基本设计原则就可以进行螺旋桨设计，螺旋桨设计的过程有不同的形式，只要在设计过程中正确地贯彻了三条基本原则，就能够得到可以较好实现舰船快速性的螺旋桨设计结果。以下介绍运用系列螺旋桨敞水性能曲线组进行螺旋桨设计的一种过程。

以螺旋桨初步设计中的一个具体问题为例进行说明。已知舰船在一定排水量下的阻力性能曲线 $R=f(V_s)$、舰船的最大航速指标 $V_{s\max}$ 和伴流分数 w、推力减额分数 t、相对旋转效率 η_R、轴系传送效率 η_s，舰船采用单桨推进，在给定螺旋桨转速 N 的前提下，确定螺旋桨的直径 D、螺距比 P/D 和主机的轴功率 P_s。

（1）首先按照螺旋桨的有效推力与舰船的航行阻力平衡的原则确定螺旋桨需要产生的推力。由于要求舰船达到明确的最大航速 $V_{s\max}$，根据舰船的阻力性能曲线确定了该航速下舰船的阻力为 $R_{V_{s\max}}=f(V_{s\max})$，则该航速下螺旋桨的有效推力 $T_{EV_{s\max}}$ 为 $T_{EV_{s\max}}=R_{V_{s\max}}$。根据推力减额的物理意义，则舰船螺旋桨在该航速下的实际推力要达到：$T_{V_{s\max}}=R_{V_{s\max}}/(1-t)$。

（2）根据选用的图谱，设定一系列的 P/D，对每个 P/D 确定出螺旋桨的直径和运行工况。例如，选定该舰船螺旋桨叶数为 5 叶、盘面比为 0.50，所属的螺旋桨系列为 AU 系列，则应用 AU 5-50 系列图谱。图谱中包含不同螺距比 P/D 螺旋桨的敞水性能曲线。

设定一个 P/D，则其敞水性能曲线可以从系列图谱中挑选出来，根据这个敞水性能曲线图，进一步确定螺旋桨的直径和运行工况。假设一系列的螺旋桨直径 D_1，D_2，…，D_i，由于螺旋桨的实际推力是明确的：$T_{V_{s\max}}=T_{V_{s\max}}/(1-t)$，所以对于每个直径的螺旋桨，要求的推力系数 K_{Ti} 为

$$K_{Ti}=\frac{T_{V_{s\max}}}{\rho n^2 D_i^4} \tag{9-3-1}$$

$$n(\text{r/s}) = \frac{N(\text{r/min})}{60} \tag{9-3-2}$$

很显然，根据这个关系式，螺旋桨的直径 D_i 越大，要求的推力系数 K_{Ti} 越小。

对于螺旋桨而言，根据水动力性能的特点，当螺旋桨外形特征一定时，其推力系数是由进速系数决定的。工作在舰船尾部的螺旋桨，舰船航速为 $V_{s\max}$ 时，进速为

$$V_{A(V_{s\max})} = (1-w)V_{s\max} \tag{9-3-3}$$

各不同直径 D_1，D_2，…，D_i 螺旋桨的进速系数为

$$J_{V_{s\max(i)}} = \frac{V_{A(V_{s\max})}}{nD_i} \tag{9-3-4}$$

根据计算得到的进速系数 $J_{V_{s\max(i)}}$，结合选定的螺旋桨图谱，可以查图得到每个直径 D_i 下的进速系数 $J_{V_{s\max(i)}}$ 对应的推力系数 K'_{Ti}。很显然，根据螺旋桨的敞水性能曲线，螺旋桨的直径 D_i 越大、进速系数 $J_{V_{s\max(i)}}$ 越小，对应的推力系数 K'_{Ti} 越大。

将这个螺距比 P/D 下，要求的推力系数 K_{Ti} 随直径的变化曲线，和根据螺旋桨的敞水性能曲线得到的推力系数 K'_{Ti} 随直径的变化曲线画在同一张图上（图 9-3-1），得到两条曲线的交点，此交点为这个螺距比 P/D 下满足推力平衡原则的螺旋桨直径，并随之确定了进速系数、推力系数、转矩系数和敞水效率。

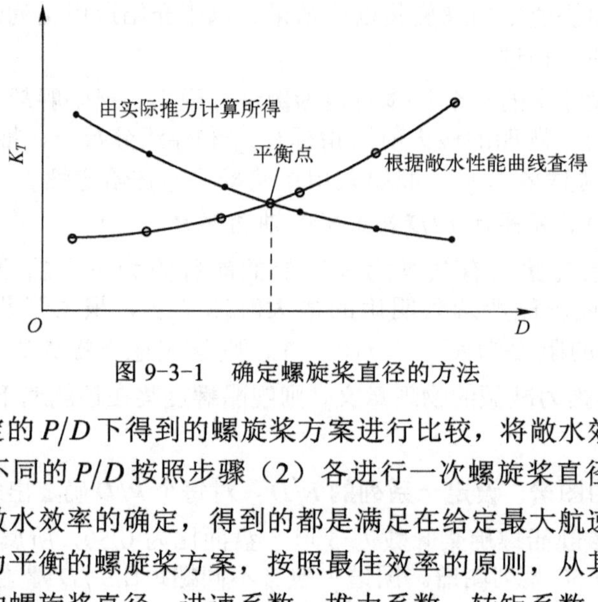

图 9-3-1　确定螺旋桨直径的方法

（3）将每个设定的 P/D 下得到的螺旋桨方案进行比较，将敞水效率最高者确定为最终的设计结果。对不同的 P/D 按照步骤（2）各进行一次螺旋桨直径、进速系数、推力系数、转矩系数和敞水效率的确定，得到的都是满足在给定最大航速时螺旋桨的有效推力与舰船的航行阻力平衡的螺旋桨方案，按照最佳效率的原则，从其中选出敞水效率最大的方案，及对应的螺旋桨直径、进速系数、推力系数、转矩系数，确定为最终的螺旋桨设计方案和运行工况。

（4）根据确定的螺旋桨设计方案和运行工况计算得到主机的输出功率。设计确定了能够使舰船达到最大航速 $V_{s\max}$ 的螺旋桨的螺距比 P/D、直径 D，以及其运行工况时的进速系数、推力系数、转矩系数，就可以计算得到舰船尾部工作的螺旋桨在最大航速工况的转矩 Q 和敞水收到功率 $P_{D_0} = 2\pi nQ$，根据相对旋转效率 η_R 继续计算得到船后螺旋桨的转矩 $Q_B = Q/\eta_R$ 和船后螺旋桨的收到功率 $P_{D_B} = 2\pi nQ_B$。这是为了驱动船后螺旋桨工作、

使螺旋桨推动舰船达到航速$V_{s\max}$必须提供给船后螺旋桨的转矩和旋转功率，这个功率最终由主机付出，根据轴系传送效率η_S，计算得到主机的输出功率为$P_S = P_{D_B}/\eta_S$。这样就完成了此种螺旋桨的初步设计。

对于另一种已知螺旋桨直径的螺旋桨初步设计问题和螺旋桨终结设计问题，都可以按照类似的思路运用螺旋桨敞水性能曲线组进行螺旋桨设计。

四、采用 B_p-δ 型图谱设计螺旋桨的过程

采用螺旋桨敞水性能曲线组可以进行螺旋桨设计，这个设计过程条理比较清晰，但是在设计过程中需要多次查找敞水性能曲线图，工作量较大，为了使设计过程变得简单，工程师们将系列螺旋桨的敞水性能曲线组转变成了专门的螺旋桨设计图谱，以方便进行螺旋桨设计时使用。其中广泛应用的是$B_p-\delta$型图谱。

敞水性能曲线组横轴是进速系数，纵轴是推力系数、转矩系数和效率，表达的是不同螺距比P/D的螺旋桨的推力系数、转矩系数和效率随进速系数的变化，而$B_p-\delta$型图谱（图 9-3-2）横轴是功率系数B_p或者是其数值的开方$\sqrt{B_p}$，纵轴是螺距比P/D，图谱中的内容是直径系数δ和敞水效率的等值线。

功率系数B_p的表达式为

$$B_p = \frac{N \cdot P_{D_0}^{0.5}}{V_{A(kn)}^{2.5}} \tag{9-3-5}$$

式中：N为螺旋桨转速（r/min）；$V_{A(kn)}$为螺旋桨进速（kn）：

$$N(\mathrm{r/min}) = 60 \times n(\mathrm{r/s}) \tag{9-3-6}$$

$$V_A(\mathrm{m/s}) = 0.5144 \times V_{A(kn)}(\mathrm{kn}) \tag{9-3-7}$$

P_{D_0}为螺旋桨的敞水收到功率（hp），表达式为

$$P_{D_0} = 2\pi n \cdot Q(\mathrm{W}) = \frac{2\pi n \cdot Q}{735}(\mathrm{hp}) = \frac{2\pi n \cdot K_Q \rho n^2 D^5}{735}(\mathrm{hp}) \tag{9-3-8}$$

将各关系式代入功率系数B_p的表达式，ρ以海水的密度 1025.24kg/m^{3}代入，可得

$$B_p = \frac{N \cdot P_{D_0}^{0.5}}{V_{A(kn)}^{2.5}} = 33.30\frac{K_Q^{0.5}}{(V_A/nD)^{2.5}} = 33.30\frac{K_Q^{0.5}}{J^{2.5}} \tag{9-3-9}$$

直径系数δ的表达式为

$$\delta = \frac{N \cdot D}{V_{A(kn)}} = \frac{30.86}{(V_A/nD)} = \frac{30.86}{J} \tag{9-3-10}$$

根据功率系数B_p和直径系数δ的表达式，就可以将螺旋桨敞水性能曲线组转变为$B_p-\delta$型图谱的形式。敞水性能曲线组中，每个螺距比P/D的螺旋桨水动力性能是通过推力系数K_T、转矩系数K_Q和敞水效率η_0的曲线表达的；而在$B_p-\delta$型图谱中，每一螺距比P/D的螺旋桨水动力性能是由代表该P/D的水平直线上各点对应的功率系数B_p（该点在图谱的横轴上对应的数值）、直径系数δ（通过查直径系数等值线得到该点对应

的直径系数数值）和敞水效率 η_0（通过查敞水效率等值线得到该点对应的敞水效率数值）来表达的。

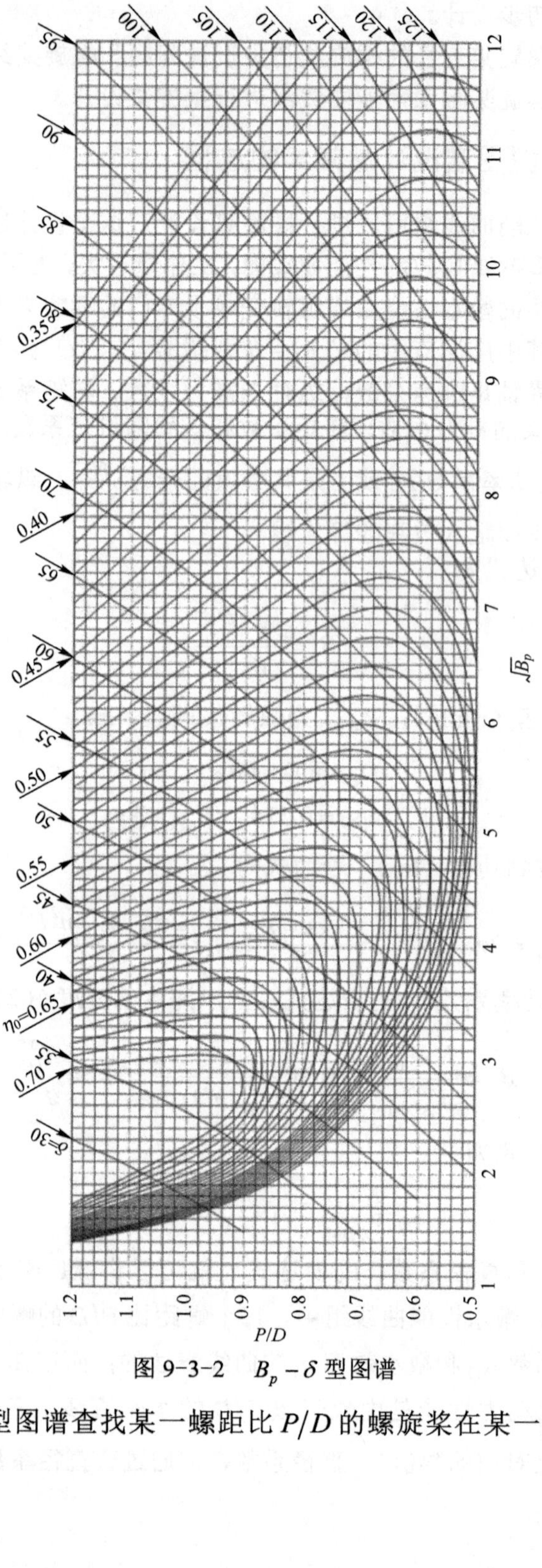

图 9-3-2　$B_p-\delta$ 型图谱

当要通过 $B_p-\delta$ 型图谱查找某一螺距比 P/D 的螺旋桨在某一进速系数 J 下的推力

系数 K_T、转矩系数 K_Q 和敞水效率 η_0 时，先根据进速系数 J 计算得到直径系数 δ，再根据直径系数 δ 在代表该 P/D 的直线上确定点的位置，然后查该点在图谱的横轴上对应的 B_p 和该点对应的敞水效率 η_0，按照相互关系式计算就可以得到推力系数 K_T、转矩系数 K_Q。若将敞水性能曲线组转化得到过 $B_p-\delta$ 型图谱，其步骤是以上过程的逆过程。在 $B_p-\delta$ 型图谱上，将各条效率等值线曲线与垂直线的切点连接起来，得到效率最佳线，以便于在螺旋桨图谱设计中应用效率最佳原则确定设计点。

根据 $B_p-\delta$ 型图谱进行螺旋桨设计的过程，同样是贯彻螺旋桨设计三个原则的过程。为了与根据敞水性能曲线组进行螺旋桨设计的过程进行比较，同样以螺旋桨初步设计任务中，已知螺旋桨转速前提下进行螺旋桨设计的问题进行说明。

已知舰船在一定排水量下的阻力性能曲线 $R=f(V_s)$、舰船的最大航速指标 $V_{s\max}$ 和伴流分数 w、推力减额分数 t、相对旋转效率 η_R、轴系传送效率 η_S，舰船采用单桨推进，在给定螺旋桨转速 N 的前提下，确定螺旋桨的直径 D、螺距比 P/D 和主机的轴功率 P_s。

（1）根据已知量和未知量的情况，选择合适的设计切入点。$B_p-\delta$ 型图谱用于螺旋桨设计的系数是直径系数 δ 和功率系数 B_p，对照功率系数 B_p 的表达式，此条件下螺旋桨转速 N 已知，螺旋桨的敞水收到功率 P_{D_0} 未知，螺旋桨以 kn 为单位的进速 $V_{A(kn)}$ 在明确的最大航速要求和伴流分数 w 都给定的情况下是已知量，所以计算功率系数 B_p 的未知量只有敞水收到功率 P_{D_0}；对照直径系数 δ 的表达式，此条件下螺旋桨转速 N 和进速 $V_{A(kn)}$ 已知，未知量只有螺旋桨直径 D。虽然直径系数 δ 和功率系数 B_p 的表达式在现在的条件下都只有一个未知量，但直径系数 δ 中的未知量就是通过螺旋桨设计要确定的未知量之一，因此可以设定一系列的螺旋桨直径 D_1，D_2，…，D_i，根据直径系数 δ 的表达式计算出对应的 δ_1，δ_2，…，δ_i，然后逐步确定出合适的螺旋桨直径。

（2）根据选定的用于螺旋桨设计的系数，恰当运用螺旋桨设计原则确定螺旋桨参数。每一直径 D_i 都对应一个直径系数 δ_i，在选择了螺旋桨系列类型、螺旋桨叶数和盘面比后，所使用的 $B_p-\delta$ 型图谱就选定了，在选定的 $B_p-\delta$ 型图谱上找到或者作出一条直径系数都等于 δ_i 的等值曲线，螺旋桨的工况点就在这条等于 δ_i 的等值曲线上，至于是在哪一点，运用效率最佳原则，应该是 δ_i 的等值曲线与最佳效率线的交点。这个交点找到后，根据交点在 $B_p-\delta$ 型图谱横轴上对应的数值确定功率系数 B_p，根据交点在 $B_p-\delta$ 型图谱纵轴上对应的数值确定螺旋桨的螺距比 P/D，根据交点在效率等值线组中的位置确定螺旋桨的敞水效率 η_0，然后根据功率系数 B_p 的数值和表达式，计算出敞水收到功率 P_{D_0} 和螺旋桨对主机输出功率 P_S 的需求。

$$P_{D_0}=\left(\frac{V_{A(kn)}^{2.5}\cdot B_p}{N}\right)^2 \tag{9-3-11}$$

$$P_S=\frac{P_{D_0}}{\eta_R\cdot\eta_S} \tag{9-3-12}$$

（3）综合各设定螺旋桨直径下的设计结果，根据推力平衡原则最终确定螺旋桨设计方案和运行工况。经过步骤（2），每个设定的螺旋桨直径 D_i 都会形成一个螺旋桨方案和运行工况，这些不同的螺旋桨方案及运行工况的有效推力是不同的，需要基于推力平衡原则最终确定一个恰当的螺旋桨设计方案和运行工况。每个螺旋桨直径 D_i 方案都得到一个敞水收到功率 P_{D_0i}，则螺旋桨的推功率 $P_{Ti}=\eta_{0i}\cdot P_{D_0i}$，又由于螺旋桨推功率等于螺旋桨的推力 T 乘以进速 V_A，所以得到螺旋桨推力为

$$T_i=\frac{P_{Ti}}{V_A}=\frac{\eta_{0i}\cdot P_{D_0i}}{V_A} \tag{9-3-13}$$

船后螺旋桨的推力扣除推力减额后就得到了螺旋桨的有效推力：$T_{Ei}=(1-t)T_i$，将不同的螺旋桨方案的有效推力随直径的变化画成曲线（图 9-3-3），找到有效推力曲线上数值等于舰船在最大航速指标 $V_{s\max}$ 对应阻力的点，此点对应的螺旋桨直径就是最终确定的螺旋桨方案的直径，若将不同方案螺旋桨的螺距比 $(P/D)_i$、敞水效率 η_{0i}、主机输出功率 P_{Si} 都画成随螺旋桨直径 D_i 变化的曲线，则确定了最终的螺旋桨直径后，依次查找这个螺旋桨直径对应的螺距比、敞水效率和主机输出功率，就确定了螺旋桨的设计要素和主机的输出功率，完成了设计任务。这个设计步骤可以参考表 9-3-1 的形式列表进行。

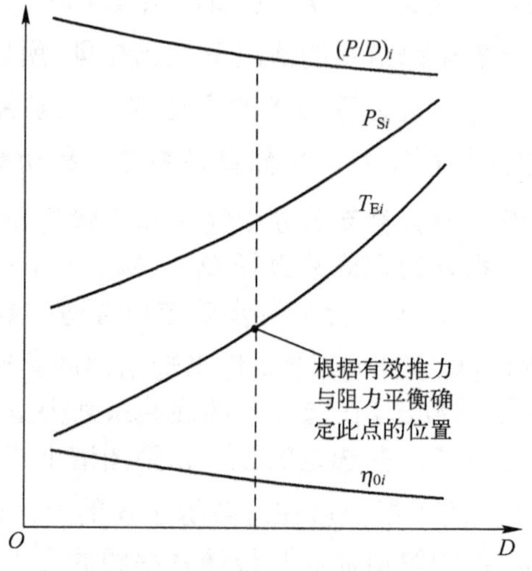

图 9-3-3 设计点的确定

表 9-3-1 初步设计确定螺旋桨直径计算表

序号	名称	单位	数据					
1	螺旋桨转速 N	r/min	已知数据					
2	$\eta_H=\frac{1-t}{1-w}$		根据已知条件计算得到数据					
3	$V_A=V(1-w)$	kn	根据已知条件计算得到数据					
4	P_E	hp	已知数据					
5	假设的直径 D		D_1	D_2	D_3	D_4	D_5	D_6
6	$\delta=\frac{ND}{V_A}$		δ_1	δ_2	δ_3	δ_4	δ_5	δ_6

续表

序号	名称	单位	数据					
7	查 B_p-δ 图谱，由 δ 等值线与最佳效率线交点得到 P/D η_0 B_p		$(P/D)_1$ η_{01} B_{p1}	$(P/D)_2$ η_{02} B_{p2}	$(P/D)_3$ η_{03} B_{p3}	$(P/D)_4$ η_{04} B_{p4}	$(P/D)_5$ η_{05} B_{p5}	$(P/D)_6$ η_{06} B_{p6}
8	主机功率 P_S	hp	P_{S1}	P_{S2}	P_{S3}	P_{S4}	P_{S5}	P_{S6}
9	螺旋桨产生的有效功率 P_{TE}	hp	P_{TE1}	P_{TE2}	P_{TE3}	P_{TE4}	P_{TE5}	P_{TE6}
10	螺旋桨的有效推力 T_E	N	T_{E1}	T_{E2}	T_{E3}	T_{E4}	T_{E5}	T_{E6}

若初步设计中螺旋桨的直径是给定的，需要确定螺旋桨转速。根据直径系数 δ 和功率系数 B_p 的表达式的形式，功率系数 B_p 有两个未知量，直径系数 δ 有一个未知量，即螺旋桨转速 N，因此可以设定一系列的螺旋桨转速 N_1，N_2，…，N_i，根据直径系数 δ 的表达式计算出对应的 δ_1，δ_2，…，δ_i，结合 B_p-δ 图谱逐步确定出合适的螺旋桨转速。此时的设计步骤可以参考表 9-3-2 的形式列表进行。

表 9-3-2　初步设计确定螺旋桨转速计算表

序号	名称	单位	数据					
1	螺旋桨直径 D	m	已知数据					
2	$\eta_H=\frac{1-t}{1-w}$		根据已知条件计算得到数据					
3	$V_A=V_S(1-w)$	kn	根据已知条件计算得到数据					
4	P_E	hp	已知数据					
5	假设的转速 N	r/min	N_1	N_2	N_3	N_4	N_5	N_6
6	$\delta=\frac{ND}{V_A}$		δ_1	δ_2	δ_3	δ_4	δ_5	δ_6
7	查 B_p-δ 图谱，由 δ 等值线与最佳效率线交点得到 P/D η_0 B_p		$(P/D)_1$ η_{01} B_{p1}	$(P/D)_2$ η_{02} B_{p2}	$(P/D)_3$ η_{03} B_{p3}	$(P/D)_4$ η_{04} B_{p4}	$(P/D)_5$ η_{05} B_{p5}	$(P/D)_6$ η_{06} B_{p6}
8	主机功率 P_S	hp	P_{S1}	P_{S2}	P_{S3}	P_{S4}	P_{S5}	P_{S6}
9	螺旋桨产生的有效功率 P_{TE}	hp	P_{TE1}	P_{TE2}	P_{TE3}	P_{TE4}	P_{TE5}	P_{TE6}
10	螺旋桨的有效推力 T_E	N	T_{E1}	T_{E2}	T_{E3}	T_{E4}	T_{E5}	T_{E6}

对于终结设计问题，给定主机的额定功率和额定转速，要设计舰船螺旋桨使其能以最佳的效率工作推动舰船达到最大航速，也就是要确定舰船可达的最大航速和螺旋桨的相关要素。此时，直径系数 δ 有两个未知量，功率系数 B_p 只有一个未知量，即螺旋桨的进速 V_A，而进速 V_A 是未知量的原因是舰船在给定的主机额定功率和额定转速下可达的最大航速需要通过螺旋桨终结设计来确定。因此可以设定一系列的航速 V_{s1}、V_{s2}，…，V_{si}，得到一系列的进速 V_{A1}，V_{A2}，…，V_{Ai}，根据功率系数 B_p 的表达式计算出对应的 B_{p1}，B_{p2}，…，B_{pi}，结合 B_p-δ 图谱逐步确定出合适的螺旋桨直径和舰船可达的最大航速。舰船螺旋桨终结设计步骤可以参考表 9-3-3 的形式列表进行。

螺旋桨的设计图谱除了 $B_p-\delta$ 型图谱外还有其他形式的图谱，无论哪种图谱其实和螺旋桨敞水性能曲线组一样都是对螺旋桨敞水性能的表达，只不过表达形式不同，在运用图谱进行螺旋桨设计的过程中，只要能恰当地贯彻螺旋桨设计的三条原则，就能获得较好的设计结果，满足舰船的快速性要求。

表 9-3-3　终结设计确定舰船可达的最大航速及对应的螺旋桨参数计算表

序号	名称	单位	数据					
1	假设的航速 V_S	kn	V_{s1}	V_{s2}	V_{s3}	V_{s4}	V_{s5}	V_{s6}
2	$V_A=V_S(1-w)$	kn	V_{A1}	V_{A2}	V_{A3}	V_{A4}	V_{A5}	V_{A6}
3	主机的额定功率 P_S	hp	已知数据					
4	$\eta_H=\dfrac{1-t}{1-w}$		根据已知条件计算得到数据					
5	敞水收到功率 P_D	hp	根据已知条件计算得到数据					
6	主机的额定转速 N	r/min	已知数据					
7	$B_p=\dfrac{NP_D^{0.5}}{V_A^{2.5}}$		B_{p1}	B_{p2}	B_{p3}	B_{p4}	B_{p5}	B_{p6}
8	$\sqrt{B_p}$		$\sqrt{B_{P_1}}$	$\sqrt{B_{P_2}}$	$\sqrt{B_{P_3}}$	$\sqrt{B_{P_4}}$	$\sqrt{B_{P_5}}$	$\sqrt{B_{P_6}}$
9	查 B_p-δ 图谱，由 $\sqrt{B_p}$ 等值线与最佳效率线交点得到 δ η_0 P/D		δ_1 η_{01} $(P/D)_1$	δ_2 η_{02} $(P/D)_2$	δ_3 η_{03} $(P/D)_3$	δ_4 η_{04} $(P/D)_4$	δ_5 η_{05} $(P/D)_5$	δ_6 η_{06} $(P/D)_6$
10	$D=\dfrac{\delta V_A}{N}$		D_1	D_2	D_3	D_4	D_5	D_6
11	螺旋桨产生的有效功率 P_{TE}	hp	P_{TE1}	P_{TE2}	P_{TE3}	P_{TE4}	P_{TE5}	P_{TE6}
12	螺旋桨产生的有效推力 T_E	N	T_{E1}	T_{E2}	T_{E3}	T_{E4}	T_{E5}	T_{E6}

第四节　船模自航试验与实船推进性能预报

在舰船设计工作中，分别完成了舰船船体线型设计、船体阻力试验与实船阻力预报、舰船螺旋桨设计、螺旋桨敞水性能试验等工作后，最后通常要进行船模自航试验并对实船推进性能进行预报。船模自航试验的目的为获得伴流分数、推力减额分数、相对旋转效率等船桨相互干扰系数，确定实船的自航点，为后续确定实船航速、螺旋桨转速和主机输出功率之间的关系，为预报实船推进性能提供重要的输入条件。

一、船模自航试验的相似关系

船模阻力试验是测量不带桨的船模在水池中以不同速度运动时阻力的试验，螺旋桨的敞水性能试验是测量孤立的螺旋桨在均匀且无干扰水流中推力与转矩随转速变化的试验，但是舰船在航行过程中，船体与螺旋桨是在一起工作的，船模自航试验就是测量船模在前进、螺旋桨模型在船模上旋转工作时船模和桨模的力学性能试验。

船模自航试验首先是在满足船模和桨模几何相似的基础上进行的。实船船体和船模、实桨和桨模几何相似，缩尺比一致，并且船模在桨模上的安装位置坐标也与实桨在实船船体上的安装位置坐标几何相似。

$$\frac{L_S}{L_M}=\frac{D_S}{D_M}=\lambda \tag{9-4-1}$$

船模自航试验中的试验工况设定要满足运动相似。实船航速与船模运动速度满足傅汝德相似，实桨与桨模满足进速系数相等，并且船模的雷诺数和桨模的雷诺数都要超过临界雷诺数。

$$Fr_S=\frac{V_S}{\sqrt{g\cdot L_S}}\qquad Fr_M=\frac{V_M}{\sqrt{g\cdot L_M}}\qquad Fr_S=Fr_M \tag{9-4-2}$$

$$J_S=\frac{V_{AS}}{n_S\cdot D_S}\qquad J_M=\frac{V_{AM}}{n_M\cdot D_M}\qquad J_S=J_M \tag{9-4-3}$$

整理可得

$$\frac{V_S}{V_M}=\sqrt{\lambda} \tag{9-4-4}$$

$$\frac{n_S}{n_M}=\frac{V_{AS}}{V_{AM}}\cdot\frac{1}{\lambda} \tag{9-4-5}$$

实船的航速与实桨的进速、船模的速度与桨模的进速关系式为

$$V_{AS}=(1-w_S)V_S \tag{9-4-6}$$

$$V_{AM}=(1-w_M)V_M \tag{9-4-7}$$

式中：w_S、w_M 分别为实船实桨的伴流分数和船模桨模的伴流分数，由于尺度效应的影响，w_S、w_M 并不相等，此处忽略伴流尺度效应的影响，则有

$$\frac{n_S}{n_M}=\frac{V_{AS}}{V_{AM}}\cdot\frac{1}{\lambda}=\frac{V_S}{V_M}\cdot\frac{1}{\lambda}=\frac{1}{\sqrt{\lambda}} \tag{9-4-8}$$

所以在船模自航试验中，船模速度与实船航速的关系式、桨模转速与实桨转速的关系式分别是

$$V_M=\frac{1}{\sqrt{\lambda}}V_S \tag{9-4-9}$$

$$n_M=\sqrt{\lambda}\cdot n_S \tag{9-4-10}$$

自航试验中的船模与桨模的运动按照式（9-4-9）及式（9-4-10）设定，且都要达到临界雷诺数的要求，通过随船动力仪测量得到船模上螺旋桨模型的推力 T_M、转矩 Q_M，在忽略伴流分数、推力减额分数、相对旋转效率等航行因子的尺度效应和螺旋桨推力系数、转矩系数、敞水效率的尺度效应的情况下，可以推算出实船实桨在对应工况时螺旋桨的推力 T_S、转矩 Q_S：

$$T_S=\lambda^3\frac{\rho_S}{\rho_M}T_M \tag{9-4-11}$$

$$Q_S=\lambda^4\frac{\rho_S}{\rho_M}Q_M \tag{9-4-12}$$

二、实船自航点

对于真正“自航”的实船和船模而言，螺旋桨的有效推力应与船体的阻力平衡，即

$$R_S=(1-t_S)T_S \tag{9-4-13}$$

$$R_M=(1-t_M)T_M \tag{9-4-14}$$

通过阻力系数对实船阻力 R_S 进行表达的式子为

$$R_S=\frac{1}{2}\rho_S V_S^2 S_S\cdot C_{tS} \tag{9-4-15}$$

类似的有船模阻力 R_M 的表达式为

$$R_M=\frac{1}{2}\rho_M V_M^2 S_M\cdot C_{tM} \tag{9-4-16}$$

由于速度的关系是 $V_S=\sqrt{\lambda}V_M$ 、湿表面积的关系是 $S_S=\lambda^2 S_M$ ，所以有

$$\frac{R_S}{R_M}=\frac{1/2\cdot\rho_S V_S^2 S_S\cdot C_{tS}}{1/2\cdot\rho_M V_M^2 S_M\cdot C_{tM}}=\lambda^3\frac{\rho_S}{\rho_M}\cdot\frac{C_{tS}}{C_{tM}} \tag{9-4-17}$$

$$R_S=\lambda^3\frac{\rho_S}{\rho_M}\cdot\frac{C_{tS}}{C_{tM}}\cdot R_M \tag{9-4-18}$$

因为实船实桨的螺旋桨推力与对应工况点自航试验中船模桨模的螺旋桨模型推力关系式为

$$T_S=\lambda^3\frac{\rho_S}{\rho_M}T_M \tag{9-4-19}$$

实桨的有效推力：

$$T_{ES}=(1-t_S)T_S \tag{9-4-20}$$

桨模的有效推力：

$$T_{EM}=(1-t_M)T_M \tag{9-4-21}$$

若不考虑推力减额系数的尺度效应，则有

$$T_{ES}=\lambda^3\frac{\rho_S}{\rho_M}T_{EM} \tag{9-4-22}$$

在船模自航点，桨模的有效推力 T_{EM} 等于船模的阻力 R_M ，这样船模才能够以 V_M 的速度稳定地前进。

$$T_{EM}=R_M \tag{9-4-23}$$

而对于实船实桨，在对应的航速 $V_S=\sqrt{\lambda}V_M$ 下，实桨转速 $n_S=\frac{1}{\sqrt{\lambda}}n_M$ 时的推力为

$$T_{ES}=\lambda^3\frac{\rho_S}{\rho_M}T_{EM}=\lambda^3\frac{\rho_S}{\rho_M}R_M \tag{9-4-24}$$

但是实船在对应航速 $V_S=\sqrt{\lambda}V_M$ 的阻力为 $R_S=\lambda^3\frac{\rho_S}{\rho_M}\cdot\frac{C_{tS}}{C_{tM}}\cdot R_M$ 。

尽管实船与船模在对应航速下的傅汝德数相同兴波阻力系数相等，但实船的雷诺数远大于船模的雷诺数，实船的摩擦阻力系数小于船模的摩擦阻力系数，所以实船的总阻力系数 C_{tS} 小于船模的总阻力系数 C_{tM}，那么就有 $R_S < \lambda^3 \dfrac{\rho_S}{\rho_M} \cdot R_M$。而实船上实桨在转速 $n_S = \dfrac{1}{\sqrt{\lambda}} n_M$ 时的有效推力 $R_S = \lambda^3 \dfrac{\rho_S}{\rho_M} \cdot \dfrac{C_{tS}}{C_{tM}} \cdot R_M$，实桨有效推力与实船阻力不平衡，所以这个点不是实船实桨的自航点。

船模自航试验是要对实船实桨的自航点进行预报，现在的问题是，在运动相似的条件下实桨有效推力与桨模有效推力满足 $T_{ES} = \lambda^3 \dfrac{\rho_S}{\rho_M} T_{EM}$，但船模阻力与实船阻力处于 $R_S < \lambda^3 \dfrac{\rho_S}{\rho_M} \cdot R_M$ 的情况，所以要对船模速度为 V_M 时的阻力 R_M 进行处理，引入一个阻力修正 F_D，使得 $R_S = \lambda^3 \dfrac{\rho_S}{\rho_M} \cdot (R_M - F_D)$。这个 F_D 在船模自航试验中为施加在船模上的拖曳力。

很显然，阻力修正 F_D 的数值为

$$F_D = R_M - \frac{\rho_M}{\rho_S} \cdot \frac{R_S}{\lambda^3} \tag{9-4-25}$$

式中：R_S 为实船在航速为 V_S 时的阻力；R_M 为缩尺船模在速度为 $V_M = \dfrac{1}{\sqrt{\lambda}} V_S$ 时的阻力，这些是通过船模阻力拖曳试验测量得到和换算出来的。

在船模自航试验中，要模拟实船的自航点，在桨模旋转工作的同时还应当在船模上施加额外的拖曳力 F_D，以桨模的推力和拖曳力 F_D 共同克服船体阻力并使船体达到速度 $V_M = \dfrac{1}{\sqrt{\lambda}} V_S$，此时桨模的转速一定小于自航船模以速度 V_M 运动的船模自航点的转速，但是此时桨模的转速乘以 $\sqrt{\lambda}$ 为实桨实船以航速 $V_S = \sqrt{\lambda} \cdot V_M$ 航行时螺旋桨应具有的转速。所以船模自航试验是要测量自航船模在拖曳力 $F_D = R_M - \dfrac{\rho_M}{\rho_S} \cdot \dfrac{R_S}{\lambda^3}$ 且船模速度为 $V_M = \dfrac{1}{\sqrt{\lambda}} V_S$ 时船模上桨模的转速和推力，从而根据相似关系推算出实桨实船在航速 $V_S = \sqrt{\lambda} \cdot V_M$ 时螺旋桨应具有的转速和推力。由于要同时保证施加在船模上的拖曳力大小和船模达到的运动速度都非常精准十分困难，通常保持自航船模的运动速度不变（拖曳自航船模运动的拖车速度不变），桨模以不同的转速工作，使桨模的推力不断变化，拖曳力也必然不断变化，并使用随船动力仪测量船后桨模的推力和转矩、使用阻力仪测量拖曳力的大小，得到了自航船模速度一定时桨模推力、转矩和船体拖曳力随桨模转速的变化曲线（图 9-4-1），在该图上通过插值方法找到拖曳力为 F_D 时桨模的推力 T_M、转矩 Q_M 和转速 n_M，从而完成了自航船模试验。

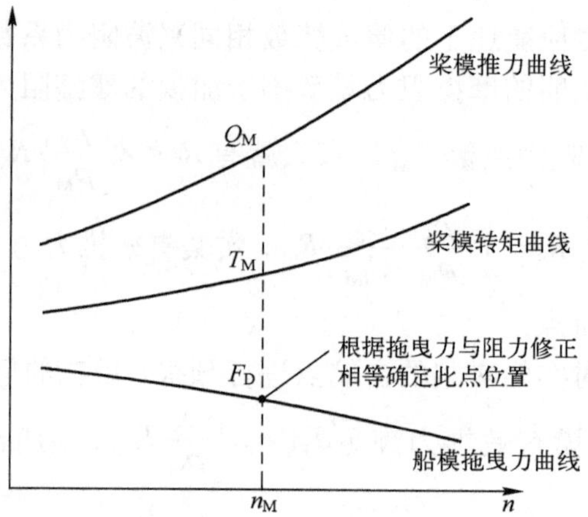

图 9-4-1　自航点的确定

三、推进效率分析与实船推进性能预报

在自航船模试验中，引入了阻力修正的拖曳力 F_D，就能够模拟实船自航点的工况，自航船模桨模的受力就与实船实桨的受力满足相似关系，根据试验结果就能够进行舰船推进效率分析和实船推进性能预报，以下对这个过程进行完整的描述。

要获得实船实桨在航速为 V_S 的推进效率和推进性能，开展几何相似船模桨模在运动速度为 $V_M = \frac{1}{\sqrt{\lambda}} V_S$、阻力修正拖曳力 $F_D = R_M - \frac{\rho_M}{\rho_S} \cdot \frac{R_S}{\lambda^3}$ 时的自航试验，通过随船动力仪测量得到桨模的推力 T_M、转矩 Q_M。由于桨模克服的船体阻力为 $(R_M - F_D)$，所以推力减额分数为

$$t_M = \frac{T_M - (R_M - F_D)}{T_M} \tag{9-4-26}$$

根据桨模在船后的推力 T_M 和转矩 Q_M 计算得到实桨的船后推力系数 K_{TB} 和船后扭矩系数 K_{QB}：

$$K_{TB} = \frac{T_M}{\rho_M n_M^2 D_M^4} \tag{9-4-27}$$

$$K_{QB} = \frac{Q_M}{\rho_M n_M^2 D_M^5} \tag{9-4-28}$$

查该螺旋桨的敞水性能曲线，找到桨敞水推力系数的数值等于计算得到的船后推力系数 K_{TB} 的数值时，对应的进速系数 J_M 和敞水转矩系数 K_{Q0}。

那么船后桨模的进速为

$$V_{AM} = J_M n_M D_M \tag{9-4-29}$$

比较船模的运动速度 V_M 和桨模的进速 V_{AM}，得到伴流分数为

$$w_M = 1 - \frac{V_{AM}}{V_M} \tag{9-4-30}$$

比较船后实桨的转矩系数K_{QB}和桨模在相同进速系数下的敞水转矩系数K_{Q0}，得到相对旋转效率η_R为

$$\eta_R = \frac{K_{Q0}}{K_{QB}} \tag{9-4-31}$$

根据推力减额分数和伴流分数计算得到船身效率η_H为

$$\eta_H = \frac{1-t_M}{1-w_M} \tag{9-4-32}$$

推进效率η_D为

$$\eta_D = \eta_R\eta_0\eta_H \tag{9-4-33}$$

这样就完成了对于实船航速为V_S时的各航行因子和推进效率的分析，但需要注意的是，这是用自航船模模拟实船自航点的方法获得的结果，实桨实船的实际航行工况的雷诺数远大于桨模船模试验工况的雷诺数（一般要大2～3个数量级），由雷诺数的巨大差异而形成的尺度效应对推力减额分数t、伴流分数w和相对旋转效率η_R都会带来或多或少的影响，所以若直接使用这些结果进行实船推进性能的预报会带来较大的误差。

大量的研究发现，在实船推进性能预报中，受尺度效应影响较大的是伴流分数w，模型尺度下的伴流分数w_M要大于实尺度舰船的伴流分数w_S；而尺度效应对推力减额分数t和相对旋转效率η_R的影响较小，可以忽略。另外，通过船模阻力拖曳试验预报的实船总阻力系数$[C_{TS}]_M$往往也与实际舰船的总阻力系数$[C_{TS}]_S$有差异，需要在实船推进性能预报中予以考虑。因此，为了提高实船推进性能预报的准确性，需要引入伴流分数的相关因子Δw、阻力系数的相关因子ΔC_T对实船的伴流分数和总阻力系数进行修正，从而得到修正后的伴流分数和实船总阻力系数：

$$w_S = w_M + \Delta w \tag{9-4-34}$$

$$[C_{TS}]_S = [C_{TS}]_M + \Delta C_T \tag{9-4-35}$$

进行修正后，实船实桨在航速V_S时的螺旋桨转速、推力等参数与自航船模桨模在速度$V_M = \frac{1}{\sqrt{\lambda}}V_S$且施加拖曳力$F_D = R_M - \frac{\rho_M}{\rho_S}\cdot\frac{R_S}{\lambda^3}$时的桨模转速、桨模推力等参数不再严格满足相似关系了，需要根据自航试验得到的航行因子w_M、t_M、η_{RM}并考虑确定的Δw、ΔC_T后重新进行实船的推进性能预报。

舰船实船的航速为V_S，根据船模阻力拖曳试验结果换算得到实船航速V_S时总阻力系数$[C_{TS}]_M$，并进行修正得到实船航速V_S时的总阻力系数为$[C_{TS}]_S = [C_{TS}]_M + \Delta C_T$，则实船在航速$V_S$时的总阻力为

$$R_{TS} = \frac{1}{2}\rho_S S_S V_S^2 [C_{TS}]_S \tag{9-4-36}$$

则要求舰船上船后螺旋桨的推力为

$$T_S = \frac{R_{TS}}{1-t_M} \tag{9-4-37}$$

这个推力是螺旋桨在实船的伴流流场中旋转工作所产生的。由于实船螺旋桨的伴流

分数是 $w_S = w_M + \Delta w$，则螺旋桨的进速为

$$V_{AS} = (1 - w_S)V_S \tag{9-4-38}$$

因此，螺旋桨应在 V_{AS} 的进速中产生 T_S 的推力，这是确定螺旋桨转速的基本条件。舰船的螺旋桨是设计完毕已经确定的，设定一系列的转速 n_1，n_2，…，n_i，根据螺旋桨需要产生的推力 T_S 可以计算得到各个转速应具有的推力系数：

$$K_{Ti} = \frac{T_S}{\rho_S n_i^2 D_S^4} \tag{9-4-39}$$

另外，几何形状一定的螺旋桨其推力系数是由进速系数决定的。不同的转速 n_i 则有不同的进速系数 J_i：

$$J_i = \frac{V_{AS}}{n_i D_S} \tag{9-4-40}$$

根据不同进速系数 J_i 查找该螺旋桨的敞水性能曲线得到不同的 K_{Ti}。因此可以分别按照推力系数计算公式（9-4-39）和敞水性能曲线的查找结果，各画出一条推力系数随螺旋桨转速的变化曲线，这两条曲线的交点就是舰船航速 V_S 时螺旋桨的转速。螺旋桨的转速确定了后，进速系数就可以确定，该进速系数对应的螺旋桨敞水效率能够查敞水性能曲线得到，则舰船航速 V_S 时的推进效率 η_{DS} 为

$$\eta_{DS} = \eta_{RM} \cdot \eta_0 \cdot \frac{1 - t_M}{1 - w_S} \tag{9-4-41}$$

计算可得到舰船航速 V_S 时的主机的输出功率为

$$P_S = \frac{P_{ES}}{\eta_S \eta_{DS}} = \frac{R_{TS} V_S}{\eta_S \eta_{DS}} \tag{9-4-42}$$

按照上述过程，可以结合船模自航试验对舰船在各个航速下螺旋桨的转速和主机的输出功率进行预报，得到如图 9-4-2 所示的舰船推进性能预报曲线。

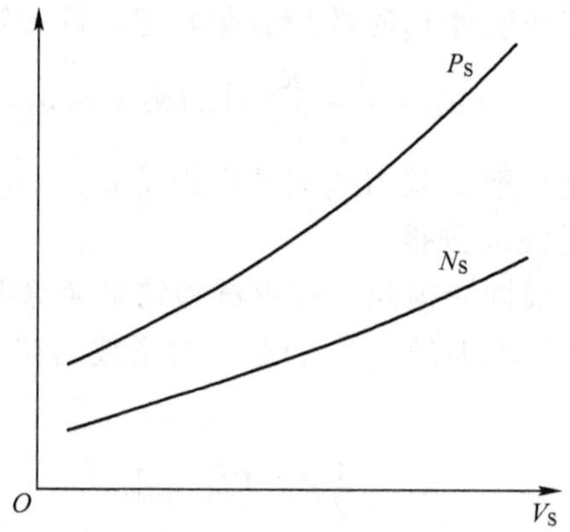

图 9-4-2　舰船在不同航速下对应的主机转速和主机输出功率

需要注意的是，伴流分数相关因子 Δw、阻力系数相关因子 ΔC_T 往往由国际上各个船舶性能试验研究单位根据经验数据确定，尚无统一的方法。

图 9-4-2 表示的是舰船推进性能中船体与螺旋桨在力学和运动上的联系，主机能否驱动螺旋桨达到要求的转速工作、舰船能否达到要求的航速还取决于主机的转速和输出功率特性，这就涉及在 9.1 节和 9.2 节中阐述的船体主机螺旋桨的配合问题，也进一步说明：舰船的快速性与船体的阻力性能、螺旋桨的水动力性能、主机的输出功率特性和船体主机螺旋桨的配合都有密切的关系。

思　考　题

1．螺旋桨处于“重载”状态的特征是什么？

2．舰船螺旋桨设计的基本原则是哪几条？

3．如何根据螺旋桨敞水性能曲线组得到 $B_p-\delta$ 型图谱？

4．实船自航点与船模自航点为什么不对应一致？

5．如何通过船模自航试验确定实船的自航点？

6．为何在实船推进性能预报中要引入伴流分数相关因子和阻力系数相关因子？

7．最佳直径、最佳转速的含义是什么？在什么条件下，不能按最佳效率条件设计螺旋桨？

8．已知某舰设计速度 $V_s=29$kn 时有效功率为 11800hp，若舰的动力系统按两机两桨配置，螺旋桨直径 D 取 2.50m，试选择螺旋桨的最佳转速及其他几何要素，并计算收到功率 p_D，（可选用图 9-3-2 图谱，t=0.08，w=0.06，$\eta_R=1.0$）。

第十章　特种推进器介绍

舰船的推进器是吸收外界输入的能量产生推船运动推力的装置。在蒸汽机应用之前，船舶的推进装置有划桨、橹、风帆等依靠人力和风能工作的推进器，在蒸汽机大规模应用后的工业时代，人们尝试利用机械能推船前进，明轮推进器率先在船舶上大量应用，并于 19 世纪上半叶风靡一时。现代螺旋桨推进器出现后，凭其结构简单、安装方便、推进效率高、可靠性好等多方面的优势，迅速取代了明轮，并直到目前依然是舰船上使用得最广泛的推进装置。随着舰船技术的发展，为了满足某些舰船在快速性、操纵性、安静性等方面的突出要求，工程师们开发出了一些更为复杂的特种推进器。这些特种推进器有的是对传统螺旋桨进行改进而得，有的是另外的推进方式，由于特种推进器的复杂度增加，所以对机械设计能力和工业生产水平都有更高的要求。

有的特种推进器仍然是以螺旋桨产生推力，只是螺旋桨的布局和安装方式有所改进，如导管螺旋桨、串列螺旋桨、对转螺旋桨、可调螺距螺旋桨、半浸螺旋桨、全回转螺旋桨、侧向槽道推进器、吊舱推进器等，这些种类的特种推进器其实是特种螺旋桨。另外，有的特种推进器工作原理与螺旋桨有很大的不同，如直翼推进器、喷水推进器、磁流体推进器、波浪推进器等。本章将重点介绍几种典型的特种推进器。

第一节　典型的特种螺旋桨

一、导管螺旋桨

导管螺旋桨是在螺旋桨外围装上环形套筒而形成的（图 10-1-1）。

图 10-1-1　导管螺旋桨

导管的截面形状经过设计，可以调节进入螺旋桨盘面的水流速度。导管的类型有增加水流速度的加速型导管和减小水流速度的减速型导管，还有的为了改善船后不均匀的周向伴流将导管设计成截面形状沿周向变化的情况，从而实现对螺旋桨进流的周向精细调节。

加速型导管螺旋桨主要适用于航速较低但推力负荷要求大的船舶（如拖船）。根据动量理论得到的理想推进器的推力 T_i 和效率 η_i 的表达式分别如下：

$$T_i = mu_a \tag{10-1-1}$$

$$\eta_i = \frac{V_A}{V_A + u_a} = \frac{2}{1+\sqrt{1+\sigma_T}} \tag{10-1-2}$$

式中：σ_T 为载荷系数，表达式为

$$\sigma_T = \frac{T_i}{\frac{1}{2}\rho A_0 V_A^2} \tag{10-1-3}$$

当推进器的进速 V_A 低但推力 T_i 大时，载荷系数 σ_T 较大效率必然较低。在螺旋桨外围设置加速型导管，能够增加单位时间内通过桨盘面的流量，减小载荷系数提高推进效率。并且导管内部的水流加速，绕导管的截面上存在速度环量，导管上会产生推力，也就是说导管内螺旋桨的进速增大、推力负荷减小，导管上承担了一部分的推力负荷。但是置于水中的导管本身是有阻力的，当螺旋桨是在低进速大推力的重负荷工况时，螺旋桨产生的相对轴向诱导速度（轴向诱导速度与进速的比值）很大，使导管截面上的速度环量和导管上产生的推力都很大。此情况下导管利用轴向诱导速度产生推力做有效功的效益大于导管在水流中受到阻力损失的功，整体上是有利于提高推进效率的。

当螺旋桨在高进速系数处工作时，载荷系数较小，螺旋桨产生的相对轴向诱导速度（轴向诱导速度与进速的比值）也较小，导管截面上的速度环量和导管上产生的推力都相对减小，相对于导管增加的阻力而言“得不偿失”，所以此种工况下不宜采用导管螺旋桨。加速型导管螺旋桨适用于拖船但不适用于高速驱逐舰、护卫舰的原因就在于此。

减速型导管截面外形的设计可以减小进入桨盘面的水流速度使水流压强增加，对于延缓螺旋桨空泡产生有利，应用于潜艇的泵喷推进器的导管多采用减速型布局。

导管螺旋桨的桨叶外形与普通螺旋桨外形是不同的（图 10-1-2），由于导管螺旋桨叶梢与导管内壁间隙很小，有利于限制叶梢处从叶面到叶背的绕流，导管内螺旋桨为了充分利用这一优势往往将叶梢处的叶剖面弦长设计得很大并保持较大的螺距，这对于提高导管螺旋桨的效率是有利的。

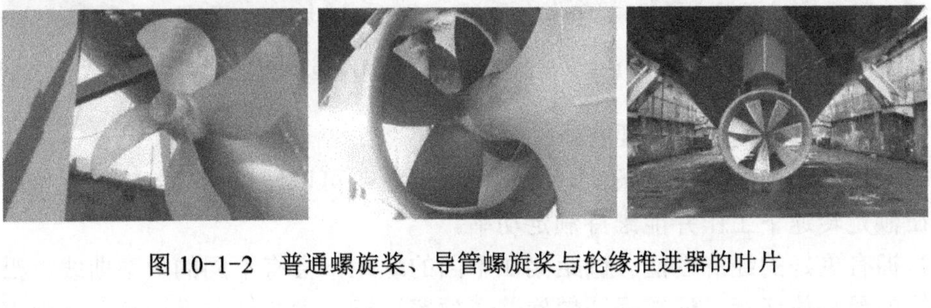

图 10-1-2 普通螺旋桨、导管螺旋桨与轮缘推进器的叶片

另外，有一种新型的轮缘推进器是将桨叶的叶梢和导管内壁连接在一起的，设置外转子电机带动桨叶转动。

导管螺旋桨的优点除了加速型导管有利于提高低速大推力船的推进效率、减速型导管有利于推迟螺旋桨空泡产生之外，还表现为：①增加船体在波浪中纵摇运动的阻尼，减小船体纵摇响应；②保护导管内的螺旋桨避免被碰撞损坏；③导管使水流总是沿螺旋桨轴向进入桨盘面，消除了斜流的不利影响。

二、可调螺距螺旋桨

螺旋桨的螺距对桨的水动力性能有决定性影响，在进行舰船螺旋桨设计时，需要根据设计航速要求和主机的特性设计恰当的螺距分布使桨达到优良的效率。螺旋桨设计时的设计目标航速往往为舰船最大航速，但是舰船实际航行过程中不会一直长时间在最高工况航行，比如螺旋桨转速降低到巡航工况时，螺旋桨的螺距不变则不可能还运行在最佳效率的状态。特别是舰船在离靠码头、紧急避碰时需要快速倒车，固定螺距螺旋桨倒车只能反转，这一要求提高了动力装置系统的复杂性，并且当舰船被拖带航行或者是多桨舰船在航行过程中有的螺旋桨停止工作时，固定螺距螺旋桨的桨叶会产生很大的阻力。可调螺距螺旋桨可以很好地克服以上不足。

可调螺距螺旋桨的调距执行机构设置在桨毂内，通过转动安装在桨毂上的桨叶改变桨叶与水流的夹角以调整桨叶螺距和螺距角大小，这样可以使螺旋桨在转动方向和转速不变的情况下改变推力甚至是将推力反向实现倒车（图 10-1-3）。可调螺距螺旋桨改变螺距后，其水动力性能随之改变。

另外需要注意的是，对于可调螺距螺旋桨桨毂内的调距机构而言，转叶力矩的大小对于调距机构的设计非常关键。转叶力矩由桨叶水动力力矩、离心力力矩和调距转动机构摩擦力矩三部分构成，其中水动力力矩与螺距大小及螺旋桨的航行工况有密切关系。

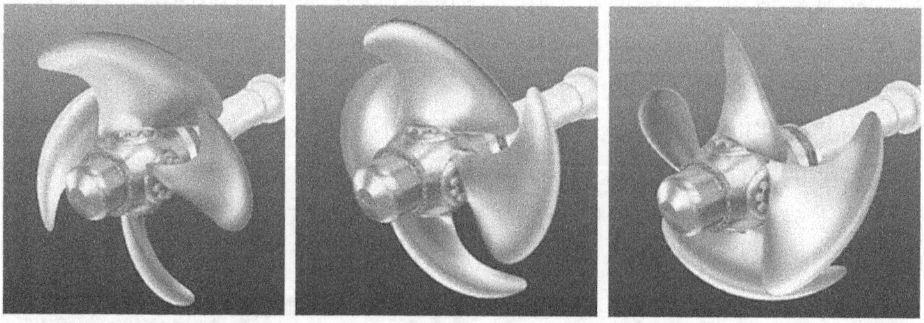

图 10-1-3　不同螺距角的可调螺距螺旋桨

可调螺距螺旋桨的优势主要有：

（1）可以更好地适应航行条件。通过调节螺距，可以使螺旋桨的转矩保持不变，保证主机在额定转速下工作并能维持额定功率。

（2）拥有更好的经济性能。调距桨在不同的螺距下会有不同的效率曲线，沿着每条效率曲线的最高值运行，能够保证螺旋桨高效率运行，尤其在非设计工况条件下，比定距桨效率高很多。这样就大大改善了船舶的续航力和经济性能。

（3）优异的机动性和操纵性。定距桨只能通过调节转速来控制航速，而调距桨可以通过调节转速和螺距两个参数来控制航速，因此采用调距桨推进的船舶更加灵活，操纵性能和机动性能更加优异，尤其在急停工况、靠泊工况、狭窄航道工况下更加突出。

（4）发动机寿命明显延长。调距桨可以通过改变螺距来改变螺旋桨的推力大小和方向，这样就能够使主机的转速固定在适当的位置，减少了主机启、停次数，极大地降低了部件的磨损和热疲劳损坏程度，延长了发动机寿命。

当然，调距桨也有一些固有的缺点：

（1）调距桨在桨毂内要设置调距机构，所以桨毂直径偏大，毂径比较大（定距桨毂径比为 0.18～0.20，调距桨毂径比约为 0.25 甚至更高），而且由于需要配合桨叶的转动，桨毂不易制成光顺的流线型，螺旋桨在额定工况下的效率不如定距桨高，损失 2%～3%。

（2）调距桨由于螺距可调，所以构造复杂，造价和安装费用高于定距桨，可靠性也不如定距桨。

（3）为了避免桨叶在转动过程中不发生碰撞，桨叶的叶剖面弦长和盘面比较小，导致容易产生空泡。

调距桨构造比较复杂，需要配置特殊的调节机构和控制系统，并要保证长时间可靠运行，因此对工业生产能力有较高要求。

三、串列螺旋桨、对转螺旋桨与全回转螺旋桨

一般的舰船螺旋桨配置方案是一根桨轴上安装一副螺旋桨，而串列螺旋桨是在一根桨轴上安装两副（或两副以上，但主要是两副）螺旋桨，螺旋桨呈前后串联，在桨轴的带动下两副螺旋桨以相同的方向转动工作。

对于舰船尾部螺旋桨安装区域空间较小、螺旋桨直径受限的情况，宜采用串列螺旋桨，使用串列螺旋桨与单螺旋桨相比有利于减小每个桨叶的推力负荷，对于减小螺旋桨的最大减压系数避免螺旋桨空泡的出现也是有利的。由于串列桨是同向旋转的，会加大经过螺旋桨水流的周向诱导速度，增加了由水流周向旋转引起的动能损失，故一般认为串列桨的效率在普通的航行工况下不占优势，而在单螺旋桨直径受限严重、负荷很重的情况下更换为串列螺旋桨会使效率相对单螺旋桨获得提升。

要改善和发挥串列螺旋桨的水动力性能，可以根据实际运行工况从优化前后桨的轴向间距、前后桨叶间错开角度和前后桨的直径、螺距等方面开展工作。

对转螺旋桨的前后两副螺旋桨位于同一条轴线处，但是两桨的旋转方向相反（图 10-1-4）。为了实现前后两桨相对旋转，可以将两副螺旋桨分别安装在同轴心的内外两根轴上，前桨安装于外轴，后桨安装于内轴，内外两轴旋转方向相反带动前后两桨相对旋转。

对转螺旋桨的最大特点是与前桨旋转方向相反的后桨可以回收前桨旋转尾流的能量，并减小整体的旋转尾流损失，从而提高推进效率。由于螺旋桨的特殊运动方式，其旋转尾流能量损失是影响其推进效率的重要方面，对转螺旋桨经过前后桨恰当的设计，

可以消除尾流旋转运动分量，大量试验和应用实践表明，对转螺旋桨相对于普通单螺旋桨可以稳定地增效 7%左右。除此之外，对转螺旋桨还有一个优势是前后桨转矩的方向也相反，可以大幅度减小推进器的整体旋转力矩，因此对转螺旋桨在鱼雷上大范围应用，对转螺旋桨的配置能够将推进器作用于鱼雷雷体上的横滚力矩减到很小甚至为零，避免鱼雷的横滚运动，有利于保持鱼雷的航行稳定性。

图 10-1-4　对转螺旋桨

对转螺旋桨突出的缺点是机械结构复杂，制造工艺要求高，质量较大，价格较高。

全回转螺旋桨是指螺旋桨推进器单元能够在平面内 360° 旋转，从而产生使舰船操纵运动的矢量推力，兼有桨和舵的功能（图 10-1-5）。

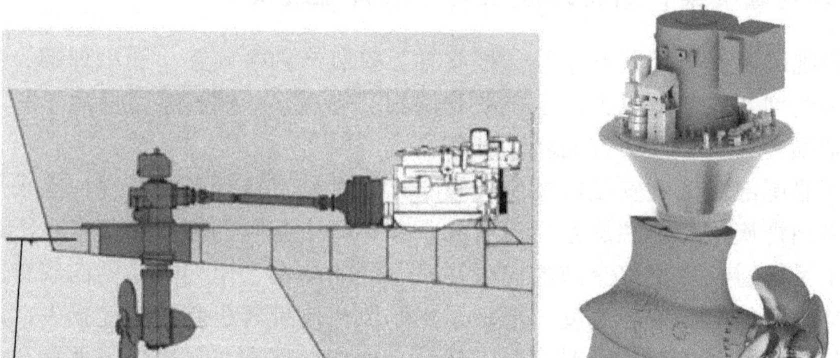

图 10-1-5　全回转螺旋桨

螺旋桨旋转运动的驱动可以通过 Z 形传动的方法，将竖直轴的旋转运动通过伞形齿轮传递到下方的水平螺旋桨轴上，桨轴的端部伸出下箱体之外，可以在下箱体的前部或后部安装一副螺旋桨，也可以前后都安装螺旋桨，形成串列螺旋桨的配置（图 10-1-6）。此外，还可以通过桨轴与伞形齿轮的布置，在下箱体中设置两套同轴线、反向旋转的桨轴，形成前后螺旋桨对转的方案（图 10-1-6）。

还可以在下箱体中安装推进电机直接驱动螺旋桨旋转运动，这就是吊舱推进器方案（图 10-1-7）。

图 10-1-6　不同配置的全回转螺旋桨

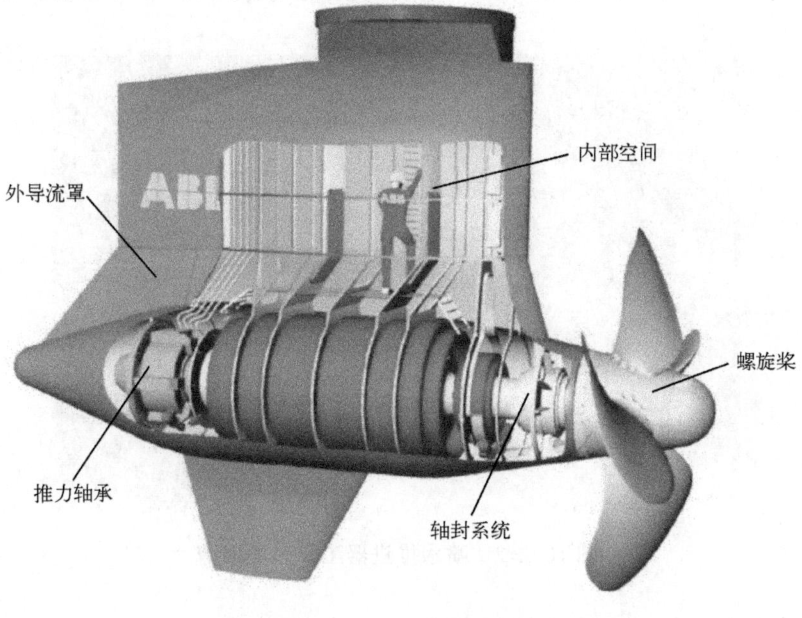

图 10-1-7　吊舱推进器

还有一种方式是前桨为普通的单螺旋桨桨轴配置，其后增加一套吊舱式螺旋桨配置，组合形成前后桨对转方案。

这些螺旋桨的布置方案有利于提高舰船的操纵性，但是增加了推进单元的复杂性，主要应用在有特殊要求的舰船上。

第二节　喷水推进器

一、喷水推进器的工作原理与组成

喷水推进器是通过将船体外部的水吸入然后高速向后喷出以获得向前推力的推进装

置，其工作原理与螺旋桨推进器有很大的不同，为了实现这样的工作原理，喷水推进器主要由进水流道、喷水推进泵、喷口组成（图 10-2-1），有的喷水推进器为了实现对舰船的操纵，在喷口处增设了转向倒车装置以控制水流喷出方向、产生操纵力。喷水推进器的核心部件是喷水推进泵，喷水推进泵有离心泵、轴流泵和混流泵三种，目前混流泵应用最为广泛。喷水推进器的喷口较为常见的布局是处于水面之上（图 10-2-2）。

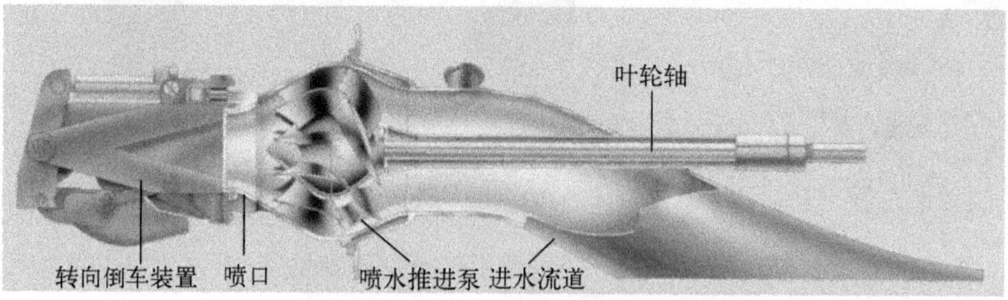

图 10-2-1　喷水推进器结构简图

图 10-2-2　喷水推进器工作时的射流

二、喷水推进器的水动力性能

喷水推进器是由旋转喷水推进泵将水抽吸到流道内加速然后从喷口高速喷出的，其简图如图 10-2-1 所示。在进水口前方无干扰的来流速度为进速 V_A，水流经过加速后从喷口喷出的水流速度为 V_T，喷口的中心在水面之上的高度为 h_C。所以喷水推进器泵做功的表现有：①将水流速度从进速 V_A 增加到 V_T，水流的动能增加；②将水流的质量中心位置提升到水面以上高度为 h_C 的位置，水流的势能增加；③克服水流在流管中流动的能量损失。

设单位时间内流入流道内的水流质量为 m，则单位时间内水流动能的增量为

$$\frac{1}{2}mV_T^2-\frac{1}{2}mV_A^2 \tag{10-2-1}$$

单位时间内水流势能的增量为 mgh_C。

由于水流在水面以下发生高度位置变化时重力和浮力做功大小相等方向相反，势能并不改变，因此此处水流势能增量只计入水面之上提升的高度。

单位时间内水流在整个流道中损失的能量以喷口处流体动能的一定比例 k_1 表示为 $k_1 \cdot \frac{1}{2} m V_T^2$。则喷水推进泵用于加速水流向后高速喷出的功率为

$$\frac{1}{2} m V_T^2 - \frac{1}{2} m V_A^2 + mgh_C + k_1 \cdot \frac{1}{2} m V_T^2 \quad (10-2-2)$$

由于水泵输出的功率习惯用扬程 H 表达，相当于是将输出功率转化为水流势能对应的位置提升的高度，显然有

$$mgH = \frac{1}{2} m V_T^2 - \frac{1}{2} m V_A^2 + mgh_C + k_1 \cdot \frac{1}{2} m V_T^2 \quad (10-2-3)$$

则有

$$H = (1 + k_1)\frac{V_T^2}{2g} - \frac{V_A^2}{2g} + h_C \quad (10-2-4)$$

根据动量理论，单位时间内进入流道的水流动量为 mV_A、从出口喷出的水流动量为 mV_T，那么喷水推进器的推力为

$$m(V_T - V_A) \quad (10-2-5)$$

喷水推进器的推功率为

$$m(V_T - V_A)V_A \quad (10-2-6)$$

喷水推进器的推功率与水泵的输出功率之比称为管道效率 η_c，表达式为

$$\eta_c = \frac{m(V_T - V_A)V_A}{mgH} = \frac{2(V_T - V_A)V_A}{(1 + k_1)V_T^2 - V_A^2 + 2gh_C} \quad (10-2-7)$$

定义喷水推进器的喷速比 k_v 为

$$k_v = \frac{V_T}{V_A} \quad (10-2-8)$$

则喷水推进器的管道效率 η_c 可以改写为

$$\eta_c = \frac{2(k_v - 1)}{(1 + k_1)k_v^2 - 1 + \dfrac{2gh_C}{V_A^2}} \quad (10-2-9)$$

喷水推进泵是在主机带动下旋转工作并输出使水流加速向后喷出的功率的，主机对喷水推进泵的输入功率为轴功率 P_S，喷水推进泵的效率为

$$\eta_p = \frac{mgH}{P_S} \quad (10-2-10)$$

设喷水推进器的体积流量为 Q（m^3/s），那么单位时间的水流质量为 $m = \rho Q$，喷水推进泵的效率为

$$\eta_p = \frac{\rho g Q H}{P_S} \quad (10-2-11)$$

喷水推进器总的效率η_{wj}为

$$\eta_{wj}=\frac{TV_A}{P_S}=\frac{mgH}{P_S}\cdot\frac{TV_A}{mgH}=\eta_p\eta_c \tag{10-2-12}$$

由于喷水推进器结构复杂，且需内置于舰船船体之内与船体组合在一起，所以无法像螺旋桨那样独立出来并用敞水性能曲线清晰表达螺旋桨转速、进速和推力、转矩之间的关系。喷水推进器装船后的推进性能通常表达为一系列收到功率下的推力与航速、转速与航速的变化曲线，以之与船体阻力性能曲线联合起来确定舰船的航速、主机转速、主机功率等航行工况参数（图 10-2-3）。

图 10-2-3 喷水推进舰船

三、喷水推进器的特点

喷水推进器推力产生的原理非常简明直观，所以在 200 多年前人们就尝试在船舶上进行喷水推进器的实践，但是由于与同时代发展的螺旋桨推进器相比，结构复杂效率较低，一直没有得到大规模的应用，20 世纪 70 年代以后，专门的喷水推进泵研制取得进展，高效率泵不断出现，泵的功率也不断增加，喷水推进器流道优化设计使得流道能量损失下降，喷水推进器总的推进效率有了明显的提升，一般认为，舰船航速超过 30kn 后，采用喷水推进器的推进效率就大于传统螺旋桨的推进效率。喷水推进器的优点主要有：

（1）与螺旋桨相比，高航速时推进效率高，抗空化能力强。

（2）在喷口处增设转向倒车装置后，能够获得优良的操纵性。转向倒车装置可以快速灵活改变水流的喷射方向，根据需要产生水平面内任意方向的推力，使舰船快速实现船体的操纵机动，倒航能力也很强。

（3）旋转工作的喷水推进泵在船体内部的流道中工作，流道对水流具有整流作用，使泵叶旋转运动中的受力比较稳定，激振力小，且流道系统对内部的噪声具有一定的屏蔽作用，喷水推进器水下辐射噪声比船后螺旋桨的辐射噪声要小。

（4）喷水推进器装置内嵌于船体，不再像螺旋桨船那样设置桨轴、轴支架、轴包套等附体以安装螺旋桨，并取消了舵，所以喷水推进器舰船的附体阻力大幅减小，且有利于浅水区域航行。

喷水推进器船虽然从主机到泵的传动机构比螺旋桨船要简单，但是喷水推进器本身的结构复杂、制造工艺难度大，维护检修困难，成本高，且在 30kn 航速以下舰船上应用推进效率较螺旋桨差，所以目前只在一定数量的特殊舰船上应用。

第三节　直翼推进器

一、直翼推进器简介

直翼推进器，又称摆线直翼推进器，是一种与螺旋桨运动方式有很大不同、可在水平面的任意方向上产生推力的特种船舶推进器。直翼推进器主要由两部分组成，一部分是与动力装置相连的旋转叶轮，另一部分是从船体伸出的叶片，叶轮安装在船体底部，叶片垂直安装于叶轮上，并且在叶轮上均匀分布，如图 10-3-1 所示。

(a)　(b)

图 10-3-1　直翼推进器

（a）直翼推进器模型图；（b）直翼推进器船后安装图。

直翼推进器的推力是由运动的叶片与水流的相互作用而产生的，叶片数量为 4～6 个，每个叶片的旋转运动既包括绕公共旋转轴的等速公转，又包括绕各自旋转轴的变速自转，等转速的公转为完整圆周旋转运动，变转速的自转是叶片在一定的夹角范围内来回摆动，叶片自转运动需满足“法线相交”，即各叶片在运动过程中的法线交于一定点（图 10-3-2），公转轴线与自转轴线都在竖直方向上。

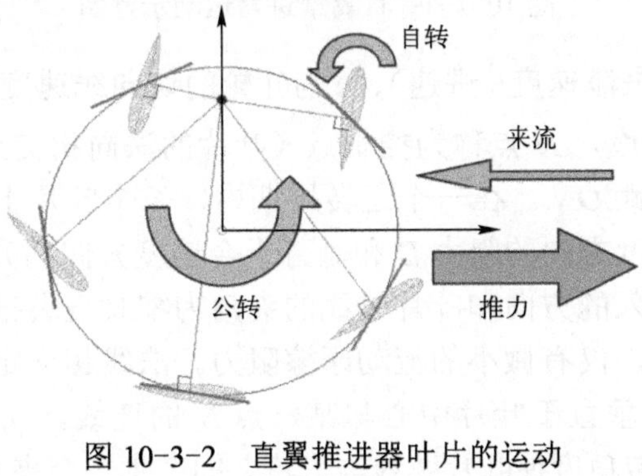

图 10-3-2　直翼推进器叶片的运动

1921 年，德国科学家 Frederick Kirsten 申请了第一个直翼推进器专利，1925 年奥地利工程师 E.schnieder 发明了另一种转动形式的直翼推进器，1928 年，德国福伊特（Voith）公司根据 E.schnieder 的发明试制了第一台直翼推进器，因此直翼推进器又称 Voith-schneider 推进器（Voith-schneider propeller，VSP）。自直翼推进器产品出现以后，德国、美国、日本、荷兰、韩国和中国等都开展了相关的理论与试验研究，但由于该推进器结构复杂，应用小众，目前主要是德国福伊特公司研发制造的直翼推进器在国际使用得较为广泛。

二、直翼推进器叶片运动特点

直翼推进器每片叶片的运动是由公转运动与自转运动组成的耦合运动，即每个叶片分别在绕各自轴心做自转运动的同时绕叶轮垂直轴线 O 做公转运动。直翼推进器的叶片在自转过程中遵循“法线相交定律”做非定常摆动运动，以保持叶片弦线始终垂直于叶片中心与某一点 N 的连线。来流速度和叶片的公转线速度形成合速度（忽略了叶片自转速度）作用于叶片上，叶片上产生垂直于合速度方向的升力和沿合速度方向的阻力。叶片运动与受力的示意图如图 10-3-3 所示。

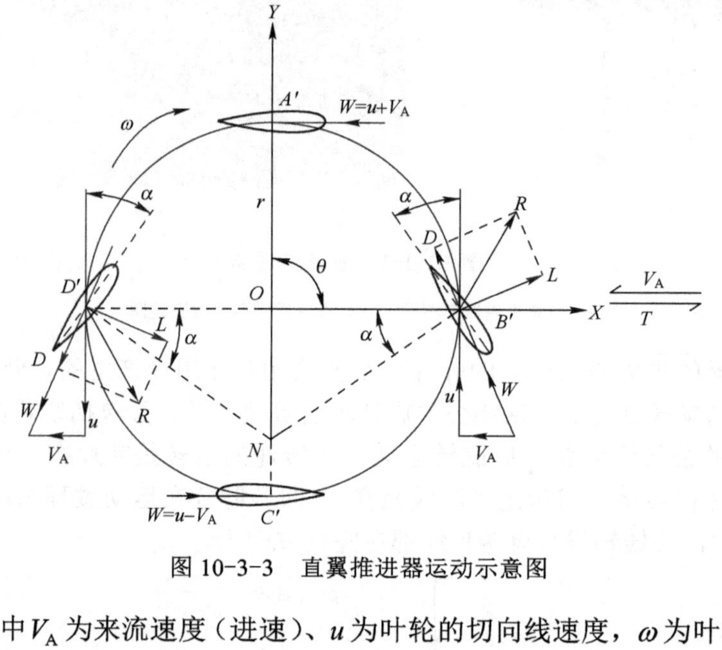

图 10-3-3　直翼推进器运动示意图

图 10-3-3 中 V_A 为来流速度（进速）、u 为叶轮的切向线速度，ω 为叶轮公转角速度，W 为流经叶剖面的合速度，N 点称为控制点（叶片的法向相交点），点 N 到直翼推进器转轴 O 的距离称为偏心距 $\overline{ON}$。在一个运转周期内，每个叶片上产生的流体作用力可以分解为两部分：沿合速度方向的阻力 D 和垂直于合速度方向的升力 L，R 为叶片弦线上的合力。当合成来流流入的方向和叶片弦线的夹角为零时直翼推进器处于零推力工况，此时叶片上不产生升力，仅有微小的流动摩擦阻力。法线相交定律要求推进器在自转运动中保持叶片弦线始终垂直于叶片中心与某一点 N 的连线，所以为了使推进器产生推力，就要改变叶片的偏转角度使叶片弦线与来流之间产生一个夹角，即攻角。直翼推进器通过改变控制点的位置来改变叶片绕自转轴心线的角度，从而改变叶片和来流之间的攻

角，可以独立于转速来实现对叶片推力大小以及方向的调节。设推进器回转直径为d，则回转半径为$r=d/2$，偏心距$\overline{ON}$与推进器回转半径r的比值称为直翼推进器的偏心率e：

$$e=\frac{\overline{ON}}{r} \tag{10-3-1}$$

设公转角速度为ω，则直翼推进器公转角度为$\theta=\omega\cdot t$，叶片弦线与圆周切线的夹角为叶片做自转运动时周期性摆动的角度即偏转角α，其中叶片导边向远离圆心偏转为正方向，靠近圆心偏转为负方向。利用正弦定理推导叶片自转偏转角α，可求得

$$\alpha=\arcsin\frac{e\cdot\sin\theta}{\sqrt{1+2e\cdot\cos\theta+e^2}} \tag{10-3-2}$$

设叶片自转角速度为ω_c，因叶片自转角速度为叶片自转偏转角度对时间t的导数，由式（10-3-2）对t求导得自转角速度公式：

$$\begin{aligned}\omega_c=\frac{d\alpha}{dt}&=\frac{d\left(\arcsin\dfrac{e\cdot\sin\theta}{\sqrt{1+2e\cdot\cos\theta+e^2}}\right)}{dt}\\&=\frac{\omega e\cdot\cos(\omega t)\cdot[1+2e\cdot\cos(\omega t)+e^2]+\omega e^2\cdot[\sin(\omega t)]^2}{\sqrt{e^2\cdot[\cos(\omega t)]^2+2e\cdot\cos(\omega t)+1\cdot[1+2e\cdot\cos(\omega t)+e^2]}}\end{aligned} \tag{10-3-3}$$

以直翼推进器公转轴O为坐标系原点，推进器相对来流前进速度V_A相反方向为X轴正方向，为建立坐标系OXY，叶片绕O点顺时针转动角速度为ω，控制点N位于Y轴负方向上，可得到直翼推进器叶片运动的轨迹，如图 10-3-4 所示。

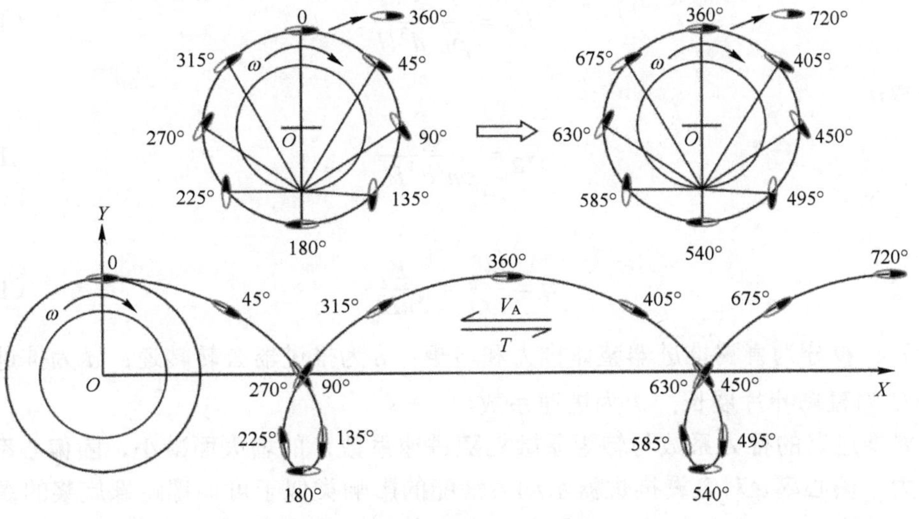

图 10-3-4　直翼推进器叶片运动的轨迹

三、直翼推进器的水动力性能

直翼推进器总的推力是由各个叶片在水流中运动产生的水动力矢量相加而得到的，叶片在运动过程中，水流相对于叶片的合速度大小和攻角大小都是持续变化的，所以直翼推进器的水动力具有非定常周期性的特征，其整体的推力是周期内的平均值。直翼推

进器的推力不仅与转速和进速有关，还与偏心率的大小有直接关系，这是因为偏心率的大小决定了叶片的自转运动。图 10-3-5 给出了某直翼推进器在三种不同偏心率时的推力系数、转矩系数和效率随进速系数的变化。推力系数、转矩系数和效率的表达式如下。

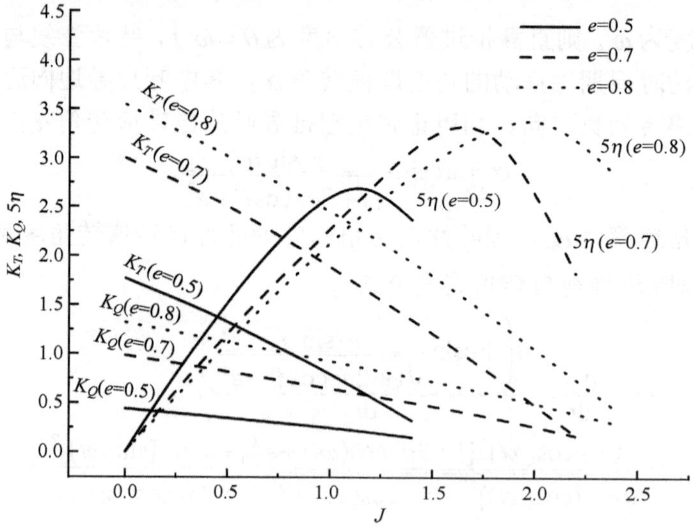

图 10-3-5　直翼推进器水动力性能曲线

推力系数：

$$K_T = \frac{T}{\rho n^2 d^3 H} \tag{10-3-4}$$

转矩系数：

$$K_Q = \frac{Q}{\rho n^2 d^4 H} \tag{10-3-5}$$

效率：

$$\eta = \frac{TV_A}{\omega Q} = \frac{JK_T}{2\pi K_Q} \tag{10-3-6}$$

式中：T、Q分为直翼推进器整体推力和转矩；n为推进器公转转速；d为推进器回转直径；H为直翼叶片展长；J为进速系数。

直翼推进器的推力系数与转矩系数均随进速系数J的增大而减小、随偏心率e的增大而增大，偏心率e对直翼推进器水动力性能的影响类似于可调螺距螺旋桨的螺距比对螺旋桨水动力性能的影响。另外，如果改变法向相交点N的周向位置，将其旋转到其他角度，则直翼推进器整体推力的方向也会发生变化，从而为操纵舰船产生需要的操纵力和操纵力矩。

直翼推进器的叶片竖直布置，叶片的公转直径不受船体吃水限制，还可与叶片数目、弦长、展长等参数灵活配置，对船体吃水要求并不严格，因此直翼推进器在浅吃水舰船上展现出应用优势，再加上该推进器能产生水平面 360° 范围全向推力矢量，大幅提升舰船的操纵机动性，目前在扫雷舰、猎雷舰、内陆水路客船、首尾同型渡轮等上应用比较广泛。

思 考 题

1．加速型导管与减速型导管分别是指什么？

2．加速型导管螺旋桨为什么不适用于高速水面舰艇？

3．调距螺旋桨在紧急倒车和正常倒车时叶切面的速度与受力的关系简图分别是怎样的？

4．对转螺旋桨提高效率的水动力原因是什么？

5．喷水推进器的优点和缺点分别是什么？

6．什么是直翼推进器的偏心率？其对直翼推进器水动力性能的影响规律是怎样的？

参考文献

[1] 盛振邦. 船舶原理[M]. 上海：上海交通大学出版社, 2017.

[2] 谢伟, 陈材侃. 势流理论在舰船流体性能预报中的应用[M]. 北京：国防工业出版社, 2023.

[3] 赵大刚, 郭春雨, 李嘉宁, 等. 实海域船舶性能测试与分析技术[M]. 哈尔滨：哈尔滨工程大学出版社, 2021.

[4] 杨卓懿, 宋磊, 于福临. 船舶与海洋工程概论[M]. 大连：大连海事大学出版社, 2020.

[5] 应业炬. 船舶快速性[M]. 北京：海洋出版社, 2017.

[6] 沈海龙. CFD 技术在船舶水动力性能预报上的应用[M]. 哈尔滨：哈尔滨工程大学出版社, 2018.

[7] 周伟新, 黄国富. 船舶流体动力节能技术[M]. 上海：上海交通大学出版社, 2018.

[8] 朱英富. 水面舰船设计新技术[M]. 哈尔滨：哈尔滨工程大学出版社, 2015.